TopBook
饕书客

一个人，遇见一本书

论语
可以这样读

冷晋 著

陕西新华出版传媒集团
陕 西 人 民 出 版 社

TopBook
饕书客

图书在版编目（CIP）数据

《论语》可以这样读 / 冷晋著. —西安：陕西人民出版社, 2022.3

ISBN 978-7-224-14404-8

Ⅰ. ①论… Ⅱ. ①冷… Ⅲ. ①儒家②《论语》—研究
Ⅳ. ①B222.25

中国版本图书馆CIP数据核字(2022)第027773号

出 品 人： 赵小峰

总 策 划： 刘景巍

出版统筹： 关 宁 韩 琳

策划编辑： 王 倩 王 凌

责任编辑： 武晓雨 晏 藜

封面设计： 邵 婷

《论语》可以这样读

作 者	冷晋
出版发行	陕西新华出版传媒集团 陕西人民出版社 （西安北大街147号 邮编：710003）
印 刷	陕西金和印务有限公司
开 本	787毫米×1092毫米 1/16
印 张	21
字 数	170千字
版 次	2022年3月第1版
印 次	2022年3月第1次印刷
书 号	ISBN 978-7-224-14404-8
定 价	69.80元

如有印装质量问题，请与本社联系调换。电话：029-87205094

序

我和冷晋先生不熟悉，他是我大学同学的发小。辗转找到我，并非因为我是研究国学的行家，虽然我师从清华大学曹德本教授做过些传统理学与教育的现代结合的伦理探讨，但后来由于职业原因，专业的本身还是荒疏了不少，和冷晋先生写的《〈论语〉可以这样读》比起来，显然，他是有股持之以恒的劲头，应该是数年之用功不辍。他把《论语》旧编20篇拆解开来，将全部512章根据内容和思想主题的不同，分类编排为新的20篇。显然，他是希望我国的中小学生能亲近这部伟大的经典。这样的拆解原则和处理方式，是需要勇气的，自然更要靠尊崇经典、发心真诚才能达成。体会到这一点，使我愿意在拜读了书稿后并未与作者谋面的情况下推荐此书。

我也理解冷晋先生找到我，看重的更是清华附中多年来坚持的初高中各个年级对《论语》等传统文化坚持学习的氛围。在当下教育还是功利化的时代，清华附中依然坚守自己的教育信仰，要让学生成为人格完整的“全人”，要让他们在《论语》等这些经典的熏陶下找到作为中国人精神安顿所在的“故乡”。

习总书记反复强调的“文化自信”，实在是我们中华民族伟大复兴的力量源泉。这需要许许多多人的努力，《〈论语〉可以这样读》也是这种努力的一部分。我在向作者致以敬意的同时，更期待他能有更多为中学生服务的传统文化作品问世。

清华附中党委书记　方妍

2020年11月15日于北京清华园

前言

《论语》是儒学经典，记录了孔子及儒家学派的政治主张、伦理思想、道德观念及教育原则。以孔子思想为代表的儒家思想构建了自汉武帝以来中华文明的基础，塑造了中国人的性格、价值观和思维方式，影响了东亚乃至世界历史的走向。可以说没有《论语》就没有当今的中国和世界格局。

支撑西方文明的精神支柱是《圣经》，支撑中华文明的精神支柱是《论语》。公元1905年，清朝废除科举，《论语》不再是中国读书人的必考科目。随着《论语》式微，随着中国在近代的衰落，被列强欺压凌辱，中国人也逐渐失去了文化自信。有的人转向认同西方的价值观，有的人沉湎于物质生活，不再有精神追求。今天中华民族在民族复兴的道路上已经取得了举世瞩目的成就，中国成为世界第二大经济体，但是没有文化上的自信，中华民族的复兴就不算完整。

我的第一本《论语》是20世纪90年代买的，中国书店出版社出版的《〈论语〉白话今译》，我断断续续地看了一年尚未看完一半。一，章句难懂，《论语》是以春秋末期文言文写就，远不同于我们熟悉的唐宋文言文，其句式简练、用词冷僻，虽有注释仍不易理解。二，阅读体验不佳，《论语》为语录体，读《论语》就像看一篇杂乱无章的发言稿，主题分散，内容无序，读起来洋洋乎盈耳，却又不知所云。三，最重要的是彼时我对《论语》的意义尚无认识，仅是依兴趣来读。《论语》既难懂，阅读体验又不佳，自然无趣，坚持下去的动力不足，于是中道废于《乡党篇》。

我从事国际工程承包行业20年，曾长期在国外执行项目管理工作。有一次从国外回来后，我怀着一探究竟的心理，花了一个半月的时间读完《论语》。距我第一次打开《论语》已经过去了17年。然后我从头再看一遍，这次用了三个星期。之后我又看了一遍。在看了十多遍《论语》以后，我发现了一个问题，虽然每一章的内容我都熟悉了，但我还是不清楚《论语》都讲了什么。

《论语》是孔子弟子及再传弟子记录孔子及其弟子言行的语录集。全书共512章，一件事情是一章，一句话也是一章。最长的一章是《子路、曾皙、冉有、公西华侍坐》，有315字，最短的一章仅5个字："席不正，不坐。"512章被编为20篇，各篇多则数十章，少则数章。篇名通常取开篇一章的头两个字，如《为政篇》，如果头两个字是"子曰"，则取句中头两个字，如《学而篇》。除了《乡党篇》以孔子言谈举止、衣食住行和生活习惯为主题外，其他19篇没有主题，篇中各章内容独立，前后甚少连贯。孔子和弟子对同一主题的思想和论述，被收录在不同篇中，如果自己不做整理，读者难以对《论语》中孔子思想和儒家学说有系统的认识。

《论语》的篇章目录自成书时已大体如此，虽然流传过程中产生了不同版本，但差别不大。西汉末年，汉成帝的老师张禹对不同版本加以统合，编为《张侯论》，被蔡邕采用，刻印在中国最早的官定儒家经典刻石《熹平石经》上。东汉末年郑玄以《张侯论》为底本为《论语》作注，遂成现在通行的《论语》版本。

我周遭人群基本上都受过高等教育，我问过他们，绝大部分人只在课文中学过《论语》一些章句，极少有人通读过《论语》。我认为最主要的原因就是《论语》篇章杂乱，读起来毫无头绪，令人望而却步。

我在反复阅读《论语》的过程中产生了一个疑问：《论语》篇章杂乱，读即不易，读后又难以统领全书，自汉末1800年来为什么没有学者将全书篇章打乱重新编排？如果将相同主题和内容的章句编为一篇，既方便读者学习，也便于领会儒家对这一主题的思想和主张，阅读体验也会提升。《论语》不再难读，儒家思想就可以得到更广泛的传播。

2015年初，我开始尝试着重编《论语》，进行了两个月，我知道为什么1800年来都没人这么做了。一是难以选择主题。《论语》内容十分广泛，主题选大了，内容依然杂乱，选小了，又过于细碎。二是难以归类。同一章从不同角度可做多种解读，归类到一个主题当中，就失去了从其他角度解读的机会，很难抉择。三是思想顾虑。《论语》是儒学经典，是圣贤书。自汉末以来，历朝历代的儒学大师都未曾改动，我冒天下之大不韪重编《论语》，岂不是徒添笑料。我肯定不是1800年来第一个想重编《论语》的人，但《论语》之所以还是1800年前的模样，前人应该和我有相同的顾虑。

我认为这是《论语》篇目保持至今的根本原因。在印刷术发明之前，书籍的流传只能靠抄写，《论语》在宋代以前700多年的传抄过程中，多次出现衍文和错漏。北宋文学家苏东坡、理学家程颐就发现过这些错误，但没有提出修改。《论语》自成书以来，历代出现的衍文和错漏层叠累加一直保留到今天。这很像中国版《皇帝的新衣》，错误人人看在眼里，但出于对经典的敬畏，没人敢说，大家都将错就错。

我不是专业的儒学研究者，只是一名文史爱好者，非专业的身份让我的心理负担没有那么重，让《论语》变得通俗易懂的愿望超过了顾虑，就让我来做那个大喊皇帝没有穿衣服的小孩吧。由于工作的原因，我的进程停滞了四年，今年初，由于新冠疫情暴发，足不出户，我在家终于完成这项工程。我克服了主题选择和归类的难题。出于对原有篇目的尊重，新编后的《论语》也是20篇，篇名即主题，也是出于对原有篇目的尊重，我尽量缩为两个字，如将《论语》中所有评论孔子的章句整理为一篇，名之《人评篇》；将孔子评价历代圣贤和人物的章句编为《评人篇》；将孔子和弟子关于君子的论述编为《君子篇》。对于可以从多个角度解读的章句，归类到其主要表达思想的篇目中，对其他角度的含义，在其他篇中对此章加以引用论述。

重新编排后的《论语》，我以孔子为中心，采取由远及近、由内而外的方式展开。从孔子其人开始，先是孔子同时代人、孔子弟子对孔子的评价——《人评篇》，然后是孔子的自我评价和自我认识——《自评篇》。接着介绍孔子关于教育的思想——《诲人篇》《为学篇》。接下来是孔子和儒家思想，在德行方面的《孝悌篇》《道德篇》《礼乐篇》《仁智篇》，在人格塑造方面的《君子篇》《君子小人篇》《士人篇》《修身篇》，在政治方面的《为政篇》《事君篇》，在识人交友方面的《识交篇》。再往后是孔子对历史人物评价的《评人篇》，关于孔子言行举止、生活习惯的《言行篇》，孔子个人经历的《仕途篇》和《生平篇》。最后是关于孔门弟子的《弟子篇》。

孔子的思想再伟大，毕竟是2500年前的思想，不少思想和主张存在历史局限性，还有一些章句的含义，我与前代学者存在不同的看法，我都直言不讳地在【评析】中坦陈。孔子思想的产生有其时代背景，不知道当时的历史就难以理解孔子的思想，我也尽自己所能将更多的历史还原出来，以帮助读者理解孔子，也希望给读者带来更好的阅读体验。对于不同史籍的矛盾之处，我依照《论语》《左传》《史记》，其他文献资料的优先顺序进行采用。

本书完稿之时，正值全国抗击新冠肺炎疫情表彰大会在北京举行。新冠肺炎疫情是百年来全球发生的最严重的传染病大流行，在中国共产党的领导下，中国在最短的时间内控制住了疫情，抗争疫情的斗争取得了重大战略成果。疫情来势汹汹，无数文弱的医护工作者，冒着生命危险冲向抗疫前线。《论语》中孔子说“仁者必有勇”，“志士仁人，无求生以害仁，有杀身以成仁”，这是根植于我们血脉的文化基因，正是这些医护工作者的勇敢、奉献和牺牲才换来我们的安全。

《论语》中孔子的弟子向他问政，孔子回答：“无欲速，无见小利。欲速，则不达；见小利，则大事不成。”在抗击新冠肺炎疫情的斗争中，我们不急于求成，稳扎稳打，不计较当下的经济损失，果断采取封城、隔离、停航、全国大中小学放假等一系列措施，切断病毒传播途径，才取得了伟大的成果，这是中国智慧的胜利。

《论语》中孔子的弟子问他什么是仁，孔子回答：“爱人。”在抗疫斗争中，党中央一切决策和部署都是本着以人为本的宗旨做出的。仁者爱人，这是中华文明的胜利。

历史和现实都证明了《论语》的意义，这是中华民族宝贵的精神财富。我认为全民通读《论语》是重建中国人文化自信重要的一步。一个中国人，不管他学历有多高，没有读过《论语》不能称为读书人，不精通《论语》不能称为文化人。每个中国人一生应该至少读一遍《论语》。

重编《论语》是一个漫长的过程。孔子五十而知天命，他认为自己的天命是传播华夏文明。我自号伧父，以村夫自居，以帮助更多的国人学习《论语》为自己的天命。

《〈论语〉可以这样读》是我的一家之言，只为给大众增加一个学习《论语》的选择。我对先秦古汉语研究不多，在章句的理解上难免有差错，本书是我抛砖引玉之作，希望能够与有识之士一起为弘扬中国古代优秀文化、为重树中华文明自信贡献自己的力量。

冷 晋

2020 年 9 月 10 日于北京

目 录

一、孔子其人

第一篇评人

孔子是中国最伟大的思想家、教育家，儒家学派创始人，他是春秋晚期鲁国人，生于公元前551年，去世于公元前479年。

读《论语》，我们不妨从与孔子同时代的人对他的评价开始。

世人评孔子

3.24 仪封人[①]请见，曰："君子[②]之至于斯也，吾未尝不得见也。"从者见之[③]。出曰："二三子[④]何患于丧（sàng）[⑤]乎？天下之无道也久矣，天将以夫子[⑥]为木铎（duó）[⑦]。"

【注释】

① 仪封人：仪是地名，在今河南省兰考县境内，孔子时代是卫国边境城市。封人是镇守边境的官员。

② 君子：《论语》中提到的君子，有的地方指品德高尚的人，有的地方指地位高的人，这里指前者。

③ 从者见之：这里指孔子随行弟子带仪封人去见了孔子。

④ 二三子：指孔子的弟子。

⑤ 丧：失去，这里指失去官职。当时孔子刚从鲁国大司寇的职位上不辞而别。

⑥ 夫子：古代的敬称，凡是做过大夫的人都可以取得这一敬称。孔子担任过鲁国大司寇，所以被称为"夫子"。需要注意的是，《论语》对话中出现的"夫子"，不是全部都指孔子。

⑦ 木铎："铎"音夺。用木头做摇舌的铜铃，古代发布政令时摇木铎以召集听众。

外卒铎（故宫博物院藏）

冷晋 2020 年 12 月 1 日摄于中国国家博物馆"天地同和——中国古代乐器展"

北京师范大学校徽

【译文】

仪地长官请求见孔子，他说："凡是君子到我这里来，我没有不拜见的。"孔子随行弟子带他去见了孔子。他出来后对孔子弟子们说："你们几位何必为夫子失去官位而发愁呢？天下无道已经很久了，上天将以孔夫子来号令天下。"

【评析】

这是孔子周游列国开始时，在第一站卫国边境发生的事情。孔子当时已经非常有名，各国的仰慕者众多，仪封人也是孔子的粉丝之一。这个在历史上没有留下姓名的卫国边防长官对孔子的评价被后人总结成"天之木铎"，又因为孔子是中国最伟大的教育家，"木铎"一词又被赋予了教师的含义。

今天，北京师范大学的校徽就是一只木铎，大家不要把它当成编钟。学校里还有一尊木铎青铜纪念碑，以纪念北京师范大学建校100周年（2002年）。

9.2 达巷党人[①]曰："大哉孔子！博学而无所成名[②]。"子[③]闻之，谓门弟子曰："吾何执？执御[④]乎？执射乎？吾执御矣。"

【注释】

① 达巷党人：达巷是鲁国地名，古代五百户为一党，这里是说达巷这地方的人。

② 博学而无所成名：学识渊博，不是以某一方面的成就而成名。

③ 子：古代对于有地位、有学问的男子的尊称。《论语》中"子曰"的子，都是指孔子。

④ 御：驾驶马车。

【译文】

达巷的人说："孔子真了不起啊！他学识渊博，不是以某一方面的成就而成名。"

孔子听说了，对他的学生说："我要凭着哪方面出名呢？凭车技呢？还是凭射艺呢？我还是凭车技出名吧。"

【评析】

"博学而无所成名"还有一种解读：学问广博，可惜没有一技之长以成名。按这种解读，达巷人是在质疑孔子，认为孔子看似博学多识，但什么都不精。古汉语语法不是十分严谨，容易产生歧义。这种解读虽然也说得通，但并不正确。因为《论语》是孔子弟子编纂的，弟子肯定是收录维护老师的言论。《论语》中即便出现不利于孔子的言论，也都是引述，后面必会予以辩驳，如本篇 19.23 章、19.24 章、19.25 章等。最主要的是达巷人一开始就说"大哉孔子"，是对孔子的赞扬和肯定。因此这种解读是不正确的。

孔子说自己要凭车技出名，不只是谦辞。孔子不主张以武力解决矛盾，射箭毕竟是一种具有杀伤性的武力行为，所以孔子不愿意背负这样的名声。

9.6 太宰①问于子贡②曰："夫子圣者与③？何其多能也？"子贡曰："固天纵之将圣，又多能也。"子闻之，曰："太宰知我乎！吾少也贱，故多能鄙事④。君子多乎哉？不多也。"

【注释】

① 太宰：古代官职，掌握国君宫廷事务。通过研究史料，我确认这个太宰是吴王夫差的太宰伯嚭（pǐ），感兴趣的读者可以关注我的微信公众号"论语公会"，里面有详细说明。《左传·哀公七年》记载，这年夏天鲁哀公和吴国人在鄫地见面，伯嚭召见鲁国实际的当权者季康子，季康子不敢去，就派子贡去见伯嚭。

② 子贡：端木赐，字子贡，卫国人，孔子得意门生，比孔子小 31 岁，孔门十哲之一。子贡口才极佳，还善于经商，在众弟子中，孔子与子贡的关系超出一般。子贡钦佩和崇敬孔子，对孔子评价最高，是孔子及其学说的宣传者和捍卫者。

③ 与：语气词，用在句末表示疑问。

④ 鄙事：卑贱的技能。

【译文】

太宰问子贡说："孔夫子是位圣人吧？为什么有这么多才能？"子贡说："是上天要让他成为圣人，才使他有这么多才能。"孔子听到后说："太宰了解我吗？我年少时穷苦，为了谋生学会了许多卑贱的技能。君子会有这么多技能吗？不会多的。”

【评析】

孔子在世的时候，就已经被称为圣人了，孔子被后世尊为“天纵之圣”，就是由此章而来。鲁迅的小说《孔乙己》中，主人公孔乙己口头禅“多乎哉，不多也”，也是由此章而来。

为什么孔子会说“君子多乎哉？不多也”，这是因为孔子认为“君子不器”，君子不能被当作器具使用，所以不需要太多的能力。有人可能会不解，能力不是越多越好吗？这是因为孔子说的君子与现代人对君子的理解不一样。现代语境中，君子只表示品德高尚的人，而在孔子时代，君子还指贵族统治者。孔子认为作为统治者的君子只需要保持高尚的品德，以德服众即可，不需要做具体的工作，也就不用有太多的技能。

对于伯嚭的赞誉，孔子很谦虚，对自己的多能进行了实事求是的解释。孔子告诉我们，人的能力是从实践中来，是通过具体工作锻炼出来的。尽管他认为君子不需要很多的能力，但世人却因为他多能而尊他为圣人，而圣人是比君子更高的评价。

这个太宰伯嚭可以多说两句。对春秋末年吴越争霸的历史有了解的读者对此人应该不陌生，正是他导致了吴国的灭亡。虽然伯嚭很仰慕孔子，但他本人可是没有一点儿孔子倡导的君子之风，正相反，伯嚭是个贪财好色、见利忘义、恩将仇报、卖国求荣的小人。孔子当时是鲁国最耀眼的一张名片，伯嚭这样跟子贡称赞孔子，是初次见面的套近乎而已。

关于伯嚭的结局也可以多说两句。在不少关于吴越春秋的故事和影视作品中，伯嚭在助攻越国灭亡吴国后反而被越王勾践所杀。但这只是人们的美好愿望而已，真实的历史是伯嚭在吴国灭亡后又做了越国的太宰。《左传·哀公二十四年》记载，这年十月，鲁哀公访问越国，与越国太子适郢一见如故。适郢要把女儿嫁给他，还要给他很多土地。掌握鲁国实权的季康子怕鲁哀公依靠越国对付自己，便重金贿赂伯嚭。伯嚭在收受贿赂后把事情搅黄了。

19.22 卫公孙朝[①]问于子贡曰：“仲尼焉学？”子贡曰：“文武之道，未坠于地，在人。贤者识其大者，不贤者识其小者。莫不有文武之道焉。夫子焉不学？而亦何常师之有？”

【注释】

① 卫公孙朝：卫国的大夫公孙朝。

【译文】

卫国大夫公孙朝问子贡说："仲尼的学问是从哪里学来的？"子贡说："周文王、周武王治国之道，并没有失传，还留在人间。贤者能看到根本大义，不贤者也看到细枝末节，哪里没有文武之道呢。夫子何处不学，又何必要有固定的老师来教呢？"

【评析】

子贡说孔子承袭了文武之道，就是说孔子承担了在世间传播文武之道的天命。虽然孔子最喜欢的弟子是颜回，但我认为子贡才是孔子最好的学生，因为子贡最理解孔子，子贡回答的正是孔子自认的天命。

"文武之道"指的是周文王、周武王管理国家的方法。子贡在这里提及文武之道是有出处的。《礼记·杂记下》记载：子贡观于蜡。孔子曰："赐也乐乎？"对曰："一国之人皆若狂，赐未知其乐也！"子曰："百日之蜡，一日之泽，非尔所知也。张而不弛，文武弗能也；弛而不张，文武弗为也。一张一弛，文武之道也。"鲁国每年年末，民间都有一个祭祀百神的"蜡"祭仪式。子贡去观礼，孔子问他："子贡你开心吗？"子贡答道："举国上下都像在发疯，我看不出乐在何处。"孔子说："人们辛苦一年，好不容易有一天休息，这是你体会不到的。让民众一味紧张而不放松，即使文王、武王在世也不能把天下治理好；让民众一味放松而不紧张，文王、武王在世也不会这么做。该紧张时紧张，该放松时放松，这才是文王、武王治理天下的办法。"

14.38 子路①宿于石门②。晨门③曰："奚（xī）④自？"子路曰："自孔氏。"曰："是知其不可而为之者与？"

【注释】

① 子路：仲由，字子路，因为他做过季氏的家臣，也被称为季路，鲁国人，孔子大弟子，小孔子9岁，孔门十哲之一。子路性情刚直，好勇尚武，弟子中侍奉孔子最久。

② 石门：鲁国都城的外门。

③ 晨门：早上看守城门的人。

④ 奚：表示疑问，"为何""怎么""哪里"等意思，通常用在句首。

【译文】

子路夜里住在石门，第二天早起进城，看门人问："从哪里来？"子路说："从孔家来。"看门人说："是那个明知做不到却还要去做的人吗？"

【评析】

"知其不可而为之"，是当时人们对孔子的普遍看法，既反映出孔子对其主张执着不倦的坚持，也让人感觉到一种悲怆。一个晨门能说出这样的话，绝不是普通人，应该是一位隐者。

14.32 微生亩①谓孔子曰："丘何为是栖栖（xī）②者与？无乃为佞（nìng）③乎？"孔子曰："非敢为佞也，疾固④也。"

【注释】

① 微生亩：此人身份、身世不详，从他对孔子说话的语气来看年龄应该比孔子大。

② 栖栖：音西，忙忙碌碌的样子。

③ 佞：音泞，口才好，善辩，花言巧语。

④ 疾固：疾，恨；固，顽固。痛恨顽固不化的人。

【译文】

微生亩对孔子说："孔丘你为什么老是忙忙碌碌的样子？不是为了要显示自己的口才吧？"孔子说："我不敢花言巧语，只是痛恨那些顽固不化的人。"

【评析】

古代只有长者才能称呼后生小子的名字，平辈的人称呼对方名字是非常不礼貌的。《论语》中孔子称呼自己的弟子都是称呼名字。《论语》中只有微生亩直呼孔子为"丘"，在孔子面前摆谱。微生亩应该是孔子年轻时的街坊，年龄比较大，看着孔子每天早出晚归，辛苦奔波，他站在街边说风凉话。

如果说晨门对孔子是不理解但保持尊重的话，微生亩就是既不理解也不尊重，用调侃的语气嘲讽孔子。对于微生亩不友善的言辞，孔子没有跟他计较，直陈自己的志向。孔子的态度给我们以启示：对于不理解、不尊重自己的人，不要生气，也不用试着去让对方理解，直截了当地回复就是，不要在他们身上浪费时间。

弟子评孔子

7.38　子温而厉，威而不猛，恭而安。

【译文】

孔子性格温和而又严厉，威严而不凶猛，庄重而又安详。

这幅明代的《孔子燕居像》是目前流传最广、认可度最高的孔子画像。我们可以从画像中感受到孔子温而厉、威而不猛、恭而安的形象。

明代 佚名 《孔子燕居像》

9.4　子绝四：毋意①，毋必②，毋固③，毋我④。

【注释】

① 毋意：毋同“无”；意同“臆”。不凭空臆测。

② 毋必：不坚持执念。

③ 毋固：不固执己见。

④ 毋我：不自以为是。

【译文】

孔子绝对做到四种情况：不凭空臆测，不坚持执念，不固执己见，不自以为是。

【评析】

“绝四”是孔子认知世界时所采取的四个原则。“毋意”就是不凭空臆测，具体做法是：不预先怀疑别人欺诈，也不凭空臆想别人不诚实，然而却能先行觉察欺诈和不实，这就是贤人了（不逆诈，不亿不信，抑亦先觉者，是贤乎！ 14.31 章）。“毋必，毋固”就是“无可无不可”（18.8 章）。“毋我”就是“三人行，必有我师焉，择其善者而从之，其不善者而改之”（7.22 章）。

佛教自东汉传入中国，在中国得以迅速发展壮大，与儒教在中国被确立为政治主体思想是分不开的。虽然道教是中国本土宗教，但是自魏晋以来，儒生文人却似乎对佛教更感兴趣，似乎每个有名的大文豪都有一两个佛教知己，如大家都熟悉的苏东坡与佛印的故事。这是因为佛教中的一些观点，与儒家的主张很相似，吸引了儒家弟子们。

佛教教义在中国本土的创新发展源自唐朝惠能法师。《六祖坛经》是一部以惠能讲经为核心，经惠能弟子以及其他僧俗在200多年间集体完成的著作，其实就相当于中国佛教的《论语》。《六祖坛经》教义精髓是“无相、无念、无住”，强调人们在现实生活中的觉悟解脱，其核心是“直指人心，见性成佛”。惠能的“无相、无念、无住”与孔子的“毋意，毋必，毋固，毋我”有些相似，而“直指人心，见性成佛”的教义与孔子“克己复礼为仁”的主张也有异曲同工之妙。

7.13 子之所慎：齐（zhāi）①、战、疾。

【注释】

①齐：同“斋”，斋戒。

【译文】

孔子慎重对待的三件事是：斋戒、战争和疾病。

【评析】

古人在祭祀前要做一番身体和心灵的整洁工作，叫作斋，或斋戒。包括：沐浴更衣，不吃荤腥，不饮酒，不与妻妾同寝。

斋戒事关祭祀是否虔诚；战争关乎国家安危；疾病关系到个人生死，这三样事情是孔子最关心重视的。

7.21 子不语：怪、力、乱、神。

【译文】

孔子不谈论：怪异、勇力、叛乱、鬼神。

【评析】

孔子主张以礼治国，怪异和叛乱与礼相悖（bèi），因此孔子不谈论。孔子认为“勇而无礼则乱”，因此不谈论无礼之勇。孔子“敬鬼神而远之”，也不谈论鬼神。

鬼神是在世界各国原始宗教中产生的，古人普遍相信有鬼神。《左传·庄公三十二年》记载：“秋七月，有神降于莘。”并且神还在莘地住了六个月，虢公派人去祭祀神，神还赐给虢公土地。《左传》是先秦的编年体史书，连《左传》都记载有神仙，可见那时候人们普遍相信鬼神是真实存在的。在这种环境下，孔子不谈论鬼神是难能可贵的。

5.13 子贡曰："夫子之文章①，可得而闻也；夫子之言性②与天道③，不可得而闻也。"

【注释】

① 文章：指孔子传授的古籍、礼、乐等文化方面的学问和知识。

② 性：人的本性。

③ 天道：指自然界的运行规律。

【译文】

子贡说："老师关于文化方面的学问和知识，我们听得到，老师关于人性和天道方面的论述，我们没有听说过。"

【评析】

子贡总结得很准确，通观《论语》全篇，不见孔子谈论人性和天道一语。孔子不谈论天道与他不谈论鬼神是一致的。

有的学者解读此章，认为子贡是说孔子所传授的文化知识通过听闻就可以学到，而传授人性和天道的学问不是靠听闻就可以学到。如果子贡是这个意思，应该说："夫子之文章，可闻而得也；夫子之言性与天道，不可闻而得也。"而且孔子确实从未谈论过人性和天道，因此这种解读不可取。

9.1 子罕①言利，与②命，与仁。

【注释】

① 罕：稀少，很少。

② 与：赞同、肯定。

【译文】

孔子很少谈到财利，却赞成天命和仁德。

9.11 颜渊①喟（kuì）然②叹曰："仰之弥（mí）③高，钻之弥坚。瞻之在前，忽焉在后。夫子循循然善诱人④，博我以文，约我以礼，欲罢不能。既竭吾才，如有所立卓尔⑤。虽欲从之。末由⑥也已。”

【注释】

① 颜渊：颜回，字子渊，鲁国人，孔子最得意的弟子，小孔子 30 岁，孔门十哲之首。

② 喟：音溃，深深地叹息。

③ 弥：更加、越发。

④ 循循然善诱人：循循然，有次序地；诱，劝导、引导。

⑤ 卓尔：高大、超群的样子。

⑥ 末由：末，无、没有。由，途径、路径。找不到前进的路。

【译文】

颜渊感叹地说：“老师的学问，抬头仰望，越望越觉得高；越钻研，越觉得深奥。看着它好像在前面，忽然又转到后面去了。虽然这样高深莫测，但在学习过程中老师有次序地亲切引导我，用文化典籍来丰富我的知识，又用礼仪约束我的言行，让我想停止学习都停不下来。直到我用尽全力，还是好像有一个高大的东西挡在面前，虽然我想要追随老师，但却找不到前进的路了。”

【评析】

颜回是孔子弟子中最用功的，也是孔子最喜爱的学生。孔子对颜回的培养倾注了大量的心血，因此颜回的学习感悟也最深刻。颜回对老师推崇备至，把孔子的学问说成是高不可攀。这段感悟写得非常精彩，琅琅上口，回味无穷，建议读者背诵下来。

孔子“循循善诱”的教育方法，成为中国历代为人师者所遵循的教育原则之一。

1.10 子禽①问于子贡曰：“夫子至于是邦也，必闻其政，求之与？抑②与之与？”子贡曰：“夫子温、良、恭、俭、让以得之。夫子之求之也，其诸③异乎人之求之与？”

【注释】

① 子禽：陈亢（gāng），字子禽，陈国人，孔子弟子，小孔子 40 岁。《孔子家语》记载他是孔子弟子，郑玄所注《论语》也说是孔子学生，但《史记·仲尼弟子列传》未载此人。从《论语》19.25 章内容来看，陈亢贬低孔子，应是太史公把他从弟子名单中剔除了。

② 抑：表示选择的文言连词，有“还是”的意思。

③ 其诸：语气词，有“大概”“或者”的意思。

【译文】

子禽向子贡问道：“老师每到一个国家，必然听得到这个国家的政事，是他求来的呢，还是别人主动告诉他的呢？”子贡说：“老师是靠温和、善良、恭敬、节俭、谦让得来的，他老人家获得的方法，大概与别人的方法不同吧？”

【评析】

乍一听子贡好像没有回复子禽的问题，但其实子贡是告诉子禽，因为老师具备温和、善良、恭敬、节俭、谦让的品格，所以受到各国统治者的礼遇和尊重，在这种情况下老师很容易获悉该国的政事，至于是自己询问还是别人主动告诉，就没有那么重要了。

19.23 叔孙武叔①语大夫于朝，曰：“子贡贤于仲尼。”

子服景伯②以告子贡。

子贡曰：“譬（pì）之宫墙③，赐之墙也及肩，窥见室家之好。夫子之墙数仞④，不得其门而入，不见宗庙之美，百官⑤之富。得其门者或寡矣。夫子之云，不亦宜乎！”

【注释】

① 叔孙武叔：叔孙州仇，鲁国三桓叔孙氏第八代宗主，鲁国司马，谥（shì）号“武”，是孔子的政敌。

② 子服景伯：子服何，鲁国子服氏的宗主，鲁国大夫，“景”是他的谥号。曾与子贡

现在曲阜孔庙的南门是明代曲阜城的正南门，门额题“万仞宫墙”，语出此章。门额原来是明朝嘉靖年间山东巡抚胡缵宗所题，清朝乾隆皇帝亲临曲阜祭孔时，换成自己的御笔。现在看到的“万仞宫墙”石额，即是乾隆题写。

一起出使齐国，与子贡、孔子关系很好。

③ 宫墙：宫也是墙。围墙，不是房屋的墙。

④ 仞：周朝八尺为一仞。

⑤ 官：这里指房舍。

【译文】

叔孙武叔在朝堂上对大夫们说："子贡比他老师仲尼更贤。"

子服景伯把这话告诉了子贡。

子贡说："如果拿围墙来做比喻，我家的围墙只到肩膀那么高，谁都可以看到房屋的美好。老师家的围墙却有几仞高，如果找不到门进去，你就看不见里面宗庙的富丽堂皇和房屋的绚丽多彩。能够找到门进去的人并不多。叔孙武叔那么讲，不也是很自然吗？"

19.24 叔孙武叔毁[①]仲尼。子贡曰："无以为也！仲尼不可毁也。他人之贤者，丘陵也，犹可逾也；仲尼，日月也，无得而逾焉。人虽欲自绝，其何伤于日月乎？多[②]见其不知量也。"

【注释】

① 毁：诋毁。

② 多：只是的意思。

【译文】

叔孙武叔诋毁孔子。子贡说："不要这样做！仲尼是诋毁不了的。别人的贤德好比丘陵，还可超越，仲尼的贤德简直是太阳和月亮，是无法超越的。即便有人要自绝于日月，对日月又有什么损害呢？只是表明他不自量力而已。"

【评析】

鲁国有三家大贵族，季孙氏、叔孙氏、孟孙氏，都是鲁桓公的后代，统称三桓。三桓中季孙家族和孟孙家族都与孔子走得很近，经常来向孔子请教，而《论语》中没有记载过一次叔孙家族的人向孔子请教，只记载过这两次叔孙武叔对孔子的贬低和诋毁。

叔孙武叔是叔孙氏的一任宗主，当时任鲁国大司马，掌管军事。孔子当鲁国大司寇的时候，实行堕（huī）三都的政策，把三桓封邑的城墙拆低，以削弱三桓对抗国君的军事基础。叔孙武叔头脑简单，没有看出孔子的用意，率先把自己封邑城墙扒了。季孙氏封邑的邑宰公山弗扰不愿意拆城墙，反而发动叛乱。孔子平息了叛乱，季孙氏才开始扒城墙。孟孙氏干脆拒绝扒城墙，堕三都行动最后不了了之。三桓中叔孙武叔最配合，但损失最大，后来又知道了这是孔子削弱三桓的计策，因此对孔子怨恨最深。

叔孙武叔夸子贡比孔子强，是因为子贡帮过他大忙。《左传·哀公十一年》记载，这年五月，鲁国联合吴国进攻齐国。吴王夫差在战前召见鲁军将领，赐给叔孙武叔一副铠甲和一把佩剑，鼓励他带领鲁军英勇作战。春秋时国君给人赐剑有赐死的意思，叔孙武叔不知如何应对，迟迟不敢上前。子贡见状赶紧上前替叔孙武叔接受了铠甲，表示将跟随夫差奋勇杀敌。子贡帮叔孙武叔解了围，叔孙武叔因此非常感激。

堕三都是鲁定公十二年发生的事情，叔孙武叔褒子贡毁仲尼应是子贡替他解围以后的事情，相隔了至少 14 年，叔孙武叔依然记恨着孔子。这应该是叔孙家不与孔子来往的原因。

19.25 陈子禽谓子贡曰："子为恭也，仲尼岂贤于子乎？"

子贡曰："君子一言以为知（zhì）[①]，一言以为不知，言不可不慎也。夫子之不可及也，犹天之不可阶而升也。夫子之得邦家[②]者，所谓立之斯立，道之斯行，绥（suí）[③]之斯来，动之斯和。其生也荣，其死也哀。如之何其可及也？"

【注释】

① 知：同"智"。

② 邦家：邦，指周代各个割据的诸侯国；家，指有封地的卿大夫。

③ 绥：音隋，安抚的意思。

【译文】

陈子禽对子贡说："您是谦恭了，仲尼怎么能比您更贤德呢？"

子贡说："君子一句话就可以显示他的智慧，一句话也可以暴露他的愚蠢，所以说话不能不慎重。老师的高不可攀，就像天不能顺着梯子爬上去一样。老师如果成为诸侯或卿大夫，就会像人们说的那样，让百姓生存，百姓就可以生存；引导百姓，百姓就会跟着走；安抚百姓，百姓就会归顺；动员百姓，百姓就会齐心协力。他老人家活着是天下的光荣，去世全天下悲哀。我怎么能赶得上他呢？"

【评析】

以上这几章，都是子贡回答别人贬低孔子抬高他的话。子贡对老师十分敬重，不能容忍任何人对孔子的诋毁，在他心里老师崇不可及。

我认为子贡是孔子最出色的学生，最理解、最维护老师，对老师感情最深，成就也最大。孔子的学说得以流传，就是子贡周游列国不遗余力传播的结果。

伧父曰：

孔子在世的时候就已经闻名天下，被称为“天之木铎”“圣人”。人们惊叹于他的多能，孔子说是因为小时候穷，为了生计要做许多工作，才锻炼出这么多才能。

有人想知道他的学问从哪里来的，弟子子贡说孔子承袭了文武之道，肩负在人间传播文武之道的使命。不过，也有隐者评价孔子是“知其不可而为之”。还有人说他整天忙忙叨叨地卖弄口才。

学生眼里的孔子性格温和而又严厉，威严而不凶猛，庄重而又安详。他不凭空臆测，不武断绝对，不固执己见，不自以为是。

孔子重视斋戒、战争和疾病，不谈论怪异、勇力、叛乱和鬼神，也不向学生传授关于人性和天道的学问。

孔子很少谈到财利，却赞成天命和仁德。

孔子最喜欢的学生颜回评价老师的学问高深莫测，老师循循善诱地辅导他们，博之以文，约之以礼。

孔子性情温和、善良、恭敬、节俭、谦让，让人感觉到温暖，易于接近，对于他所关心的政事，大家都坦诚相告。

孔子的政敌诋毁孔子、学生贬低老师的时候，子贡第一时间站出来维护老师。他评价孔子的学问像数仞宫墙一样高；贤德像日月一样光辉，像天一样不可及，他生也荣，死也哀。

自评篇第二

让我们来看看孔子是怎么评价和认识自己的。

2.4 子曰："吾十有五而志于学，三十而立，四十而不惑[①]，五十而知天命，六十而耳顺[②]，七十而从心所欲，不逾矩[③]。"

【注释】

① 不惑：掌握了知识，不被外界事物所迷惑。

② 耳顺：指能正确对待别人的各种言论，不论褒贬。

③ 从心所欲不逾矩：从，遵从；逾，越过；矩，规矩。

【译文】

孔子说："我十五岁立志于学习；三十岁立身处世；四十岁不再被外界事物所迷惑；五十岁知道自己的天命；六十岁能正确对待各种言论；七十岁能随心所欲思考和做事，但不超越规矩。"

【评析】

这是孔子自述，总结了他一生学习和自我修炼的历程。这是一个随着年龄的增长，人生境界逐步升华的过程，可以分为三个阶段：第一阶段，从十五岁到四十岁，孔子还未成年便立志学习，成年后得以立足社会，进入中年后，人生观、价值观成熟，人生不再迷惘；第二阶段，五十岁到六十岁，孔子从中年以后到老年，以人生价值的自我实现为主，思想意识不再受外界环境的干扰和影响；第三阶段，七十岁后，孔子晚年达到了意识行为与道德规范融合的天人合一的境界。

通过孔子自述，我们看到人生境界的提升是一个漫长、循序渐进的过程。孔子是怎样达到天人合一境界的？下面我们看看孔子是怎么做的。

8.17　子曰：“学如不及，犹恐失之。”

【译文】

孔子说：“我学习就像追什么东西但赶不上似的，追赶上了还怕丢掉了。”

5.28　子曰：“十室之邑（yì）①，必有忠信如丘者焉，不如丘之好学也。”

【注释】

① 邑：音翼，城、市镇。

【译文】

孔子说：“即使只有十户人家的小地方，也一定有像我一样忠信的人，只是不如我这样好学罢了。”

7.2　子曰：“默而识（zhì）①之，学而不厌，诲（huì）②人不倦，何有于我哉③？”

【注释】

① 识：记住的意思。

② 诲：音会，教育、教导。

③ 何有于我哉：“何有”在古汉语中是“有何难”意思。对我有什么难的呢？

【译文】

孔子说：“默默地记住所学的知识，努力学习而不觉得厌烦，教导他人不知疲倦，这些对我来说有什么困难呢？”

7.34　子曰：“若圣与仁，则吾岂敢？抑①为之不厌，诲人不倦，则可谓云尔已矣。”公西华②曰：“正唯弟子不能学也。”

【注释】

① 抑：表示转折的语气词，“只不过是”的意思。

② 公西华：公西赤，字子华，孔子的学生，比孔子小 42 岁，七十二贤之一。

【译文】

孔子说："如果说到圣人和仁者，那我怎么敢当！不过是不厌烦地学习，教诲别人从不感觉疲倦，也就是如此这样罢了。"公西华说："这正是我们学不到的呀。"

7.19　叶（shè）[①]公问孔子于子路，子路不对[②]。子曰："女（rǔ）[③]奚不曰：其为人也，发愤忘食，乐以忘忧，不知老之将至，云尔[④]。"

【注释】

① 叶公：叶，音射。叶公名叫沈诸梁，楚国的贤臣，封地在叶，今河南叶县南。"公"是楚国自封的爵位。

② 对：应对，回答。

③ 女：《论语》中"女"字共出现 19 处，17 处与"汝"字通假，表示"你"的意思。仅有两处表示女子。一是"唯女子与小人为难养也"（17.25），二是"齐人归女乐"（18.4）。

④ 云尔：如此罢了。

【译文】

叶公向子路问孔子是个什么样的人，子路不回答。孔子对子路说："你为什么不这样说：他这个人，发愤用功连吃饭都忘了，快乐得把一切忧愁都忘了，连自己快要老了都不知道，如此罢了。"

【评析】

这件事发生在孔子周游列国期间。楚国大夫叶公早就听闻了孔子的大名，想当面见识一下，邀请孔子来叶地会面。孔子知道这就是面试，很珍惜这次机会，希望能在楚国实现自己的政治理想。

公元前 489 年，63 岁的孔子带着弟子们来到楚国叶邑和叶公见面。叶公向孔子问政，两人还沟通了对于"直"的认识。叶公对见面情况不太满意，想通过侧面再了解一下孔子，因此向子路询问。本来这是一个非常好的介绍老师的机会，结果子路不说话，生生错过了大好机会，这下把孔子急坏了，亲自教子路该怎么应答，可以看出孔子急切的心情。

司马迁在《史记·孔子世家》中也记录了这段对话，但在《史记》里孔子的话比《论语》多了两句："其为人也，学道不倦，诲人不厌，发愤忘食，乐以忘忧，不知老之将至，云尔。”“学道不倦，诲人不厌”是司马迁自己脑补加进去的，还是《论语》在传抄过程中遗漏了？我个人倾向于后者，一是司马迁在《史记》中对《论语》的引用一般都是原文引用，不做改动；二是《论语》中缺少这两句，整段话意思不连贯，孔子发愤忘食的对象不明，比较突兀，因此我认为这两句是在《论语》流传过程中被遗漏了。

不知道是不是因为子路没给老师说好话，最后叶公没有任用孔子，孔子失望地离开了楚国。后世儒家弟子为孔子抱不平就杜撰了一个“叶公好龙”的故事来讽刺叶公，收录在西汉刘向编著的《新序·杂事五》中：叶公子高好龙，钩以写龙，凿以写龙，屋室雕文以写龙。于是天龙闻而下之，窥头于牖，施尾于堂。叶公见之，弃而还走，失其魂魄，五色无主。是叶公非好龙也，好夫似龙而非龙者也。

叶公其实是一个政绩卓著的贤臣，但因为没有任用孔子，被儒家弟子编出了这么一个故事，而他真实的功绩无人知晓，令人叹息。

7.1　子曰：“述而不作①，信而好古，窃②比于我老彭③。”

【注释】

① 述而不作：述，口述，阐述；作，写作。

② 窃：私自，私下。

③ 老彭：春秋的老子和商代的彭祖。也有人认为仅指彭祖。

【译文】

孔子说：“我只阐述而不写作，相信而且爱好古代文化，私下里把自己比作老子和彭祖。”

【评析】

孔子的思想的形成经历了一个漫长的过程，是他在半个多世纪的学习、教学和政治实践过程中通过思考产生的，被学生们记录下来，他本人并没有进行过任何整理，这就是述而不作。

人类历史上，在不同地域、人种、文化背景下产生的四大世界级宗教：儒教、佛教、基督教、伊斯兰教，其创始人：孔子、释迦牟尼、耶稣、穆罕默德，都是述而不作。他们的弟子将他们说的话记录下来奉为经典，而他们自己没有写过任何专著。

有的学者解读孔子“述而不作”是只叙述和阐明古人的知识文化，自己没有创新，这种解读有误。孔子的思想具有伟大的创新性，“中庸”“君子”“仁”的思想和概念就是孔子创造、创新和发展的。

7.20　子曰："我非生而知之者，好古，敏以求之者也。"

【译文】

孔子说："我不是天生就有知识的人，而是爱好古代文化，勤奋学习古代文化的人。"

【评析】

孔子认为只有圣人才是"生而知之者"，他不承认自己是圣人，也否认自己生而知之。

7.28　子曰："盖有不知而作之者①，我无是也。多闻，择其善者而从之；多见而识之，知之次也。"

【注释】

① 不知而作之者：没有学过知识，却可以创造知识的人，是"生而知之者"的另一种表达。

【译文】

孔子说："可能有那种没有学过知识，却可以创造知识的人，我不是这样的人。多听，选择其中好的来学习；多看，然后记在心里。这是次一等获取知识的方法。"

【评析】

著名古汉语学家杨伯峻先生在《论语译注》中把"盖有不知而作之者，我无是也"译为"大概有一种自己不懂却凭空造作的人，我没有这种毛病"。我认为杨老的解读值得商榷。这样翻译的话，前后两句没有关联，"知之次也"没有比较的对象。

孔子说"生而知之者上也，学而知之者次也"，可以用来解释本章。一切文明都是人创造出来的，创造者没有任何先例可循，孔子认为他们就是"不知而作之者"，也就是"生而知之者"。"盖有不知而作之者，我无是也"就是"我非生而知之者"的另一种表达。孔子说"我非生而知之者，好古，敏以求之者也"，就是告诉大家自己是"学而知之者"，他的学习方法就是"多闻，择其善者而从之；多见而识之"。相对于"不知而作之"，"学而知之"就是"知之次也"。

拿现在流行的词汇来说，"不知而作之者"是创新者，"多闻，择其善者而从之；

多见而识之”的人是追随者，追随者的创造力当然次于创新者。不过，有梦想的跟随者目标是做超越者，孔子最终超越了他心目中的圣人，成为中国最伟大的思想家。

9.7　牢[①]曰：“子云：‘吾不试[②]，故艺。’”

【注释】

① 牢：琴牢，字子开，又字张，也称琴张，卫国人，孔子弟子。

② 试：试用，任用。

【译文】

牢说：“孔子说过，‘我年轻时没有做过官，所以会许多技艺。’”

【评析】

“吾不试，故艺”与《人评篇第一》9.6 章中“吾少也贱，故多能鄙事”意思相同。

孔子的身世十分可怜。据《史记》和《孔子家语》记载，孔子的父亲名叫叔梁纥（hé），叔梁纥有三个老婆，正妻生了九个女儿，妾生了一个儿子孟皮，但有足疾，叔梁纥一心想要个健康的儿子，于是66岁时娶了颜氏20岁的三女儿颜徵在，生了孔子。叔梁纥当过鲁国郰邑大夫，但这并不是一个世袭的官职。孔子三岁时叔梁纥就去世了，正妻将孔子母子赶出家门，不知何原因颜徵在还带着孟皮，可能孟皮的母亲当时已经去世了。颜徵在独自抚养两个孩子，生活十分艰难，孔子从小就要打很多份工养家，孔子聪明好学，他的能力和技艺就是在那时候锻炼出来的。

叔梁纥的郰邑大夫官职虽然不是世袭的，但他士的身份是可以世袭的。士是最低级的贵族，根据周朝制度，士的一个儿子可以继承士的身份，通常是嫡子，但叔梁纥的正妻没有儿子，孟皮有残疾也无法继承，只有孔子能够继承，这应该也是叔梁纥一定要生个健康的儿子的原因。但是孔子士的身份也不是大家都认可，他 17 岁的时候，鲁国权臣季平子宴请鲁国的士，孔子去参加宴会，结果被季平子的管家阳虎挡在门外。

孔子虽然勉强顶个士的身份，但还是被人看不起。孔子 15 岁时立志通过学习改变自己的命运，经过十几年努力学习和工作，终于在 30 岁有所成就，得到大家认可。孔子在 2500 年前就给我们示范了一条通过学习实现阶层上升的道路。

7.33　子曰：“文，莫[①]吾犹人也。躬行君子，则吾未之有得。”

【注释】

① 莫：约莫、大概、差不多。

【译文】

孔子说："学问，约莫我和别人差不多。身体力行做个君子，那我还没有做到。"

【评析】

这是孔子自谦之词。

9.16　子曰："出则事公卿，入则事父兄，丧事不敢不勉，不为酒困，何有于我哉？"

【译文】

孔子说："在外面事奉国君卿大夫，回家孝敬父兄，办丧事不敢不尽力，不被酒困扰，这些事对我有什么难的呢？"

【评析】

"出则事公卿"是尽忠；"入则事父兄"是守孝悌；"丧事不敢不勉"是仁；"不为酒困"是控制自己的欲望，孔子这就是在躬行君子之道。

7.11　子谓颜渊曰："用之则行，舍之则藏，惟我与尔有是夫！"

子路曰："子行三军①，则谁与？"

子曰："暴（pù）虎②冯（píng）河③，死而无悔者，吾不与也。必也临事而惧，好谋而成者也。"

【注释】

① 子行三军："行"在古代是个万能动词，这里表示统帅的意思。三军是当时大国所有的军队，每军约一万二千五百人。

② 暴虎：暴同"曝"。直接暴露在老虎面前，指不拿武器，赤手空拳地与老虎搏斗。

③ 冯河："冯"音凭。不坐船，徒步过河。这样很容易淹死。

【译文】

孔子对颜渊说："有人用我，就做起来；没人用我，就把本事藏起来，只有我和你才能做到这样吧！"

子路问孔子说："老师您如果统帅三军，那您愿意和谁共事呢？"

孔子说："赤手空拳和老虎搏斗，徒步过河，这样做死了都不后悔的人，我是不会和他一起共事的。我要找的一定是遇事小心谨慎，善于谋划而能完成任务的人。"

【评析】

孔子对于做官的态度是"用之则行，舍之则藏"，对待工作的态度是"临事而惧，好谋而成"。可以看出，孔子善于审时度势，行事谨慎，不冒无谓的风险，不做无谓的牺牲。

13.10 子曰："苟有用我者，期（jī）月①而已可也，三年有成。"

【注释】

① 期月："期"音基。一整月。

【译文】

孔子说："如果有国君任用我，一个月就可以有转变，三年实现仁政。"

【评析】

这是孔子为自己打出的广告，孔子对自己的施政能力非常自信。

从先秦到现代，"期月"是指一整月还是一整年，学术界意见一直有分歧。易中天先生认为"期月"是从今年此月到明年此月，为一整年。听起来似乎有点道理，但这样就无法解释"期年"。"期年"在古代文献中只表示一整年，从来没有表示 12 年的用法。《论语》17.21 章，宰我质疑孔子的三年之丧，说"期可已矣"，意思是守丧一年就可以了。《战国策·邹忌讽齐王纳谏》，邹忌劝齐威王纳谏，一开始进谏者门庭若市，几个月后不时有人进谏，而一年以后，即使想进言，也没有什么可说的了（"期年之后，虽欲言，无可进者"）。

主张"期月"是一整年的学者，主要是认为一个月时间太短，孔子不会有什么作为。但据《史记·孔子世家》记载，鲁定公十四年，孔子由大司寇摄任国相，参与国政三个月，卖猪、羊的商贩就不敢漫天要价了；男女行人都分开走路；街上路不拾遗；外国客人来到鲁国宾至如归，不用再打点官员（"与闻国政三月，粥羔豚者弗饰贾；男女行者别于涂；涂不拾遗；四方之客至于邑者，不求有司，皆予之以归"）。孔子仅用三个月就重整了鲁国民风、吏治，说自己一个月能让国家有转变，还是非常客观的，应该可以实现。

也有人认为，"期月"作一个月解释，显得孔子太不谦虚，不符合孔子温、良、恭、俭、让的性格。那就要看“可也”与“有成”到底是什么含义了。孔子的政治主张是为政以德，实现以仁义治天下的“仁政”，孟子称之为“王道”，国家实现“仁政”就是“有成”。当时各诸侯国普遍开始行“霸道”，以刑罚治国，以力服人。孔子说“可也”，是说可以用一个月时间让国家从“霸道”向“王道”转变。孔子“朝闻道，夕死可矣”，真要请他来执政，当天就可以开始转变，孔子说需要“期月”，已经是非常谦虚了。

综合以上分析，“期月”从来都只表示一整月。

7.12　子曰：“富而可求①也，虽执鞭之士②，吾亦为之。如不可求，从吾所好。”

【注释】

① 可求：指合乎道义才可以去追求。

② 执鞭之士：根据《周礼》，有两种人执鞭：一是天子、诸侯出入时，手执皮鞭开路的人；二是市场的守门人，执鞭维护市场秩序。两种人都是底层小吏。

【译文】

孔子说：“富贵如果合乎道义就可以去追求，即使是当执鞭人，我也愿意做。如果不合乎道义就不去追求，还是按我的喜好去做事。”

7.16　子曰：“饭疏食①饮水②，曲肱（gōng）③而枕之，乐亦在其中矣。不义而富且贵，于我如浮云。”

【注释】

① 饭疏食：饭，吃饭。疏食指稀饭，因为粮少水多而疏，引申为简陋的饭食。

② 水：古汉语中“汤”指热水，“水”一般指凉水。

③ 曲肱：“肱”音宫，胳膊。弯着胳膊。

【译文】

孔子说：“吃饭简陋，喝凉水，弯着胳膊当枕头，也有乐趣在其中。用不正当的手段取得的富贵，对我来说就像是天上的浮云一样。”

【评析】

以上两章是孔子的财富观，也称义利观，是其价值观的一部分，可以总结为：君子爱财，取之有道。

9.5 子畏于匡①，曰："文王②既没（mò），文③不在兹④乎？天之将丧斯文也，后死者⑤不得与⑥于斯文也；天之未丧斯文也，匡人其如予何？"

【注释】

① 畏于匡：畏，受到威胁。匡，匡邑，春秋时卫国边境城邑，在今河南省长垣市西南。鲁定公十四年（前496），孔子从卫国去陈国，途经卫国匡邑，匡邑曾遭受鲁国阳虎的掠杀，因孔子与阳虎相貌相像，口音相同，匡人把孔子当成了阳虎，将他围困。

② 文王：周文王，姓姬名昌，西周开国君主周武王的父亲，是孔子认为的古代圣贤。

③ 文：指周代的礼乐文化典籍。

④ 兹：指孔子自己。

⑤ 后死者：孔子这里指自己。

⑥ 与：参与，掌握的意思。

【译文】

孔子在匡邑被围困，说道："周文王虽然死了，周朝的礼乐文化不都掌握在我这里吗？上天如果要消灭这些文化，我就不可能掌握这些文化了；上天不想消灭这些文化，匡人又能把我怎样呢？"

【评析】

这是孔子的天命观。孔子周游列国多次遇到被人围攻的危险，《论语》记载了三次，《史记》记载了四次，畏于匡是第一次。危急时刻，孔子坚信上天赋予自己传播文化的历史使命，使命未成，命不该绝。

7.23 子曰："天生德于予，桓魋（tuí）①其如予何？"

【注释】

① 桓魋："魋"音颓。姓向名魋，因是宋桓公的后代，所以称为桓魋。又因为他担任宋国司马，所以家族以司马为氏，他的弟弟司马牛是孔子的学生。

【译文】

孔子说："上天把德赋予了我，桓魋能把我怎么样？"

【评析】

鲁哀公二年（前493），孔子从卫国经曹国去宋国见宋景公。宋国司马桓魋担心宋景公重用孔子后会影响自己的地位，派人驱逐孔子。当时孔子正与弟子们在一棵大树下演习周礼，宋人砍倒大树，威胁孔子再不走就要来真的了。孔子在学生们的保护下逃离宋国，逃跑途中弟子催促孔子快跑，孔子说了上面这句话。

与上次畏于匡一样，孔子坚信自己有天命在身，桓魋伤害不到自己。

15.3　子曰："赐①也，女以予为多学而识之者与？"对曰②："然。非与？"曰："非也，予一以贯之。"

【注释】

① 赐：子贡的名。孔子称呼弟子都是称呼他们的名。

② 对曰：地位低者回答地位高者都用"对曰"，表示尊敬。

【译文】

孔子说："赐啊！你以为我是学习得多了才把学问记住的吗？"子贡答道："是啊，难道不是这样吗？"孔子说："不是的。我是用一个思想把它们贯彻始终。"

4.15　子曰："参（cān）①乎！吾道一以贯之。"曾子曰："唯。"子出，门人问曰："何谓也？"曾子曰："夫子之道，忠恕而已矣。"

【注释】

① 参：曾参，字子舆，鲁国人，孔子晚年弟子，小孔子 46 岁，七十二贤之一。曾参被称为曾子，是儒家承上启下的重要人物。曾子倡导"以孝为本"，参与编纂《论语》、撰写《大学》《孝经》等作品。"参"的读音自古有 cān 和 shēn 两种说法，其中 cān 是正确读音。古人的"名"和"字"是关联的，曾参字子舆，舆是马车，与马车相关的是拉车的马，即骖（cān）乘，这样曾子的名和字才能关联。

【译文】

孔子说："参啊，我的学说始终贯穿着一个基本思想。"曾子说："是。"

孔子出去后，同学们问曾子："这是什么意思？"曾子说："老师的学说就是忠恕罢了。"

【评析】

孔子没有告诉子贡他一以贯之的是什么，但是在另外一个场合，子贡向孔子请教有没有一个字可以奉行终身的，孔子说那就是"恕"吧！己所不欲，勿施于人（15.24 章），而曾子理解孔子一以贯之的道是"忠恕之道"，两者一致。其实，孔子思想一以贯之的道，更准确的表达是仁。孔子说过："夫仁者，己欲立而立人，己欲达而达人。"（6.30 章）"己所不欲，勿施于人"只是换了一个说法而已。

12.13 子曰："听讼（sòng）[①]，吾犹人也。必也使无讼乎？"

【注释】

① 听讼："讼"音送，诉讼。审理诉讼案件。

【译文】

孔子说："审理诉讼案件，我同别人是一样的。一定要使诉讼案件根本不发生！"

【评析】

孔子 50 岁时任鲁国大司寇，相当于鲁国最高法院院长，日常需要审理案件。不过孔子以前从来没有审理过案件，鲁国那时也没有成文的法律，大家都是靠个人判断甚至个人感情来定案，所以孔子说自己和别人断案水平差不多。

虽然担任大司寇，但孔子却不主张用刑罚治国。他认为用刑罚约束百姓，百姓虽然因为畏惧而守法，但却失去了廉耻心。他主张为政以德，用道德和礼乐来教化百姓，这样百姓就有廉耻心，从心里守规矩，就能实现无讼的目的了。

二、孔子主要作为

诲人篇第三

孔子是中国最伟大的教育家，是历史上第一个私人办学的人。他从27岁时开始收徒，一直到73岁去世，在近半个世纪的教学生涯中总结出来的教育经验已经成为全人类的精神财富。孔子评价自己『诲人不倦』，我们看一下孔子是如何教育学生的。

教育内容

7.25　子以四教：文①、行②、忠、信。

【注释】

① 文：主要指《诗（经）》《（尚）书》、礼仪、音乐等文化知识。

② 行：社会实践活动。

【译文】

孔子教授弟子们文化知识、社会实践、忠诚、信义四项内容。

【评析】

概括来讲，孔子是从文化知识、社会实践和道德修养三个方面对弟子进行教诲。

15.26　子曰："吾犹及史之阙文①也，'有马者借人乘之②，'今亡（wú）③矣夫！"

【注释】

① 阙文：阙同"缺"。古代史官记史，遇到有疑问的地方便留缺不记，叫作阙文。

② 有马者借人乘之：这句话很难懂，自汉代以来就没有统一定论。有人认为是传抄过

程中误写进来的。有人解释为：有马的人自己不会调教而靠别人训练。我认为这句是引用的阙文，保留即可，不用翻译。

③ 亡：同“无”。

【译文】

孔子说：“我还记得史书存疑的地方，‘有马者借人乘之，’今天没有了吧。”

【评析】

这是孔子在教学时谈到古代文献中的阙文现象。巧的是《论语》中也有很多令后人不解的阙文，从汉代讨论至今没有定论。

教育对象

15.39 子曰：“有教无类①。”

【注释】

① 无类：不论人的身份，不分出身贵贱。

【译文】

孔子说：“不论什么人都可以受到我的教育。”

【评析】

在孔子兴办私学之前，只有贵族子弟才能够在官办学府中受教育，普通百姓没有受教育的机会。孔子在中国历史上开创了平民教育，他广招门徒，不同身份、诸侯国的人都可以到他的门下受教育。孔子的弟子有平民、士人、贵族，还有其他诸侯国的人。

“有教无类”打破了教育垄断和阶级固化，给普通百姓开辟了一条阶层上升的通道。

7.7 子曰：“自行束脩（xiū）①以上，吾未尝无诲焉。”

【注释】

① 行束脩：“脩”音休。自汉代起，束脩就有两种解释，一是指十条干肉，二是指男子 15 岁把头发束起来，以示成年。我取后一种含义，详细解释见【评析】。

【译文】

孔子说：“只要是满十五岁以上的人，我没有不教的。”

【评析】

孔子这段话，表明了他诲人不倦的精神和“有教无类”的教育思想。

汉代以来对“束脩”含义的讨论就没有停止。其中最离谱的是把束脩解释为十条肉干，始作俑者是东汉末年的经学大师郑玄。郑玄将束脩解释成十条肉干后，孔子就成了一个向学生收学费、爱吃肉的老师了。虽然朱熹认为十条肉干是很轻的礼物，不算贵重，但也给孔子的收费教学定了性。到了近代，更有许多学者认为十条肉干在当时普通百姓承担不起，必是贵族、富家子弟才能送得起，因此判定孔子收徒只面向贵族和富家子弟、孔子只为权贵阶层服务。

我认为把束脩理解成十条肉干是错误的，理由如下：

一、肉干携带不便，不易保存，易腐败变质，不适合作为学费。孔子的学生很多，《史记》中说弟子三千，如果每个人都送十条肉干的话，孔子一辈子也吃不完。如果孔子收学费，或者收拜师礼的话，钱币和粮食才是最好的选择。

二、不管十条肉干礼轻礼重，孔子有很多学生非常贫寒，十条肉干也不是他们所能承担的。例如颜回，极为贫困，家里连碗都没有，拿个破筐盛饭，拿瓢喝水，哪里拿得出十条肉干呢。

三、据《论语》10.8 章、10.9 章所述，孔子对饮食非常讲究。肉变质变色不吃、气味难闻不吃、烹饪方式不对不吃、肉切割方式不对不吃、街上买来的肉不吃、祭祀宰杀放了三天以上的肉不吃。孔子对饮食这么讲究，怎么会吃别人送的来路不明的肉干呢。

四、与收费、收礼相反，孔子还经常大方地馈赠学生粮食。《论语》6.4 章记载孔子一次馈赠原思九百斛粮食，合九千斗，可以够 2800 个人吃一个月。原思不要，孔子还说拿去帮助你的邻里乡亲们吧。

五、孔子不仅赠送学生粮食，学生还会主动向孔子伸手要东西。颜回去世，他的父亲颜路（也是孔子学生）请求孔子把自己的马车卖了给颜回置办棺椁。这应该不是收费的师生关系。

六、文法不通。“自行束脩以上”被释为自己拿着肉干来，“行”和“以上”的意思解释不通，在先秦古汉语中没见过这种用法。

弟子们来向孔子拜师求教，不管是按春秋礼制，还是人之常情，应该是带着礼物来的，但绝不会是十条肉干。至于是什么礼物，依个人经济实力而定。孔子的学生中有很多贵族，他们的礼物就十分贵重。

我认为束脩既不是十条肉干，也不表示礼物，而是指男孩儿进入青少年时期。行束脩是指男孩儿把头发扎束起来，在古代大约是十四岁。“自行束脩以上”就是指十四岁以上的青少年。孔子这句话是在说自己对教育对象的年龄要求。孔子不是儿童教育家，他讲的内容小孩子听不懂，因此对学生有年龄要求。这也与他自己“十五有志于学”的年龄相一致。有人可能会提出异议，说古代文献里束脩确实也有学费、礼物的意思，但那都是汉代以后的文献，是在郑玄将束脩误解为十条肉干以后的用法了。最重要的一点，孔子是一个信守“不义而富且贵，于我如浮云”的人，会公开说自己收徒是以送礼为条件吗？

教学方法

7.8 子曰：“不愤①不启，不悱（fěi）②不发。举一隅（yú）③不以三隅反，则不复也。”

【注释】

① 愤：苦思冥想而仍然领会不了的样子。

② 悱：音匪，想说又不能明确说出来的样子。

③ 隅：音鱼，角落。

【译文】

孔子说：“教导学生，不到他想弄明白而弄不明白的时候，不去开导他；不到他能想出来却说不出来的时候，不去启发他。教给他一个方面的东西，他却不能由此而推知其他三个方面的东西，那就不再教他了。”

【评析】

孔子开创了启发式的教学方法，在学生充分独立思考的基础上，再对他们进行启发开导。他要求学生举一反三，就是要让学生们充分思考，由已知推未知，而不是局限于所学的知识。

孔子总结出的教学方法符合教育最基本的规律，具有极其重要的价值。

15.16 子曰：“不曰‘如之何，如之何’者，吾末①如之何也已矣。”

【注释】

① 末：同“莫”。不知道。

【译文】

孔子说：“从来不说‘怎么办，怎么办’的人，我对他也不知道怎么办才好。”

【评析】

此章可与上一章（7.8 章）结合来看。说“怎么办”的人就是在思考问题，处于“愤”和“悱”的状态，这时候孔子就会对他们进行启发。而不说“怎么办”的人，说明没有认真思考，孔子也拿他们无可奈何。

6.21 子曰：“中人以上，可以语上也；中人以下，不可以语上也。”

【译文】

孔子说：“具有中等以上才智的人，可以给他讲授高深的学问，在中等水平以下的人，不可以给他讲高深的学问。”

【评析】

这是孔子“因材施教”的教育思想，是对人类教育学发展做出的重大贡献。

因材施教是孔子教学经验的总结。孔子弟子三千，智力、领悟力参差不齐，授以相同的学问，有人觉得简单，有人还听不懂。孔子把学生分为上知（智）、中人与下愚三种，根据学生智力水平的高低授以不同的学问。在《论语》中可以看到，学生向孔子提出相同的问题，孔子会给予不同的回答，这就是在因材施教。

因材施教的实质是通过差别化的教育实现教育公平。教育公平有两个含义。一是公正，要保证个人和社会因素不妨碍人达到其能力所允许的教育高度。二是覆盖，要保证所有的人都受到基本的教育。因材施教使学生充分发展，是实现教育公平的一个重要方面。

17.3 子曰：“唯上知（zhì）与下愚不移。”

【译文】

孔子说：“只有最有智慧的人和最愚笨的人是改变不了的。”

【评析】

上知（智）是最有智慧的人，他们有自己的主张，不受他人影响，所以不会被改变。

下愚是既愚笨又不肯努力的人，孔子认为这种人是教育所不能改变的。孔子的学生中就有既不聪明又肯不努力的，孔子怎么教也没用。

师德

7.24 子曰："二三子以我为隐乎？吾无隐乎尔。吾无行而不与二三子者，是丘也。"

【译文】

孔子说："弟子们，你们以为我有什么隐瞒的吗？我对你们没有丝毫隐瞒。我没有一点不向你们公开，我孔丘就是这样的人。"

【评析】

此章可与《人评篇第一》9.11章和《为学篇第四》16.13章结合来看。孔子学问渊博，思想高深，就连颜回那样既聪明又努力的学生也感觉难以企及。弟子们学习有困难，不免会产生疑惑，以为老师对他们有所隐瞒，陈亢就私下问孔子的儿子孔鲤，孔子有没有单独教他什么学问，所以孔子讲了这句话。

14.7 子曰："爱之，能勿劳乎？忠焉，能勿诲乎？"

【译文】

孔子说："爱他，能不让他多劳动吗？忠于他，能不劝导他吗？"

【评析】

孔子这句话阐述了一个教育理念：对于孩子、学生，真正的爱是要让他们多参加劳动，多教导他们，而不是一味地溺爱他们。中国有句古话：慈母多败儿，惯子如杀子。孟子说得更深刻：天将降大任于斯人也，必先苦其心志，劳其筋骨，饿其体肤，空乏其身，行拂乱其所为，所以动心忍性，曾益其所不能。

有的《论语》注释把"能勿劳乎"解释成能不为他操劳吗？似有不妥。从语法的统一性上来讲，"能勿诲乎？"的意思大家没有疑义，就是能不劝导他吗？是"能勿诲之乎"的缩写。那么"能勿劳乎"写全就是"能勿劳之乎"。"劳之"就是让他多劳动。

为学篇第四

世上没有孔子说的生而知之者，一切学问、知识和技能都要通过学习才能获得。我们来看一下儒家在学习方面的思想和主张。

『学』在《论语》中出现了66次。

1.1　子曰："学而时习[①]之，不亦说（yuè）[②]乎？有朋自远方来，不亦乐[③]乎？人不知[④]而不愠（yùn）[⑤]，不亦君子乎？"

【注释】

① 时习："时"，时常、经常；"习"原意是练习，这里指使用、应用。

② 说：同"悦"，喜悦、愉快的意思。

③ 乐：快乐。有人误读为 yuè，不对。旧注说：喜悦在内心，快乐见于外表。

④ 人不知：别人不了解自己。

⑤ 愠：音运，生气、恼怒。

【译文】

孔子说："学到的知识能够经常用上，不也很喜悦吗？有朋友从远方来，不也很快乐吗？人家不了解我，我也不生气，不也是君子吗？"

【评析】

这是《论语》第一篇第一章，也是孔子知名度最高的一句话。

学而时习之是一个理论联系实际的过程。学到的知识能够经常用上，会让人产生成就感，这就是喜悦的来源。

学习目的

19.7　子夏①曰："百工居肆②以成其事，君子学以致其道。"

【注释】

① 子夏：卜商，字子夏，春秋时期晋国人，孔子的学生，小孔子 44 岁，孔门十哲之一。

② 百工居肆：百工，各行各业的工匠。肆，工坊、作坊。

【译文】

子夏说："各行各业的工匠在作坊里完成自己的工作，君子通过学习来达到君子之道。"

【评析】

"君子学以致其道"说明了学习的重要性。君子之道包括仁、智、勇三个方面，因此学不仅是指学习文化知识，还包括对品德的修养。

19.13　子夏曰："仕①而优②则学，学而优则仕。"

【注释】

① 仕：做官。出仕指出来做官，入仕指进入仕途，也表示做官。

② 优：有余力。

【译文】

子夏说："做官还有余力的人，就可以去学习，学习有余力的人，就可以去做官。"

【评析】

子夏这句话点明了弟子们来孔门学习的目的。

"学而优则仕"经常被误作孔子名言引用，这是因为自汉朝开始，就有学者习惯性地将《论语》中所有言论都当作孔子所言来引用。他们记住了《论语》中的格言警句，但不大记得是谁说的了，《论语》查阅起来也很不方便，于是在自己的著作中就都写成子曰。

学习态度

2.17 子曰：“由！诲女，知之乎！知之为知之，不知为不知，是知（zhì）也。”

【译文】

孔子说：“仲由呀，我教给你的，你都懂了吗？知道就是知道，不知道就是不知道，这才是智慧啊！”

【评析】

“知之为知之，不知为不知”是实事求是的认知态度。这是孔子思想重要内容之一。

“诲女，知之乎”，有的学者断句作“诲女知之乎”，语言学家杨伯峻解释为：教给你对待知道和不知道的正确态度吧。也有人认为“是知也”中的“知”就是原意“知道”，意思是这才是真正的知道，即，知道自己掌握了哪些知识、不掌握哪些知识。这些见解各有其道理，不过都不影响对“知之为知之，不知为不知”的认识。

5.15 子贡问曰：“孔文子①何以谓之‘文’也？”子曰：“敏而好学，不耻下问，是以谓之‘文’也。”

【注释】

① 孔文子：卫国大夫孔圉（yǔ），“文”是他的谥（shì）号，孔子在卫国期间与他交往很多。孔文子又被称为“仲叔圉”，在《论语》其他章中也有提及。

【译文】

子贡问道：“为什么给孔文子‘文’的谥号呢？”孔子说：“他聪敏好学，不以向地位低下的人请教为耻，所以给他‘文’的谥号。”

【评析】

“不耻下问”是一种谦虚的学习态度，求知者对学问的追求，超过了维护所谓的面子。这是孔子思想重要内容之一。

“谥号”是国家赐予死去的贵族的称号，是一种盖棺定论的评价，始于西周。谥号一般只有一两个字，分为表扬类的美谥或上谥，如：文、武、明、康、景、庄、宣、桓、惠、懿等；同情类的平谥，如：定、思、哀、怀、悼、闵、殇等；批评类的下谥、恶谥，如：灵、炀、幽是下谥，纣、厉是恶谥。《论语》中提到的国君、卿大夫基本都有谥号，可以参照上文看一下后世对他们的评价。

孔文子去世于公元前480年，比孔子早一年，由此可知这段对话是公元前480年到479年间发生的。

8.5 曾子曰："以能问于不能，以多问于寡；有若无，实若虚，犯而不校（jiào）①。昔者吾友②尝从事于斯矣。"

【注释】

① 校：校同"较"，计较。

② 吾友：我的朋友，这个朋友是颜回。

【译文】

曾子说："能力强向能力弱的人请教，学问多向学问少的人请教；有学问却像没学问，知识充实却像空空如也，被人冒犯也不计较。从前我的一个朋友就是这样做的。"

【评析】

"以能问于不能，以多问于寡"是不耻下问的学习态度；"有若无，实若虚"是谦虚的学习态度；"犯而不校"是一种宽容大度的处世态度。

学习内容

16.13 陈亢（gāng）①问于伯鱼②曰："子亦有异闻③乎？"

对曰："未也。尝独立，鲤趋④而过庭。曰：'学《诗》⑤乎？'对曰：'未也。''不学《诗》，无以言。'鲤退而学《诗》。他日，又独立，鲤趋而过庭。曰：'学礼乎？'对曰：'未也。''不学礼，无以立。'鲤退而学礼。闻斯二者。"

陈亢退而喜曰："问一得三：闻《诗》，闻礼，又闻君子之远其子也。"

【注释】

① 陈亢："亢"音刚。即陈子禽。

② 伯鱼：孔子20岁时得子，当时的国君鲁定公送他一条鲤鱼做贺礼，孔子因此给儿子起名孔鲤，字伯鱼。下文中的"鲤"，是孔鲤自称。

③ 异闻：指孔子教给孔鲤不同于对弟子所讲的知识。

④ 趋：低头快步走，是一种礼节。晚辈在长辈面前、臣子在君主面前走路都要趋行。

⑤《诗》：即《诗经》。《诗经》是中国最早的诗歌总集，收录了西周初年至春秋中

叶（前11世纪至前6世纪）的诗歌，共311篇。《诗经》在秦朝以前被称为《诗》，或取其整数称《诗三百》。西汉时被尊为儒家经典，才被称为《诗经》。

【译文】

陈亢问伯鱼："您在老师那里听到过什么特别的教诲吗？"

伯鱼回答说："没有呀。有一次他独自站在堂上，我快步从庭院走过，他说：'学《诗》了吗？'我回答说：'没有。'他说：'不学《诗》，就不会说话。'我回去就学《诗》。又有一天，他又独自站在堂上，我快步从庭院走过，他说：'学礼了吗？'我回答说：'没有。'他说：'不学礼就不懂得怎样立身。'我回去就学礼。我就听到过这两件事。"

陈亢回去高兴地说："我问一件事，知道了三件事，知道《诗》，知道礼，又知道老师不偏爱自己的儿子。"

【评析】

《诗》是诗歌总集，是上至王公大夫，下至普通百姓共同创作的，每首诗都有鲜明的主题。《诗》中的诗歌在周代是上层社会的社交语言，所谓"诗以言志"。在宴会场合，主人和宾客轮流从《诗》中选取诗歌请乐师奏唱，表达自己的思想，是一种固定礼仪。因此孔子说"不学《诗》，无以言"。

周礼十分繁复，涉及生活的方方面面，大至祭祀，小到说话应答。不懂周礼会处处失礼，被人瞧不起，没有办法在社会上立足，因此孔子说"不学礼，无以立"。

孔子对自己的儿子确实没有什么特殊关照，对他的关心甚至远不如自己的弟子。从《左传》《史记》等史料可知，孔鲤没有跟随孔子周游列国，在孔子回鲁国后一年，孔鲤就先于父亲去世了，因此他在《论语》中的存在感较弱，除了回答陈亢的话，孔鲤在《论语》中再无片言。

陈亢问孔鲤，他父亲孔子是否教了他什么不一样的学问，是怕孔子不对弟子倾囊相授，可以看出陈亢心胸狭隘。《诲人篇第三》7.24章，孔子说："二三子以我为隐乎？吾无隐乎尔。吾无行而不与二三子者，是丘也。"就是孔子对这种疑问无奈的回答。

17.9 子曰："小子①何莫学夫《诗》？《诗》，可以兴②，可以观③，可以群④，可以怨⑤。迩（ěr）⑥之事父，远之事君；多识于鸟兽草木之名。"

【注释】

① 小子：指孔子的弟子门生。

② 兴：抒发感情和思想。

③ 观：观察社会和自然。

④ 群：结交朋友。

⑤ 怨：讽谏上级，怨而不怒。

⑥ 迩：音尔，近。

【译文】

孔子说："小子们为什么不学《诗》呢？《诗》，可以用来抒发感情，可以用来观察自然和社会，可以用来结交朋友，可以用来讽谏上级。近可以用来侍奉父母，远可以事奉君主；还可以多知道一些鸟兽草木的名字。"

17.10 子谓伯鱼曰："女为《周南》《召（shào）南》[①]矣乎？人而不为《周南》《召南》，其犹正墙面而立也与？"

【注释】

①《周南》《召南》：《诗经·国风》中前两部的篇名。周南和召南是地名，《周南》《召南》是当地民歌集。

【译文】

孔子对伯鱼说："你学习《周南》《召南》了吗？一个人如果不学习《周南》《召南》，那就像正对着墙壁站立吧？"

【评析】

《周南》《召南》是民间诗歌集，共有25首，反映周南、召南地区的风土人情，贵族和百姓的世俗生活。古人生活半径小，伯鱼又没有随孔子周游列国，通过学习《周南》《召南》里的诗歌，就可以了解外面精彩的世界，否则见识短浅，就好像面墙而立，虽然睁着眼睛但什么也看不见。

7.17 子曰："加[①]我数年，五十以学《易》[②]，可以无大过矣。"

【注释】

① 加：同"假"，给予的意思。

② 易：也称《周易》或《易经》，相传系周文王姬昌所作。《易经》主要是六十四卦和三百八十四爻（yáo），各有卦辞和爻辞进行说明，作为占卜之用。

【译文】

孔子说："再给我几年时间，到五十岁学习《易》，就可以没有大过错了。"

【评析】

《易经》不等于迷信，与阴阳鬼神也没有关系。《易经》的作用是占卜，也就是古代的预测学，它的逻辑基础还是非常时髦的，就是建立在统计基础上的大数据分析。虽然《易》是伪科学，但在古人的认知条件下，有其存在的意义。《史记·孔子世家》记载，孔子非常痴迷钻研《易经》，书简翻得太勤，以至于"韦编三绝"，把穿竹简的皮条都磨断了很多条。

研究学问的方法

9.8 子曰："吾有知乎哉？无知也。有鄙夫[①]问于我，空空如也。我叩其两端而竭焉[②]。"

【注释】

① 鄙夫：指农夫或者社会底层的人。

② 叩其两端而竭焉：叩，叩问、询问。从问题的正反两方面去探究答案。

【译文】

孔子说："我有那么多知识吗？其实没有。有农夫问我问题，我一无所知。我从正反两方面思考来寻找答案。"

【评析】

"叩其两端而竭焉"是从问题的正反两个方面来思考问题，包含了逆向思维的思考方式，值得我们学习。

2.11 子曰："温故而知新，可以为师矣。"

【译文】

孔子说："通过温习旧知识有新的理解和认识，就可以当老师了。"

【评析】

“温故而知新”是孔子对教育理论的重大贡献。人类的理解力随着年龄、阅历、知识的积累而增长，温习以前学过的旧知识，往往会有新的理解和认识。

19.5 子夏曰：“日知其所亡（wú），月无忘其所能，可谓好学也已矣。”

【译文】

子夏说：“每天学一些新知识，每个月复习所学过的知识，这就可以称为好学了。”

7.22 子曰：“三人行，必有我师焉；择其善者而从之，其不善者而改之。”

【译文】

孔子说：“几个人同行，一定有值得我学习的人。选择别人的优点学习，看到别人的缺点，引以为鉴，加以改正。”

4.17 子曰：“见贤思齐焉，见不贤而内自省也。”

【译文】

孔子说：“见到贤人应该向他学习看齐，见到不贤的人，应该反省自己有没有犯过与他相同的错误。”

2.15 子曰：“学而不思则罔[①]，思而不学则殆（dài）[②]。”

【注释】

① 罔：迷茫无获。

② 殆；同“怠”，疲倦而无所得。

【译文】

孔子说：“只学习知识而不思考，就会迷茫无获；只是空想而不去学习，就会疲倦而无所得。”

15.31 子曰：“吾尝终日不食，终夜不寝，以思，无益，不如学也。”

【译文】

孔子说：“我曾经白天不吃饭，晚上不睡觉地思考问题，结果没有什么好处，还不如去学习为好。”

儒家学派

1.13 有子①曰：“信近于义，言可复也。恭近于礼，远耻辱也。因②不失其亲，亦可宗③也。”

【注解】

① 有子：有若，字子有，孔子的弟子，比孔子小 33 岁，孔门七十二贤之一。《史记·仲尼弟子列传》记载，有子相貌气质和孔子非常相像，孔子去世后，弟子们思念孔子，便推举有若为师，用师礼对待他，但不久，弟子提出两个问题，有若都不能回答，遂被赶下位来。

② 因：传承、继承。《论语》中的“因”都是“因循”“继承”“接着”的意思。

③ 宗：建立宗派体系。

【译文】

有子说：“诚信这种品德和义相近，说过的话经得起重复。恭敬这种品德和礼相近，让人避免耻辱。传承不离开亲族，就可以建立宗派体系。”

【评析】

从古至今，学者们对有子这句话的理解分歧众多，迄今没有统一认识。朱熹曾说：《论语》中有子说数章，文势皆奥涩，难为人解。难怪有子没有进入十哲之列。

本章中最难理解的是“因不失其亲，亦可宗也”这句。译文是我一家之言，供读者参考。我认为有子是希望孔门弟子在传承儒学的过程中加强团结。

孔子弟子众多，弟子们对孔子言论和思想的理解不尽相同，难免会产生歧见，所以孔子逝世以后，孔门弟子就开始逐步分化。从《论语》中可以看到，曾参、子夏当时已经有门人弟子，子游、子张也在传授儒学，他们在儒学的传授次序、孔子关于某些问题的思想上，已经产生了分歧和争议。

有子希望大家能够弥合分歧，共同把儒家发扬光大。可惜他的愿望只实现了一半，儒家思想确实成为中国古代的主流思想，深刻地影响了中国，直到现在，但儒家却严重分裂了。据《韩非子·显学》记载，孔子死后，儒家在战国时期分为八派：子张之儒，子思之儒，颜氏之儒，孟氏之儒，漆雕氏之儒，仲良氏之儒，孙氏之儒，乐正氏之儒。

它们之间的观点很不相同，但都自认是代表孔子的儒家思想。随着历史的发展，儒家八派中有些派别失传了，有些思想融合了，最终流传下来的是孟子一派和孙氏之儒的荀子一派。

学习成果

9.22　子曰："苗而不秀①者有矣夫！秀而不实②者有矣夫！"

【注释】

① 秀：庄稼的禾苗开花叫秀。

② 实：成熟的谷穗（suì）叫作实。庄稼生长过程是从种子萌芽出苗开始，长成禾苗，禾苗吐穗扬花，花授粉之后，谷穗才能成熟，结成果实。

【译文】

孔子说："庄稼有长了苗但没开花的，有开了花但没结果实的。"

【评析】

孔子用庄稼的生长、开花和成熟来比喻求学过程，中间会有各种各样的半途而废。

1.7　子夏曰："贤贤易色①；事父母，能竭其力；事君，能致其身；与朋友交，言而有信。虽曰未学，吾必谓之学矣。"

【注释】

① 贤贤易色：对妻子，注重品德而不是相貌。后面"事父母""事君""与朋友交"各对应儒家五种人伦关系之一，因此"贤贤易色"指人伦中的夫妻关系。

【译文】

子夏说："对妻子，注重品德而不是相貌；侍奉父母，能竭尽全力；服侍君主，能够献出生命；同朋友交往，说话诚实守信。这样的人，虽然自己说没有学习过，我一定说他已经学习过了。"

【评析】

子夏说的"学"，不光是学习文化知识，还包括学礼，通过学习修养自己的仁德。即使没有学习过礼乐和文化知识，如果在生活中能够践行"重德轻色""孝""忠""信"等品德，也算是道德修养有成的人了。

8.12 子曰："三年学，不至于谷，不易得也。"

【注释】

① 谷：古代以粮食谷物作为官员的俸禄，这里指做官。不至于谷，即做不了官。

【译文】

孔子说："跟着我学习了好几年还做不了官，这样的人不容易找呀。"

【评析】

孔子这是在为自己的孔子大学做广告，告诉大家孔子大学的毕业生就业形势很好。

朱熹认为这句话里的"至"通"志"，将本章解读为"为学之久而不求禄，如此之人不易得也"，意思是学习了很久还没有当官的想法，这样的人很少。我不认同这种解读，"至于"在《论语》中出现了9次，都是"到达"的意思，从没有"有志于"的用法，并且这种解读在内容上没有意义，孔子是赞成这样的人，还是不赞成呢？令人费解，朱子的解读不可取。

学习次序

19.12 子游①曰："子夏之门人小子，当洒扫应对进退，则可矣，抑②末也。本之则无，如之何？"

子夏闻之，曰："噫！言游过矣！君子之道，孰先传焉，孰后倦③焉？譬诸④草木，区以别矣。君子之道，焉可诬⑤也？有始有卒者，其惟圣人乎！"

【注释】

① 子游：言偃，字子游，孔子弟子，孔门十哲之一，春秋时期吴国人，小孔子45岁，后文子夏说"言游"也是指他。

② 抑：但是、不过。转折的意思。

③ 倦：诲人不倦。既然是不倦，就是指后传授的内容，与"先传"对应。

④ 诸："之于"的合音字。"譬诸草木"就是"譬之于草木"，拿草木打比方。

⑤ 诬：欺骗。

【译文】

子游说："子夏的学生，做些打扫和迎来送往的事是可以的，但这些不过是末节小事，根本的东西却没有学到，这怎么行呢？”

子夏听了，说：“唉，子游错了。君子之道，哪条先传授？哪条后传授？就像草木一样，都是有区别的。君子之道，怎么可以欺骗呢？能按次序有始有终地教授学生，恐怕只有圣人吧！”

【评析】

子夏主张由浅入深地教授弟子学问，而子游显然是主张先传授最重要的内容，他们的不同主张，在《论语》其他章中也有反映。

子夏说过，“虽小道，必有可观者焉”，“日知其所亡，月无忘其所能，可谓好学也已矣”。他认为小学问、小技能也有价值，认为学习要循序渐进，因此他不会放弃细微末节的学问，采取由浅入深的教学方法。

子游在任武城宰的时候，用高深的音乐来教化不懂礼乐的普通民众，孔子也不理解。他解释说“君子学道则爱人，小人学道则易使也”。他采用最直接的方法来教化民众，当然希望教学生也一步到位。

学习境界

6.20 子曰：“知之者不如好之者，好之者不如乐之者。”

【译文】

孔子说：“对于学问，懂得它的人，不如爱好它的人；爱好它的人，又不如以它为乐趣的人。”

【评析】

孔子总结了学习的三重境界：被动地学习，爱好学习，以学习为乐。以学习为乐是学习的最高境界，爱因斯坦曾经说过，“兴趣是最好的老师”。孔子也评价自己“学道不倦，诲人不厌”“发愤忘食，乐以忘忧”。

16.9 孔子曰：“生而知之者上也，学而知之者次也；困而学之，又其次也；困而不学，民斯为下矣。”

【译文】

孔子说：“生来就知道的，是上等；经过学习以后才知道的，是次等；遇到困难再去学习的，是又次一等；遇到困难还不学习的，这种人就是下等的了。”

【评析】

孔子从学习的主动性角度，将人分为“生而知之”“学而知之”“困而学之”“困而不学”四个层次。

孔子所在的时代，人们还是相信存在“生而知之”的人，就是圣人。

孔子不承认自己是圣人，他说自己是“学而知之”，他说：“我非生而知之者，好古，敏以求之者也。”

“困而学之”，就是俗话说的书到用时方恨少。孔子自己总结“吾尝终日不食，终夜不寝，以思，无益，不如学也”。

孔子最担心学生“困而不学”：“德之不修，学之不讲，闻义不能徙，不善不能改，是吾忧也。”（7.3 章）

负面清单

学习目的不纯

14.24 子曰：“古之学者为己，今之学者为人。”

【译文】

孔子说：“古人学习是为了提高自己的品行学问，今人学习是为了给别人看。”

不学习的危害

17.8 子曰：“由也！女闻六言①六蔽矣乎？”对曰：“未也。”

“居！吾语女。好（hào）仁不好学，其蔽也愚②；好知不好学，其蔽也荡③；好信不好学，其蔽也贼④；好直不好学，其蔽也绞⑤；好勇不好学，其蔽也乱；好刚不好学，其蔽也狂。”

【注释】

① 言：品德。

② 愚：受人愚弄。

③ 荡：放荡。好高骛远而没有根基。

④ 贼：伤害。

⑤ 绞：说话尖刻。

【译文】

孔子说："仲由呀，你听说过有六种品德就有六种弊病的道理吗？"子路回答说："没有。"

孔子说："坐下！我来告诉你。爱好仁德，却不爱好学习，弊病是受人愚弄；爱好智慧，却不爱好学习，弊病是放荡不羁；爱好诚信，却不爱好学习，弊病是容易受到伤害；爱好直率，却不爱好学习，弊病是说话尖刻；爱好勇敢，却不爱好学习，弊病是胡作非为；爱好刚强，却不爱好学习，弊病是狂妄自大。"

【评析】

在 8.2 章中，子曰："恭而无礼则劳，慎而无礼则葸，勇而无礼则乱，直而无礼则绞。"两相对比，可知孔子所说的学习，不只是学习文化知识，还包括学习礼、对自己的修炼。

不好的学习态度

15.17 子曰："群居终日，言不及义，好行小慧，难矣哉！"

【译文】

孔子说："整天聚在一起，没有正经话题，喜欢卖弄小聪明，这种人真难教导！"

17.22 子曰："饱食终日，无所用心，难矣哉！不有博弈①者乎？为之，犹贤乎已。"

【注释】

① 博弈：在古代，博和弈是两种不同智力游戏。博是掷骰（tóu）子，弈是围棋。

【译文】

孔子说："整天吃饱了饭，什么心思也不用，这种人真难办呀！不是还有掷骰子和下棋吗？干这个，也比闲着强啊。"

7.3 子曰："德之不修，学之不讲，闻义不能徙（xǐ）①，不善不能改，是吾忧也。"

【注释】

① 徙：音洗，迁移。此处指靠近义、做到义。

【译文】

孔子说："不修养品德，不讲求学问，听到义不能去做，有错不能改，这是我所忧虑的呀。"

【评析】

以上三章都是孔子对学生们的批评，很像中学班主任经常说的话。孔门的弟子也不是人人都爱学习，不少人整天饱食终日，无所事事。对于这些不求上进的人，孔子看在眼里痛在心里。

2.16　子曰："攻①乎异端②，斯害也已。"

【注释】

① 攻：攻读、钻研。有人将"攻"解释为"攻击"，不妥。

② 异端：异端学说，指春秋末期其他各家的思想，尤其是法家。

【译文】

孔子说：钻研异端学说，这是有害的呀！

【评析】

孔子这句话牵出了一段被后世争论了2000余年的公案。

春秋末年是一个百家争鸣的时代。儒家虽盛，但并不是一家独大，同时代诸子百家的思想让人目不暇给，无所适从。据说鲁国就有一个思想家少正卯（mǎo）对孔子学说形成了挑战。

据说少正卯是鲁国大夫，少正是官职，卯是他的名字。少正卯是法家，他主张"道之以政，齐之以刑"，当时很受欢迎。据说他在孔府对面开坛讲学，把孔子弟子吸引过去大半，以至孔门三盈三虚，只有颜回不去。

《史记》记载鲁定公十四年，孔丘任鲁国大司寇，代理宰相。上任后七天就把少正卯以"君子之诛"杀了，曝尸三日。孔丘回答弟子的疑问时说，少正卯一身兼有"心达而险、行辟而坚、言伪而辩、记丑而博、顺非而泽"五种恶劣品性，是"小人之桀雄"，不可不杀。

不过自汉代以来，就有人质疑此事的真伪。记载孔子杀少正卯最早的文献是《尹文子·大道下》。尹文子是战国中期的人，是孔子去世一个多世纪以后出生的。而春秋战国较他更早期的文献《论语》《左传》《国语》《孟子》，都没有记载过此事，甚至从未出现过少正卯这个人。后世学者也从多方面论证此事真伪，如孔子是否有权力诛杀大臣；孔子反对用杀戮解决矛盾；春秋时鲁国没有少正这个官职；到底有没有少正卯此人；等等。我也认为此事属伪造，《史记》及西汉以来一系列文献中关于此事的描述都是从《尹文子·大道下》演绎而来。

事情虽然是假的，但当时诸子百家思想对儒家学说的冲击是真的，在这种情况下，孔子不由得发出这样的感叹。

13.5 子曰："诵《诗》三百，授之以政，不达①；使于四方，不能专对②；虽多，亦奚以为？"

【注释】

① 不达："达"是通达。"不达"就是办事得不到理想的结果，办不明白的意思。

② 专对：独立应对各种情况。

【译文】

孔子说："熟读《诗经》三百篇，让他处理政务，办不明白；让他出使国外，不能独立应对；读了那么多，又有什么用？"

【评析】

孔子说过"不学《诗》，无以言"，学了《诗》要能学以致用，死记硬背，当书呆子也不行。

9.31 "唐棣之华①，偏其反而②。岂不尔思？室是远而③。"子曰："未之思也，夫何远之有？"

【注释】

① 唐棣之华：唐棣，据考证是一种植物，属蔷薇科，落叶灌木；"华"同"花"。中国古代蔷薇科灌木植物的花里最漂亮的是月季，唐棣之花应该就是月季花。

② 偏其反而：形容花摇动的样子。

③ 室是远而：只是住的地方太远了。

【译文】

“唐棣的花朵啊，翩翩地摇摆。岂能不想念你？只是家住得太远了。”孔子说：“还是没有真的想念，如果真的想念，有什么遥远呢？”

【评析】

这句诗从风格来看很像是《诗经》中的诗句，但在现在的《诗经》中没有。可能是后来逸失了，或者当初就没有收进去，只是民间流传。

唐棣之花长在山野之中，虽然美丽但难以采摘，就像孔子的学问，听着很好，但实践起来难。弟子吟诵这句诗表达对孔子学问向往又畏难的心情，孔子指出这还不是真的想学习啊。

三、孔子和儒家主要思想

德行

孝悌篇第五

孝是子女对待父母的正确态度，悌（tì）是弟弟对待兄长的正确态度。孝悌是儒家道德思想的核心。

论语中『孝』字出现19处。

1.2 有子曰：“其为人也孝弟（tì）①，而好犯上者，鲜矣；不好犯上，而好作乱者，未之有也②。君子务本，本立而道③生。孝弟也者，其为仁④之本与！”

【注释】

① 弟：同“悌”。

② 未之有也：为“未有之也”的倒装句型。古汉语否定句的宾语如果是代词，一般放在动词前面。

③ 道：“道”被赋予了多种含义，但本义就是指道路。

④ 仁：是孔子哲学思想的核心概念，是最高的道德标准。

【译文】

有子说：“他为人孝顺父母，敬爱兄长，而喜好触犯上级，这样的人是很少见的；不喜好触犯上级，而喜好造反，这样的人是没有的。君子致力于最根本的事情，根本确立了，道路也就有了。孝顺父母、顺从兄长，这就是仁的根本啊！”

【评析】

本章被排为《论语》第2章，可见孝悌在儒家思想观念中的地位。

儒家认为，要保持社会安定，社会各阶层就要安分守己，各安其位。家庭是社会最基本的组成单位。孝悌是人在家里遵守的尊卑次序，忠是人在社会上遵守的尊卑次序。贵族子弟在家里守孝悌，才能对君主尽忠，不会犯上作乱。统治阶级把孝悌思想推广到民众当中，民众才会服从统治，不会起来造反。这样就能实现社会安定。

周礼是周公建立的一套礼乐制度，礼乐的作用就是建立和维护秩序。到了春秋末期，礼崩乐坏，儒家致力于恢复周礼，希望人人都安分守己，不逾矩，即“克己复礼”。孔子说“克己复礼为仁”，所以说孝悌为仁之本。

1.6 子曰：“弟子①入②则孝，出则悌③，谨④而信，泛爱众，而亲仁⑤。行有余力，则以学文。”

【注释】

① 弟子：这里指为人子弟者。

② 入：指在家里。

③ 出则悌：在外面要像对待兄长那样对待年长于自己的人。

④ 谨：寡言少语称之为谨。

⑤ 仁：仁人，有仁德之人。

【译文】

孔子说：“后生小子，在家要孝顺父母；出门要像对待兄长那样对待年长于自己的人；说话要谨慎可信；要博爱众人，亲近有仁德的人。这样做之后，还有余力的话，就去学习文化知识。”

【评析】

我年轻的时候读此章完全无感，当有了孩子，我才发现孔子的睿智。孔子给出了一个孩子成长期教育的解决方案：首先要教育孩子在家孝敬父母，在外尊重长者；其次要培养孩子诚信的品德，不要说谎；然后培养孩子的爱心，与人为善，让他们多与品行好的人交往；最后在孩子具备这些良好品德的基础上，家长的注意力就可以转移到他们的学习上了。

孔子育人是以德育为基础，而孝悌又是德育的基础。

孝的表现

1.11 子曰：“父在，观其①志；父没，观其行；三年无改于父之道②，可谓孝矣。”

【注释】

① 其：指儿子。

② 父之道：指父亲的为人处世之道。

【译文】

孔子说："一个人当他的父亲在世的时候，要观察他的志向；他父亲去世后，要观察他的行为；若是长期遵循他父亲的为人处世之道，不加改变，这样的人可以说是尽到孝了。"

【评析】

这是孔子给孝下的定义，与我们现在对孝的理解不太一样。孔子的孝道思想主要是强调子女的服从。

4.20 子曰："三年无改于父之道，可谓孝矣。"

与 1.11 章重复。

19.18 曾子曰："吾闻诸夫子：孟庄子①之孝也，其他可能也；其不改父之臣与父之政，是难能也。"

【注释】

① 孟庄子：仲孙速，鲁国三桓孟氏第六代宗主，"庄"是谥号。他的父亲孟献子，是孟氏第五代宗主，孟氏家族振兴的重要贡献者，春秋中期鲁国外交家、政治家。

【译文】

曾子说："我听老师说过：孟庄子的孝，其他人也能做到；但他不更换父亲的旧臣和父亲的政策，这是别人难以做到的。"

【评析】

从孔子夸奖孟庄子来看，"三年无改于父之道，可谓孝矣"主要是针对贵族继承人说的。孔子不希望改变旧有的制度，这是孔子思想保守的一面。

14.40 子张①曰："《书》云：'高宗②谅阴③，三年不言。'何谓也？"子曰："何必高宗，古之人皆然。君薨（hōng）④，百官总己以听于冢宰⑤三年。"

【注释】

① 子张：颛（zhuān）孙师，字子张，春秋陈国人，孔子弟子，小孔子48岁，孔门七十二贤人一。子张性格外向、直接，求知欲强，学习积极主动。

② 高宗：商王武丁，庙号高宗。

③ 谅阴：古人服丧时所住的房子，又称“凶庐”。

④ 薨：音轰，古代天子死称崩，诸侯死称薨。商王死不应称为薨，这里的君是泛指古代的王和周朝诸侯国国君。

⑤ 冢宰：商代官名，相当于宰相，周朝时称为太宰。

【译文】

子张说：“《（尚）书》上说：‘高宗守孝，住在凶庐，三年不问政事。’这是什么意思？”

孔子说：“不仅是高宗，古人都是这样。国君死了，朝廷百官都各司其职，听命于冢宰三年。”

【评析】

周礼对子女为父母守孝的时长并没有明确规定，孔子在这里是故意曲解《尚书》，为他主张的守孝三年提供理论依据。

从法理上讲，先君薨，新君立，新君就是国家最高统治者，百官必定要听命于新君，即使听命于冢宰一天，也会造成政治动乱，何况三年。从夏商周三代历史来看，也没有哪代君王因守孝而让权三年给冢宰，那么商王武丁三年不言是怎么回事儿呢？

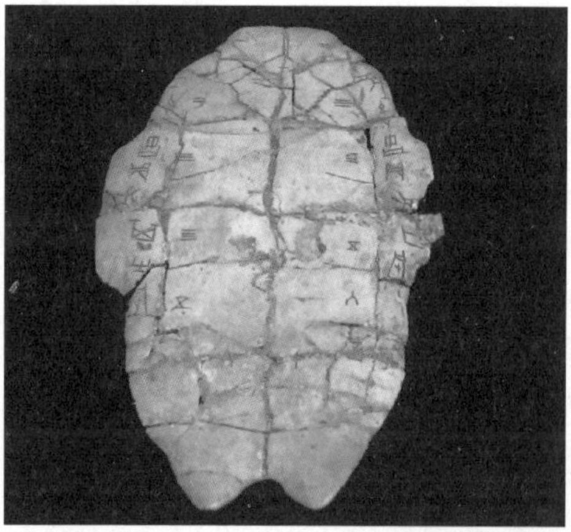

王宾中丁 · 王往逐兕涂朱卜骨刻辞（武丁）

冷晋 2019 年 12 月 14 日拍摄于中国国家博物馆“证古泽金——甲骨文文化展”

武丁，商朝第二十二任君主，庙号高宗。夏商周断代工程将武丁在位时间定为公元前 1250 年至前 1192 年，共 58 年。武丁是商朝非常有作为的君王，勤于政事。他任用刑徒出身的傅说、祖己辅政，励精图治，使商朝政治、经济、军事、文化得到空前发展，史称“武丁盛世”。武丁的一个妻子就是著名的女将军妇好。目前出土的商代甲骨文以武丁时期的最多，大家最熟悉、最有名的甲骨都是武丁时期的。

武丁继位时才 20 岁，权力基础不稳固。“三年不言”是一种韬光养晦的政治谋略，他怕自己锋芒毕露引发政局动荡、王位不保，因此三年不言，观察政局。

武丁任用劳改犯傅说担任宰相，是极为高超的政治手腕：一、傅说是刑徒出身，出身低，武丁好掌握；二、傅说对武丁只有知遇之恩，不会起谋逆之心；三、傅说出身低，贵族不屑与他交往，他无法结党形成自己的势力，武丁可以用他来对抗贵族集团。明朝皇帝用太监制衡官僚集团与此如出一辙。

武丁这么年轻就有如此高的政治智慧，是因为武丁少年时期遵从父王小乙之命行役于外，得以了解民间疾苦和稼穑艰辛。《竹书纪年》记载他“旧劳于外，爰暨小人”。他在劳动之间体察民情，虽然年纪轻轻，但社会经验非常丰富。孔子经历其实和武丁很像，他也是“少也贱，能多鄙事”，以后才能“何其多能也”。年少得志并不一定是好事儿，缺少足够的磨炼，多少人从明星成为流星，走得快，但走不远。

成书于战国初期的《国语·楚语》中写道：“昔殷武丁能耸其德，至于神明，以入于河，自河徂亳，于是乎三年，默以思道。”比孔子晚的史官都能看出来武丁三年不言是政治谋略，以孔子的智慧不可能看不出来。孔子故意曲解《尚书》，一方面是为自己守孝三年的主张提供依据，另一方面是因为武丁在大臣之间搞权力制衡，是帝王术，与孔子为政以德、以礼治国、垂拱而治的主张相悖，所以孔子故意装糊涂，不传授给弟子。

17.21 宰我[①]问：“三年之丧，期已久矣。君子三年不为礼，礼必坏；三年不为乐（yuè），乐必崩。旧谷既没，新谷既升，钻燧（suì）改火[②]，期（jī）[③]可已矣。”

子曰：“食夫稻[④]，衣夫锦，于女安乎？”

曰：“安。”

“女安，则为之。夫君子之居丧，食旨[⑤]不甘，闻乐不乐（lè），居处不安，故不为也。今女安，则为之！”

宰我出。子曰：“予之不仁也！子生三年，然后免于父母之怀。夫三年之丧，天下之通丧也。予也有三年之爱于其父母乎？”

【注释】

① 宰我：宰予，字子我，孔子的学生，春秋末期鲁国人，孔门十哲之一。宰我擅长辞辩，口才在子贡之上。

② 钻燧改火：古人钻木取火，四季所用木头不同，每年轮一遍，叫作改火。

③ 期：期年，一整年。

④ 食夫稻：春秋时北方人的主食是粟，就是小米，大米口感好，但稻米产量低，非常珍贵。

⑤ 旨：甘美，指好吃的食物。

【译文】

宰我问：“父母去世，服丧三年，时间也太久了。君子三年不演习礼仪，礼仪必然败坏；三年不演奏音乐，音乐就会失传。旧谷吃完，新谷登场，钻燧取火用的木头轮过了一遍，满一年就可以停止服丧了。”

孔子说：“父母去世才一年的时间，你就吃起了大米饭，穿起了锦缎衣，你心安吗？”

宰我说：“我心安。”

孔子说：“你心安，就那样去做吧！君子守丧，吃美味不觉得香甜，听音乐不觉得快乐，住在家里不觉得舒服，所以不那样做。如今你既然觉得心安，你就那样去做吧！”

宰我出去后，孔子说：“宰予真是不仁啊！小孩生下来三岁才能离开父母的怀抱。服丧三年，这是天下通行的丧期。难道宰予没有得到他父母三年的爱吗？”

【评析】

宰我是孔子学生中口才最好的，孔子在与宰我的辩论中也经常处于下风。

宰我拿守孝三年会礼坏乐崩为由，对孔子守孝三年的主张提出挑战。守孝悌是孔子最看重的德行，而“克己复礼”又是孔子极力推行的主张，宰我是以子之矛攻子之盾。孔子无法回答，只能反问他父母去世一年就开始享乐是否安心，结果宰我一个“安”字把老师噎得缴械投降：你自便吧。宰我胜利出门，留下老师像个老太太一样在屋里嘟囔。

孔子之所以会败下阵来，是因为宰我的说法不无道理，即便古人生活节奏慢，守孝三年也很耽误事儿。此外，守孝严重降低人的生活质量。守孝的人要把自己弄得很惨："谅阴""居处不安"，就是要住在用草搭的窝棚里，睡在草垫子上，用土坷垃做枕头，基本上就是怎么惨怎么来，越惨越孝。但是真有这种必要吗？其实孔子自己也说过"丧，与其易也，宁戚"，丧礼与其办得周道，不如真心地哀伤，真情实感比外在形式更重要。不过随着儒学在汉代被确立为国教，汉代推行以孝治国，孔子三年之孝的主张以法律的形式制度化了，这就是"丁忧"制度。丁忧制度就是朝廷官员如遇父母去世，从得知丧事那一天起，必须辞官回到家乡，为父母守丧三年（实际上是两年）。这期间要吃、住、睡在父母坟前，不喝酒、不洗澡、不理发、不更衣，停止一切娱乐活动。丁忧制度始于西汉，至东汉时已经非常完备了，此后中国历朝历代均以法律形式施行，直到民国时才取消。

虽然现在已经没有丁忧制度，但对亲人逝去的哀思是人类共通的情感，现代社会取而代之的是丧假。

2.5 孟懿子①问孝。子曰："无违②。"

樊迟③御，子告之曰："孟孙④问孝于我，我对曰，无违。"樊迟曰："何谓也？"子曰："生，事之以礼；死，葬之以礼，祭之以礼。"

【注释】

① 孟懿子：仲孙何忌，是鲁国三桓孟氏第九代宗主，"懿"是谥号。《左传》记载其父临终前要他向孔子学礼。

② 违：清代经学家黄式三考据《左传》得出结论："古人凡背礼者谓之违。"因此"违"即违礼。但东汉王充在《论衡·问孔》里质问孔子为何只说"无违"，而不说"无违礼"，从《论语》中其他"违"字的用法来看，"违"并不仅仅表示违礼，如"事父母几谏，见志不从，又敬不违"（4.18）。王充的质疑是有道理的。

③ 樊迟：樊须，字子迟，孔子的学生，春秋末期鲁国人，比孔子小 46 岁，孔门七十二贤之一。

④ 孟孙：即孟懿子，贵族家族中的宗主被称为某孙。

【译文】

孟懿子问什么是孝，孔子说："孝就是不要违背。"

后来樊迟给孔子驾车时，孔子告诉他："孟孙问我什么是孝，我回答说不要违背。"樊迟说："是什么意思呢？"孔子说："父母活着的时候，要按礼侍奉他们；父母去世后，要按礼埋葬他们、祭祀他们。"

【评析】

孟懿子做过很多违礼、以下犯上的事情。鲁昭公二十五年（前517）鲁昭公讨伐季平子时，孟懿子支持季平子，反而把鲁昭公赶出了鲁国。鲁定公十二年（前498）孔子为大司寇"摄相事"，在鲁定公的支持下堕三都，孟懿子带头抵制，导致堕三都失败。所以孔子借他问孝的机会劝告他不要违礼。

王充在《论衡·问孔》质疑孔子仅告诉孟懿子"无违"，可能会让孟懿子误解为不要违背父之道，并且认为孔子这么说是顾忌孟懿子的权势地位，话不敢说透。王充的质疑是有道理的，如果孔子把话说透了，就不会再跟樊迟重复一遍了，并且如王充所质疑的，樊迟都不懂"无违"的含义，孟懿子就更不会明白了。

孔子回答孟懿子无违之后，可能也觉得自己话没说透，不应该这么没骨气，于是主动跟樊迟提起此事，解释"无违"是"无违礼"的意思。

2.6 孟武伯①问孝。子曰："父母唯其②疾之忧。"

【注释】

① 孟武伯：孟懿子的儿子，是鲁国三桓孟氏第十代宗主，姓仲孙，名彘，"武"是他的谥号。孟武伯是孟子的五世祖。

② 其："其"是指父母还是指子女？东汉时就有分歧，王充、高诱主张指父母，马融认为指子女。我认为指父母，详见【评析】。

【译文】

孟武伯向孔子请教孝道。孔子说："只为父母的疾病担忧。"

【评析】

不知道为什么孔子跟孟家人说话老是含含糊糊，让老子猜完，让儿子猜。这里孔子所说的"父母唯其疾之忧"，不知道孟武伯听懂没有，反正后世一直争论到现代。历来有两种解释：一是做子女的最多让父母担心自己有没有病，其他方面不要让父母担心；二是子女只要特别关注父母的疾病就可以了，其他方面不必操心。

我支持后一种观点。一、"孝"是子女的义务，要求子女敬爱父母，因此应该是子女关心父母的身体健康才对；二、孔子谈论贵族子弟应守的孝道时说过，“三年无改于父之道，可谓孝矣”，评价孟庄子之孝，说“其不改父之臣与父之政，是难能也”，贵族子弟在父亲去世后都不能违背父之道，生前更不应替父操心政事，因此只关心父母身体状况即可；三、对于普通百姓应守的孝道，孔子说“事父母几谏，见志不从，又敬不违，劳而不怨”，也主张不要干涉父母的意志。

2.7 子游问孝。子曰：“今之孝者，是谓能养。至于犬马，皆能有养；不敬，何以别乎？”

【译文】

子游请教孝道，孔子说：“如今所谓的孝，只是能够赡养父母就行了。然而，狗和马也都能被饲养，如果不心存敬意，那么赡养父母与饲养犬马又有什么区别呢？”

【评析】

孔子指出，孝不是物质上供养父母，而是真心实意地敬爱父母。

2.8 子夏问孝。子曰：“色难①。有事，弟子服其劳；有酒食，先生馔（zhuàn）②，曾（zēng）③是以为孝乎？”

【注释】

① 色难：色，脸色；难，不容易的意思。难以始终和颜悦色。

② 馔：音转，饮食、吃喝。

③ 曾：音增，竟然。

【译文】

子夏请教孝道，孔子说：“尽孝最难的是始终对父母和颜悦色。父母的事情，儿女帮他们做；有了酒饭，让父母吃，这竟然就算是孝吗？”

【评析】

可以与上一章合起来看。

4.18 子曰：“事父母几（jī）①谏，见志不从，又敬不违，劳而不怨。”

【注释】

① 几：音基，轻微、婉转的意思。

【译文】

孔子说：“侍奉父母，如果他们有不对的地方，要委婉地劝说。看到父母不愿听从，还是要对他们恭恭敬敬，毫不违抗，为他们操劳而不埋怨。”

【评析】

孔子要求子女对父母绝对服从，百依百顺，父母不听劝说时，子女仍要毕恭毕敬，毫无怨言。这其实是封建家长专制，在近代被认为是封建糟粕。

4.19 子曰：“父母在，不远游，游必有方①。”

【注释】

① 方：父母知道子女要去的地方。

【译文】

孔子说：“父母在世，子女不出远门，即使出远门，也要让父母知道要去的地方。”

【评析】

“父母在，不远游”是为了能时刻在父母面前尽孝，“游必有方”是为了不让父母担心。

4.21 子曰：“父母之年，不可不知也。一则以喜，一则以惧。”

【译文】

孔子说：“父母的年纪不能不时常记在心里。一方面为他们的长寿而高兴，另一方面又为他们的衰老而恐惧。”

【评析】

这是真正的孝子才会有的矛盾心理。可以看出孔子对人心理的感知细致入微。

据《史记·孔子世家》记载，孔子生下来不久父亲就去世了，十几岁时母亲也去世了。因此孔子不仅成长在一个单亲家庭，而且未成年就成了孤儿，所以孔子并没有“父母之年，一则以喜，一则以惧”的亲身体会。孔子能有这种感受，表明他有很强的共情能力。共情能力，也称同理心或移情能力，是一种能设身处地体验他人处境，从而达到感受和理解他人情感的能力。孔子“己所不欲，勿施于人”的思想就是共情能力的体现。

19.17 曾子曰："吾闻诸夫子：人未有自致[①]者也，必也亲丧乎！"

【注释】

① 自致：达到自己情感、情绪的极点。

【译文】

曾子说："我听老师说过，人一般不会达到自己情感的极点，除非是在父母去世的时候。"

8.3 曾子有疾，召门弟子曰："启[①]予足！启予手！《诗》[②]云：'战战兢兢，如临深渊，如履薄冰。'而今而后，吾知免[③]夫！小子[④]！"

【注释】

① 启：开启，打开。曾子让学生掀开被子看自己的手脚。

②《诗》云：以下三句引自《诗经·小雅·小旻（mín）》篇。

③ 免：指身体免于损伤。

④ 小子：对弟子们的称呼。

【译文】

曾子病了，招呼学生聚拢到身边来，说："打开被子，看看我的脚！看看我的手！《诗经》说：'战战兢兢，好像站在深渊边，好像踩在薄冰上。'从今以后，我知道我的身体免于损伤了，弟子们！"

【评析】

儒家十三经之一《孝经·开宗明义章》记载，孔子对曾参说过："身体发肤，受之父母，不敢毁伤，孝之始也。"曾子借用《诗经》里的话来说明自己一生谨慎小心，避免身体受损，一生遵守孝道。

儒家认为子女只有保护好自己的身体，才可以行使孝道，不然身体残疾了，还要父母来照料，又怎么能尽孝呢？另一方面，保护好自己的身体，才对得起父母的养育之恩，不让父母为自己伤心。

2.21 或[①]谓孔子曰："子奚不为政？"子曰："《书》云[②]：'孝乎！惟孝，友于兄弟，施于有政[③]。'是亦为政，奚其为[④]为政？"

【注释】

① 或：有人。

②《书》云：以下三句为《尚书》逸失的章句。伪《古文尚书》采集这几句放到《君陈》篇中。

③ 施于有政："施"作"延及"讲；"有"字没有实际含义，放在名词前，是古代构词法。

④ 其为：指前面有人问孔子的"子奚不为政？"里面的"为政"。虽然在两个"为"之间没有逗号，但读至此处应该停顿一下。

【译文】

有人对孔子说："您为什么不当官从政呢？"孔子回答说："《尚书》上说，'孝呀！要孝敬父母，友爱兄弟，把孝悌的精神推广到政治当中。'这也是从政，为什么一定要当官从政才算是从政呢？"

【评析】

这是孔子以孝治天下的思想。包括两方面的主张：一是人才选拔以孝为准，二是以孝为原则来治理国家，作为衡量是非的判断标准。汉代以孝治国，就采用推荐"孝廉"的方式选拔人才。

13.18 叶公语孔子曰："吾党有直躬者①，其父攘（rǎng）羊②，而子证③之。"孔子曰："吾党之直者异于是：父为子隐，子为父隐。直在其中矣。"

【注释】

① 直躬者：正直的人。

② 攘羊：偷羊。

③ 证：作证告发。

【译文】

叶公告诉孔子说："我的家乡有个正直的人，他的父亲偷了人家的羊，他告发了父亲。"孔子说："我家乡的正直的人和你讲的不同：父亲为儿子隐瞒，儿子为父亲隐瞒。正直就在其中了。"

【评析】

"父为子隐，子为父隐。直在其中矣。"是孔子最受争议的一段话。

父为子隐，是父慈；子为父隐，是子孝。父慈子孝是儒家推崇的家庭伦理。孔子认为家庭是社会最基本的单位，是一个人最亲近的人际关系，如果为了遵守法律连亲情都不要了，人的生存基础就没有了，社会也不会安定，遵守法律又有何意义。

孔子这个主张被称为“亲亲相隐”，自汉朝以来被历朝历代所接受，一直到今天。“亲亲相隐”是中国自汉代以来刑律的一项原则，除谋逆等重大罪行外，亲属之间可以相隐不告。不告发、不作证的不论罪，反之要论罪。亲亲相隐的原则在我国现行法律中也有体现。我国现行《中华人民共和国刑事诉讼法》第一百九十三条规定：经人民法院通知，证人没有正当理由不出庭作证的，人民法院可以强制其到庭，但是被告人的配偶、父母、子女除外。

1.9　曾子曰：“慎终①追远②，民德归厚矣。”

【注释】

① 终：人死为终，这里指父母去世。

② 远：指祖先。

【译文】

曾子说：“统治者认真地办理父母的丧事，追念久远的祖先，百姓的德行就归于仁厚了。”

【评析】

儒家非常重视丧、祭之礼，因为丧、祭之礼是孝道的继续。通过举行祭祀之礼，可以寄托和培养个人对父母和先祖深厚的情感，对人的道德有教化作用。

道德篇第六

道

“道”本义是道路。在《论语》中，“道”被引申为正确的做事方法、道理、理论学说等。《论语》中共出现“道”89处。

4.8 子曰：“朝闻道，夕死可矣。”

【译文】

孔子说：“早晨知道了道理，就是当天晚上死了也可以。”

【评析】

这是中国人非常熟悉的一句话，古往今来有众多解读。我的理解是，道理什么时候知道都不嫌晚。

6.24 子曰：“齐一变，至于鲁；鲁一变，至于道。”

【译文】

孔子说：“齐国变一下，就达到鲁国的样子；鲁国变一下，就回到先王之道了。”

【评析】

孔子在这里说的“道”是先王之道，即周朝建立之初，礼乐治国的道路。

春秋时期，齐桓公在管仲帮助下对齐国进行政治和经济改革，国家实力增强，率先称霸。鲁国较为保守，旧制度保存得比较完整，但鲁国公室孱弱，三桓把持国政，也不符先王之道。所以孔子说齐国变一下就成了鲁国，鲁国变一下就回到先王之道。

实事求是地说，这种改变是倒退，这是孔子思想保守的一面。

6.17 子曰：“谁能出不由户？何莫由斯道也？”

【译文】

孔子说：“谁能走出屋不经过房门呢？为什么不由我指的道走呢？”

【评析】

孔子这是用双关语表达自己主张不被认可的苦恼。

15.29 子曰：“人能弘道，非道弘人。”

【译文】

孔子说：“人能使道发扬光大，而不是用道来宣扬人。”

【评析】

孔子说“非道弘人”，是讽刺有人借行道的名义来沽名钓誉，哗众取宠。

15.40 子曰：“道不同，不相为谋。”

【译文】

孔子说：“思想主张不同的人，不能一起共事。”

3.16 子曰：“射不主皮①，为力不同科②，古之道也。”

【注释】

① 皮：皮靶，用兽皮做成的箭靶。

② 科：等级。

【译文】

孔子说：“比赛射箭，不在于要穿透箭靶，因为人的力气不同。自古道理就是这样。”

【评析】

“射礼”是周代贵族经常举行的一种礼节仪式，以射中靶心为胜。孔子用射箭打比方，是说追求的目标正确就可以，不在于要花多大的力气。

15.42 师冕[①]见，及阶，子曰：“阶也。”及席，子曰：“席也。”皆坐，子告之曰：“某在斯，某在斯。”师冕出。子张问曰：“与师言之道与？”子曰：“然，固相[②]师之道也。”

【注释】

① 师冕：一位名叫冕的乐师。

② 相：帮助。

【译文】

乐师冕来见孔子，走到台阶沿，孔子说：“这儿是台阶。”走到座席旁，孔子说：“这是座席。”等大家都坐下来，孔子告诉他：“某某在这里，某某在这里。”乐师冕走后，子张问孔子：“这就是与乐师谈话的道理吗？”孔子说：“是的，这本来就是帮助乐师的道理。”

【评析】

乐师冕是个盲人，古代乐师大都是盲人，因为盲人听力敏锐，适合做乐师。乐师是礼乐的传承人，这也是孔子对盲人十分敬重的原因。

16.2 孔子曰：“天下有道，则礼乐征伐自天子出；天下无道，则礼乐征伐自诸侯出。自诸侯出，盖十世[①]希不失矣；自大夫出，五世希不失矣；陪臣执国命，三世希不失矣。天下有道，则政不在大夫。天下有道，则庶人不议。”

【注释】

① 世：这里一世指一代。

【译文】

孔子说：“天下秩序井然的时候，礼乐征伐命令由天子做出；天下秩序混乱的时候，礼乐征伐命令由诸侯做出。命令由诸侯做出，大概经过十代很少有不垮台的；命令由大夫做出，经过五代很少有不垮台的；由大夫的家臣执掌政权，经过三代很少有不垮台的。天下秩序井然，国家政权就不会落在大夫手中。天下秩序井然，老百姓就不会议论国家政治。”

【评析】

“天下有道”指周王室统治下各诸侯国秩序井然，“天下无道”指春秋时诸侯国互相攻伐的混乱局面。

“礼乐征伐自诸侯出”指召集诸侯会盟的权力落入诸侯手中，如春秋五霸。

“自大夫出”指诸侯国君的权力落入卿大夫手中，如鲁国三桓、晋国六卿。

“陪臣执国命”指卿大夫的家臣通过控制卿大夫执掌国政，如季桓子的家臣阳虎通过控制季桓子，进而掌控了鲁国政权。

孔子对天下无道的状况极为不满，认为这样的政权很快就会垮台。他希望回到“天下有道”的时代去，政权稳定，社会秩序井然，百姓也相安无事。

16.3 孔子曰：“禄之去公室①五世②矣，政逮于大夫四世③矣，故夫三桓之子孙微矣。”

【注释】

① 公室：指诸侯国国君。

② 五世：指鲁国宣公、成公、襄公、昭公、定公五世。

③ 四世：指季孙氏的文子、武子、平子、桓子四世。

④ 三桓：鲁桓公有四个儿子：庆父、同、牙、友。庆父是庶长子，是为孟，嫡长子同即鲁庄公，牙是为叔，友是为季。庆父、牙和友的后代分别被称作孟氏、叔氏、季氏，因为出自桓公，合称“三桓”。鲁国自鲁宣公起，公室日益衰弱，国政被操纵在以季氏为首的三桓手中。三桓是三个大家族，每一代的宗主（或称家主）被称为“孙”，“季孙”“叔孙”“孟孙”特指每个家族的宗主。

【译文】

孔子说：“鲁国国君失去国家政权已经有五代了，政权落在大夫之手已经四代了，所以三桓的子孙也衰微了。”

【评析】

此章接上一章。孔子说“礼乐征伐自大夫出，五世希不失矣”。在孔子说这话的时候，以季氏为首的三桓已经四代掌握鲁国政权了。孔子的预言非常准确，季氏的权势在第四代家主季桓子的时候达到顶峰，到第五代家主季康子死后，季氏就开始迅速衰落了。

德

德是孔子思想的重要概念，指道德、品德。《论语》中，“德”字共出现了40次。

4.25 子曰：“德不孤，必有邻。”

【译文】

孔子说：“有道德的人是不会孤单的，一定会有志同道合的人与他做伴。”

【评析】

孔子说过“里仁为美，择不处仁，焉得知”，要弟子们主动接近有仁德的人，他还劝弟子“就有道而正焉”，对比有德之人改正自己的错误。

指挥台儿庄大战、当过中华民国代总统的国民党将领李宗仁，他的字“德邻”就取自这里。

15.4 子曰：“由！知德者鲜矣。”

【译文】

孔子对子路说：“仲由啊！懂得德的人太少了。”

【评析】

孔子既坚信德不孤必有邻，又感叹知德者鲜矣，反映了他矛盾的心理。他理想中应该人人有德，但现实情况是有德的人太少了。

15.13 子曰：“已矣乎！吾未见好德如好色者也。”

【译文】

孔子说：“罢了吧，我从来没有见过像爱好美色那样爱好美德的人。”

【评析】

据《史记》记载，孔子在卫国时，卫灵公与夫人南子同坐一辆车招摇过市，让孔子坐在后面的车中跟随，孔子于是发出这样的感叹。

孔子是举世闻名的大儒，来卫国是贵宾。按照礼节，卫灵公应与孔子同坐一车，然而他却和自己年轻漂亮的老婆同坐一车，让孔子跟在后边。孔子这声感叹，让后人记住了卫灵公好色之名。

爱美之心人皆有之，喜欢漂亮的异性是人的本能，但不能过分以至于失礼，否则就成好色之徒了。

9.18 子曰："吾未见好德如好色者也。"

与上一章（15.13章）重复。

14.33 子曰："骥（jì）[①]不称其力，称其德也。"

【注释】

① 骥：千里马。古代称善跑的马为骥。

【译文】

孔子说："千里马值得称赞的不是它的气力，而是它的品德。"

8.11 子曰："如有周公[①]之才之美，使骄且吝，其余不足观也已。"

【注释】

① 周公：姬旦，是周文王姬昌第四子，周武王姬发的弟弟，周成王的叔父。周公曾两次辅佐周武王东伐纣王，是西周初期杰出的政治家、军事家。周公是西周礼乐典章制度的制定者，是孔子所崇拜的圣人之一。因其采邑在周，爵为上公，故称为周公，是鲁国国君的始祖。

【译文】

孔子说："一个人即使有周公那样美好的才能，如果骄傲自大且吝啬小气，那其他方面也就不值得一看了。"

16.12 齐景公[①]有马千驷（sì）[②]，死之日，民无德而称焉。伯夷、叔齐饿于首阳之下，民到于今称之。诚不以富，亦只以异[③]，其斯之谓与？

【注释】

① 齐景公：姜杵臼（chǔ jiù），齐国国君，公元前 547 年至前 490 年在位。他的大臣

中早期的相国有崔杼、庆封，后期有相国晏婴、司马穰苴以及梁丘据等人。

② 驷：四匹马。古代一辆马车要四匹马拉，称为驷。

③ 诚不以富，亦只以异：这两句是我从 12.10 章粘贴过来的，在 12.10 章中解释不通。北宋理学家程颐认为这是古人在抄写《论语》时把竹简抄串行了，应该放在这里。这两句诗来自《诗经·小雅·我行其野》，是妻子对喜新厌旧的丈夫斥责之语，原意是：你的确不贪图富贵，你只是变心了。剪切至此，意思是“确实不在于富与不富，只在于品德不同”。

【译文】

齐景公有马四千匹，死的时候，百姓们觉得他没有什么德行可以称颂。伯夷、叔齐饿死在首阳山下，百姓到现在还称颂他们。确实不在于富与不富，只在于品德不同，说的就是这个意思吧。

【评析】

以上三章是孔子德先于才的思想，人若无德，有再大的才能，有再多的财富也不值一提。人类的历史证明，一个人如果有才而无德，才能越大，给社会带来的危害也越大。

6.29 子曰：“中庸[①]之为德也，其至矣乎！民鲜久矣。”

【译文】

孔子说：“中庸作为一种道德，该是最崇高的了吧！人们缺少这种道德已经很久了。”

【评析】

“中庸”是儒家的重要思想概念，是儒家推崇的最高道德准则。“中庸”在《论语》中只提及过这一次。

13.21 子曰：“不得中行[①]而与之，必也狂狷（juàn）[②]乎！狂者进取，狷者有所不为也。”

【注释】

① 中行：行为合乎中庸之道。

② 狷：音 juàn，拘谨无为。

【译文】

孔子说："实在找不到奉行中庸之道的人交往，就只能与狂者和狷者交往了。狂者做事过头，狷者有些事做不来。"

【评析】

在6.29章中孔子虽然提出了中庸的概念，认为中庸之道是最高的道德准则，但没有解释何为中庸之道，而此章就是对中庸之道的解释。

"狂"与"狷"是两种对立的品质，一个是做事过头；一个是拘谨无为。中行就是行中庸之道，就是不狂不狷，做人做事到位，有分寸，不过也无不及。人的气质、作风、德行都恰到好处，才符合于中庸的思想。

《论语》11.16 章，子贡问孔子："颛孙师与卜商谁更贤一些？"孔子说："颛孙师做得过头，卜商做得不够。"子贡说："那么是颛孙师好些吗？"孔子说："过犹不及。""过犹不及"就是中庸思想的精髓。

"狷"字最早出现在中国古代文献中，就在《论语》此章。孔子给的定义是拘谨无为，后来被引申为孤洁高冷。

几年前，我去非洲出差，在肯尼亚的内罗毕国家公园看见一种个头比较大的羚羊，问向导这种羚羊的名字，他说叫Hartebeest，我们查了一下，中文叫狷羚。狷羚的特点是脸窄而长，眼睛离角很近，看起来十分高冷的样子。Hartebeest在英文中

狷羚

并没有高冷的意思，看来给狷羚起名的中国动物学家是根据狷羚的长相特点给它命名的，他应该对《论语》很有研究。

12.10 子张问崇德辨惑。子曰："主忠信，徙（xǐ）义①，崇德也。爱之欲其生，恶之欲其死。既欲其生，又欲其死，是惑也。'诚不以富，亦只以异②'。"

【注释】

① 徙义："徙"音洗，迁移。向仁义靠拢。

② 诚不以富，亦只以异：这是《诗经·小雅·我行其野》篇的最后两句。此诗表现了一个被遗弃的女子对其丈夫喜新厌旧的愤怒。孔子在这里引此句，令人费解。宋代理学家程颐认为是古人传抄《论语》过程中抄串行了，应该放到16.12章中。我同意此说，这两句存而不译。

【译文】

子张问怎样提高品德和辨别是非迷惑的能力。孔子说："以忠信为主，向仁义靠拢，这就可以提高品德。爱一个人时希望他长寿，厌恶起来就恨不得他立刻死去，既要他活，又要他死，这就是迷惑。"

12.21 樊迟从游于舞雩（yú）①之下，曰："敢问崇德，修慝（tè）②，辨惑。"子曰："善哉问！先事后得，非崇德与？攻其恶，无攻人之恶，非修慝与？一朝之忿，忘其身，以及其亲，非惑与？"

【注释】

① 舞雩：鲁国求雨的坛台，在现在曲阜市东。

② 修慝：修，改正；慝，音tè，邪恶的念头。改正自己邪恶的念头。

【译文】

樊迟陪着孔子在舞雩台下游逛，问道："请问怎样提高品德修养？怎样改正自己的邪念？怎样辨别迷惑？"孔子说："问得好！先努力做事，然后再求收获，不就是提高品德了吗？检讨自己的恶，不去批评别人的恶，不就改正邪念了吗？由于一时的气愤，就忘记了自身安危，以至于牵连自己的亲人，这不就是迷惑吗？"

【评析】

《论语》中孔子两次回答弟子辨惑的问题。孔子认为人们迷惑的根本原因是情绪冲动，人冲动起来容易走极端，就陷入迷惑了。可以看出孔子对人的思想情绪变化也进行过深入的观察和分析。

14.4　子曰：“有德者必有言，有言者不必①有德。仁者必有勇，勇者不必有仁。”

【注释】

① 不必：不一定。本章中“必”是“一定”的意思，“不必”是“不一定”，而不是“没有必要”的意思。

【译文】

孔子说：“有道德的人一定有善言，有善言的人不一定有道德。仁者一定勇敢，勇敢的人不一定有仁德。”

【评析】

孔子认为判断一个人不能只听他说的，也不能只看他的表现。有德的人，其言必善，言行一致；而有善言的人，却不一定都有德，善言可能是装出来的。孔子说过：“论笃是与，君子者乎？色庄者乎？”是相同的意思。

逻辑条件分为充分条件和必要条件。有善言是有道德的必要条件，因为没有善言的人肯定没有道德。但有善言并不是有道德的充分条件，光有善言并不能称为有道德。仁和勇的逻辑关系也是如此。

6.19　子曰：“人之生也直①，罔之生②也幸而免。”

【注释】

① 人之生也直：指婴儿正着生出来，即头先出来。

② 罔之生：孩子出生时脚先出来，也叫逆生、倒生。《左传》中称为寤生。

【译文】

孔子说：“人是正着生出来的，逆着生出来的人也能活，那是侥幸免于灾祸。”

【评析】

“直”是儒家重要的道德规范之一。孔子借生孩子来表达人只有正直才能生存的思想主张。

14.34 或曰："以德报怨，何如？"子曰："何以报德？以直[①]报怨，以德报德。"

【注释】

① 直：可以理解为直来直去，公道。

【译文】

有人问孔子："用恩德来回报怨恨，怎么样？"孔子说："那用什么来回报恩德呢？应该是用公道来对待怨恨，用恩德来回报恩德。"

【评析】

孔子恩怨分明，不同意以德报怨、和稀泥的做法。以直报怨就是该怎么对待怨恨就怎么对待，不心慈手软，也不反击过度，体现的还是孔子的中庸思想。

17.13 子曰："乡愿，德之贼也。"

【译文】

孔子说："没有操守的伪君子，就是破坏道德的小人。"

【评析】

"乡愿"，也有的《论语》版本写作"乡原"，指言行不一的好好先生。表面上看似忠信廉洁，大家都说他好，然而实际上却是同流合污、欺世盗名的伪君子，也就是孔子所说的"同而不和"的小人。伪君子比真小人还要可怕，真小人大家都会提防他，而伪君子却容易让人放松警惕。

17.14 子曰："道听而途说，德之弃也。"

【译文】

孔子说："在路上听到传言就到处去传播，这是道德所唾弃的。"

【评析】

道听途说就是信谣传谣，这是一种对别人、对自己、对事情都不负责任的做法。目前在中国已经不只是道德问题了，利用网络信息诽谤他人被转发次数超过500次就属于犯罪，要受到刑事处罚。

礼乐篇第七

礼是儒家思想基本概念之一，《论语》中『礼』字出现了74次。但是《论语》里没有讲什么是礼，因为礼是当时早已经存在的东西。周朝建立伊始，为配合分封制，周公（姬旦）将上古至殷商的礼乐进行了大规模的整合，创建了一整套礼乐制度，将社会生活的各个方面，都纳入『礼』的范畴，使其成为系统的社会制度和行为规范。

《礼记·乐记》记载：『乐者，天地之和也；礼者，天地之序也。和，故百物皆化；序，故群物皆别。乐由天作，礼以地制。过制则乱，过作则暴。明于天地，然后能兴礼乐也。』这是儒家对礼乐的解释，儒家认为乐能促进和谐，礼能规范秩序。礼乐制度的作用是维护封建等级秩序，用以确定上下、尊卑、亲疏、长幼之间的隶属和服从关系，其核心思想就是尊卑贵贱。

到了春秋末期，孔子面临的是一个礼坏乐崩的时代，人们不再遵守礼所规定的尊卑秩序，礼乐制度从形式到内容都遭到破坏。

礼之本

3.4 林放①问礼之本。子曰：“大哉问！礼，与其奢也，宁俭；丧，与其易②也，宁戚③。”

【注释】

① 林放：字子邱（一作子丘），孔子弟子，鲁国人。

② 易：指有关丧葬的礼节仪式办理得很周到。

③ 戚：心中悲哀。

【译文】

林放向孔子请教礼的本质是什么。孔子回答说：“问得好啊！礼仪与其奢侈，宁可俭朴；丧礼，与其办得仪式周全，不如发自内心悲哀。”

19.14 子游曰：“丧，致乎哀而止。”

【译文】

子游说："丧礼，把哀伤表达出来就可以了。"

17.11 子曰："礼云礼云，玉帛云乎哉？乐云乐云，钟鼓云乎哉？"

【译文】

孔子说："礼呀礼呀，只是指玉帛之类的礼器吗？乐呀乐呀，只是指钟鼓之类的乐器吗？"

【评析】

孔子认为，礼仪、礼器只是礼的表现形式，不等于礼本身。礼的本质不在于形式上的堂皇而在于要真心诚意地依礼行事。

礼之用

4.13 子曰："能以礼让为国①乎，何有？不能以礼让为国，如礼何？"

【注释】

① 礼让为国：礼让是以礼为先的意思，不是礼貌、客气的意思，礼让为国就是以礼治国。

【译文】

孔子说："如果能够以礼治国，治理国家有什么难的？不能以礼治国，那礼用来干什么呢？"

【评析】

这是孔子以礼治国的思想。

14.41 子曰："上好礼，则民易使也。"

【译文】

孔子说："执政者喜好礼，那么百姓就容易听指挥了。"

【评析】

执政者喜好礼，就能以礼治国，民众都依礼而行，自然就容易指挥了。

3.26 子曰："居上不宽，为礼不敬，临丧不哀，吾何以观之哉？"

【译文】

孔子说："执政者不能宽厚待人，举办典礼时不恭敬，参加丧礼时也不悲哀，这种情况我怎么能看得下去呢？"

3.5 子曰："夷狄①之有君，不如诸夏②之亡（wú）③也。"

【注释】

① 夷狄：一般指春秋时中原以外没有接受华夏文明的国家和部落，当时称东夷、南蛮、西戎、北狄，有时也指当时文化落后的诸侯国，如楚、秦、吴、越等。

② 诸夏：古代位于中原地区，华夏族的诸侯国，如宋、卫、鲁、郑、齐、晋等。

③ 亡：同"无"。

【译文】

孔子说："夷狄虽然有国君，还不如华夏诸国没有国君呢。"

【评析】

孔子认为文明在诸夏，即便没有国君，但诸夏国家有完整的礼仪制度和文化，卿大夫、士、民都会依礼各行其是，国家也不会陷入混乱。夷狄即便有国君，君、臣、百姓皆不知礼，君不君，臣不臣，国家也不会安定。

礼的传承

2.23 子张问："十世①可知也？"子曰："殷因②于夏礼，所损益③，可知也；周因于殷礼，所损益，可知也。其或继周者，虽百世，可知也。"

【注释】

① 世：《说文解字》称一世为30年，但从孔子回答来看，"世"指的是朝代。

② 因：因循、沿袭的意思。

③ 损益：减少和增加，即优化、变动之义。

【译文】

子张问孔子："今后十代的礼仪制度可以预先知道吗？"孔子回答说："商朝沿袭了夏朝的礼仪制度，所废除和增加的内容是可以知道的；周朝又沿袭了商朝的礼仪制度，所废除和增加的内容也是可以知道的。将来有继承周朝的，就是一百代以后的情况，也是可以预先知道的。”

3.9 子曰：“夏礼，吾能言之，杞①不足征②也；殷礼，吾能言之，宋③不足征也。文献④不足故也。足，则吾能征之矣。”

【注释】

① 杞：春秋时国名，是夏禹的后裔，在今河南杞县一带。

② 征：同“证”，证明。

③ 宋：春秋时国名，是商汤的后裔，在今河南商丘一带。

④ 文献：《论语》中的“文献”不同现代意义，文，指历史典籍资料；献，指贤人。

【译文】

孔子说：“夏朝的礼，我能说出来，但是它的后代杞国不足以证明我的话；商朝的礼，我能说出来，但它的后代宋国不足以证明我的话。这是由于历史资料和熟悉夏礼、商礼的贤者不足的缘故。如果足够的话，我就可以得到证明了。”

3.14 子曰：“周监（jiàn）①于二代②，郁郁乎文哉！吾从周。”

【注释】

① 监：同“鉴”，借鉴的意思。

② 二代：指夏、商两代。

【译文】

孔子说：“周朝的礼仪制度借鉴了夏、商两代的礼仪制度，文化多么丰富多彩啊！我赞成周朝的礼乐制度。”

3.17 子贡欲去告（gù）朔①之饩（xì）羊②。子曰：“赐也！尔爱③其羊，我爱其礼。”

【注释】

① 告朔：“告”音固；朔，农历每月初一为朔日。周朝时，周天子每年秋冬之际，把第二年的历书颁发给诸侯，告知每个月的朔日是哪一天，称为“告朔”。

② 饩羊：“饩”音戏，活牲口。饩羊是祭祀用的活羊。

③ 爱：爱惜。

【译文】

子贡提出去掉每月初一日告祭祖庙用的活羊。孔子说：“赐啊，你爱惜那只羊，我却爱惜那种礼。”

【评析】

按照周礼的规定，周天子每年秋冬之际，就把第二年的历书颁给诸侯。诸侯把历书放在祖庙里，并按照历书规定的每月初一日来到祖庙，杀一只活羊祭庙，表示每月听政的开始，这称为告朔。

当时鲁国国君已不亲自去祖庙告朔，也不听政，只是杀掉一只羊应付差事，告朔只是形式，所以子贡提出干脆连羊也别杀了。孔子认为尽管杀羊是残存的形式，也比没有形式强。

9.3 子曰：“麻冕①，礼也；今也纯②，俭③，吾从众。拜下④，礼也；今拜乎上⑤，泰⑥也。虽违众，吾从下。”

【注释】

① 麻冕：用麻布制成的礼帽。

② 纯：丝料，黑色的丝。用丝做礼帽。

③ 俭：俭省，用麻做礼帽耗费工时多，用丝则时间短。

④ 拜下：臣子面见君主前，先在堂下跪拜，再到堂上跪拜，跪拜两次。

⑤ 拜乎上：不在堂下跪拜了，只在堂上跪拜一次。

⑥ 泰：这里指骄纵、傲慢。

冕

【译文】

孔子说：“用麻布制作礼帽，是礼的规定。现在大家都改用丝制作，这样做节俭，我赞成大家的做法。臣子见国君要先在堂下跪拜，再到堂上跪拜，这也是礼的规定。现在大家只在堂上跪拜，这是傲慢的表现。虽然有违大家，我还是坚持先在堂下跪拜。”

【评析】

孔子并不是坚持礼仪传统一成不变，但是改变如果破坏了礼的本质，则坚决不能让步。

6.25 子曰："觚（gū）[1]不觚，觚哉！觚哉！"

【注释】

① 觚：音孤，古代盛酒的器具，容量约二升。

【译文】

孔子说："觚不像觚了，这是觚吗？这是觚吗？"

商中期觚（商王武丁时期，出土于殷墟妇好墓）

冷晋 2020 年 12 月 1 日摄于中国国家博物馆"古代中国陈列"

商晚期觚（商王帝辛（纣）时期）

冷晋 2020 年 10 月 27 日摄于中国国家博物馆"河东之光——山西酒务头考古成果展"

【评析】

觚盛行于商代和西周早期，是商朝和西周初年重要的祭祀礼器。后来周人认为商朝灭亡是因为贪酒，所以放弃觚作为祭祀礼器，到了西周中期觚已经十分罕见。

觚的形状在流传过程中发生了改变，从上图可以看出，从商朝中期到晚期，腰部和足部的棱消失了，觚变得越来越圆滑。孔子借觚形状的变化来慨叹礼坏乐崩，事物名不副实。

16.14 邦君之妻，君称之曰"夫人"，夫人自称曰"小童"；邦人称之曰"君夫人"，称诸异邦[1]曰"寡小君"；异邦人称之，亦曰"君夫人"。

【注释】

① 称诸异邦：诸是"之于"的合音字。称呼她于其他国家。

【译文】

国君的妻子，国君称呼她为"夫人"，夫人自称为"小童"；国人在国内称呼她为"君夫人"，国人在其他国家时称呼她为"寡小君"；其他国家的人称呼她，也说"君夫人"。

【评析】

按照《周礼》，对同一个人或同一件事情，不同身份的人对此应有不同的称谓。这些名称有严格的规定，说错了便是失礼。孔子在教学过程中以国君之妻为例加以说明。这是孔子的“正名”思想。

3.3　子曰：“人而不仁，如礼何？人而不仁，如乐何？”

【译文】

孔子说：“一个人没有仁德，拿礼干什么呢？一个人没有仁德，运用乐干什么呢？”

【评析】

孔子认为仁是人内心的品德，礼与乐是仁的表现形式。一个人只有具备了仁德，他施行礼乐才有意义，这就是“仁先礼后”。没有仁德的人，礼仪再宏大，乐舞再精彩，都是虚伪。

孔子这么说主要是针对鲁国三桓。三桓祭祀时僭越周礼，冒用天子的礼仪和乐曲，除了证明他们的不仁之外，没有任何意义。

3.8　子夏问曰：“‘巧笑倩兮，美目盼兮，素以为绚（xuàn）兮①。’何谓也？”子曰：“绘事后素②。”

曰：“礼后乎？”子曰：“起予者商也！始可与言《诗》已矣。”

【注释】

① 巧笑倩兮，美目盼兮，素以为绚兮：倩，笑得好看；盼，眼睛黑白分明；绚，色彩灿烂。前两句诗出自《诗经·卫风·硕人》篇，第三句现在已经没有了。《诗经》在春秋时期有多个国家的版本，可能《（鲁）诗》里面有这一句。

② 绘事后素：绘，画；素，白底。先有白底子，然后才绘画。

③ 起予者商也：起，启发；商，子夏名卜商。启发我的人是卜商呀。

【译文】

子夏问孔子：“‘美丽的笑容真好看啊，漂亮的眼睛黑白分明，波光流转，洁白的面容绚丽多彩。’这是什么意思？”孔子说：“先弄出白底子，然后才绘画。”

子夏又问：“那么，礼是在有了仁德之后产生的吗？”孔子说：“启发我的人是卜商你呀！现在开始可以同你讨论《诗经》了。”

【评析】

孔子给子夏讲解诗经。孔子说“绘事后素”是针对“素以为绚兮”讲的。“素以为绚兮”就是指女子把脸洗干净，打上白色的粉底，然后化妆。打粉底是为了调整脸部皮肤颜色、掩盖皮肤缺陷。素是指白色的粉底，绚是指彩妆。子夏比较年轻，当时应该还没有结婚，没见过女人化妆，所以不明白“素以为绚兮”的意思。

孔子用“绘事后素”来解释“素以为绚兮”，意思是绘画是在整理出白色的底子之后的事情。后是在什么之后的意思，“素”在这里是动词，指把画布或者画板涂成白色。春秋时还没有发明纸，画是画在布或木板上，布和木板都有天然色，需要先弄成白色才能作画。

而子夏从“绘事后素”中领悟出“仁先礼后”的道理，即人要先培养仁德，再去行礼。孔子也没有想到这一点，他为子夏举一反三的领悟力感到高兴。

11.1 子曰：“先进于礼乐①，野人②也；后进于礼乐，君子③也。如用之，则吾从先进。”

【注释】

① 先进于礼乐：指先学习礼乐，然后再做官的人。

② 野人：乡野百姓。

③ 后进：先做官后学习礼乐的人。

④ 君子：这里指世袭贵族。

【译文】

孔子说：“先学习礼乐而后再做官的人，是乡野百姓；先当官然后再学习礼乐的人，是贵族。如果要用人才，那我主张用先学习礼乐的人。”

【评析】

孔子认为受到良好教育的人，比出身高贵的人更有价值。这种思想挑战了封建社会的唯出身论，具有伟大的革命性和先进性。由此可以证明孔子施行的确实是平民教育，孔子在为自己的平民弟子寻求上升通道而呐喊发声。

有的学者认为这里的先进和后进是指孔子收徒的先后。孔子早年办学时名气不大，跟他学习的都是乡野百姓，是先进，后来名气大了，贵族子弟也来向他求学，是后进。这种解读也有道理，不过不影响孔子倾向于平民的态度。

1.12 有子曰："礼之用，和①为贵。先王之道②，斯为美。小大由之，有所不行。知和而和，不以礼节之，亦不可行也。"

【注释】

① 和：和谐、协调。

② 先王之道：指尧、舜、禹、汤、文王、武王等古代帝王的治世之道。

【译文】

有子说："礼的应用，以和谐为贵。古代圣明君王的治世之道，宝贵的地方就在这里。但小事大事一味讲究和谐，有时也行不通。这是因为，为了和谐而和谐，不以礼来节制和谐，也是不可行的。"

【评析】

和谐是儒家所倡导的伦理、政治和社会原则之一。古人制定礼的目的是划分人的等级差别，儒家认为，礼的推行和应用如果太生硬，会引起和激化社会矛盾，因此应用礼的时候要注意和谐，缓和不同等级之间的对立，使之不至于破裂，以安定社会秩序。但是无条件地和谐，就变成了同，人和人之间就没有差别了，就破坏了礼，因此和谐的程度还是要受到礼的约束。孔子说，君子和而不同，小人同而不和，就是这个意思。

8.2 子曰："恭而无礼则劳，慎而无礼则葸（xǐ）①，勇而无礼则乱，直而无礼则绞②。君子笃③于亲，则民兴于仁；故旧不遗，则民不偷④。"

【注释】

① 葸：音喜，拘谨、畏惧的样子。

② 绞：说话尖刻，出口伤人。

③ 笃：真诚、厚待。

④ 偷：淡薄。

【译文】

孔子说："恭敬而不用礼节制，就会辛劳疲倦；谨慎而不用礼节制，就会畏缩拘谨；勇猛而不用礼节制，就会违法作乱；直率而不用礼节制，就会尖刻伤人。执政者厚待自己的亲属，百姓当中就会兴起仁德的风气；执政者不遗弃老朋友，百姓就不会对人冷漠无情了。"

【评析】

恭、慎、勇、直，这些品德不是孤立存在的，必须用礼来节制。礼规定了这些品德应有的度，只有在适当的度之内，这些品行才叫品德，否则就会出现劳、葸、乱、绞，这些恶果。

以上三章都是强调说明礼的约束、节制作用，不管是约束自己的行为，节制和谐的运用，还是表现自己的品德。

8.8 子曰："兴于《诗》，立于礼，成于乐。"

【注释】及【译文】

见《修身篇第十二》。

16.13 陈亢问于伯鱼曰："子亦有异闻乎？"对曰："未也。尝独立，鲤趋而过庭。曰：'学《诗》乎？'对曰：'未也。''不学《诗》，无以言。'鲤退而学《诗》。他日，又独立，鲤趋而过庭。曰：'学礼乎？'对曰：'未也。''不学礼，无以立。'鲤退而学礼。闻斯二者。"陈亢退而喜曰："问一得三：闻《诗》，闻礼，又闻君子之远其子也。"

【注释】及【译文】

见《为学篇第四》。

20.3 孔子曰："不知命，无以为君子也；不知礼，无以立也；不知言，无以知人也。"

【注释】及【译文】

见《修身篇第十二》。

【评析】

以上三章，孔子主张只有学礼，知礼，才能在社会上立足，安身立命。

僭（jiàn）越

3.22 子曰："管仲[①]之器小哉！"或曰："管仲俭乎？"曰："管氏有三归[②]，

官事不摄[3]，焉得俭？”“然则管仲知礼乎？”曰：“邦君树塞门[4]，管氏亦树塞门。邦君为两君之好，有反坫（diàn）[5]，管氏亦有反坫。管氏而知礼，孰不知礼？”

【注释】

① 管仲：姬姓，管氏，名夷吾，字仲，谥敬，齐国人，齐桓公的宰相，辅佐齐桓公称霸诸侯。

② 三归：说法很多，清代郭嵩焘考证为市租，即商业税，较为可信。

③ 官事不摄：一个人只管一件事情，互不兼职。意思是用人比较浪费。

④ 树塞门：树，树立；塞门，在大门口筑的一道短墙，以别内外，即屏风或照壁。

⑤ 反坫：“坫”音店，古代国君接待外国国君时，放置空酒杯的土台。酒杯要倒着放。

【译文】

孔子说：“管仲的器量真是狭小呀！”有人说：“管仲节俭吗？”孔子说：“他收取百姓大量商业税，他家里专人专事，互不兼职，怎么谈得上节俭呢？”那人又问：“那么管仲知礼吗？”孔子回答：“国君宫门口设有照壁，管仲家门口也设有照壁。国君朝堂上有接待外国国君时放置空酒杯的土台，管仲家堂上也有土台。如果管仲知礼，那谁不知礼呢？”

现代仿古祭礼仪式上放置礼器的反坫

【评析】

管仲家的陈设都比照国君，超过了他自己应有的规格，这是非礼之举，称为“僭越”。

3.1 孔子谓季氏①：“八佾（yì）②舞于庭，是可忍③也，孰不可忍也？”

【注释】

① 季氏：鲁国三桓中的季孙氏，当时的家主是季平子。

② 八佾：“佾”音翼。先秦祭祀时演奏乐舞，八行八列为八佾，共需六十四人。据《周礼》规定，周天子用八佾，诸侯用六佾，卿大夫用四佾，士用二佾。季氏是正卿，只能用四佾。

③ 可忍：可以忍心去做。

【译文】

孔子谈到季平子时说：“他用八佾在庭院中奏乐舞蹈，这样的事他都忍心去做，还有什么事情不能狠心做出来呢？”

【评析】

《左传·昭公二十五年》（前517）记载，鲁昭公举行谛（dì）礼祭祀鲁襄公，配以万舞。鲁昭公是诸侯，万舞可用六佾，即三十六个人，但祭祀当天只来了两个人，其他舞者都去季平子家跳万舞了。季平子在这件事情上是双重僭越，一是他身为卿大夫，万舞只能用四佾十六个人，但是他冒用天子礼仪，用八佾六十四人来跳舞；二是根据周礼，国君在孟月祭祀，大夫在仲月祭祀。中国农历，孟月是每季第一个月，仲月是每季第二个月。一年四季，春夏秋冬，正月称为孟春，二月称为仲春，三月为季春，四月是孟夏，五月是仲夏，六月是季夏，依此类推。季平子不仅也在孟月祭祀，而且故意和国君在同一天，抢夺舞者。季平子的无道激起了鲁国君臣的一致愤怒，鲁昭公联合鲁国几家小贵族讨伐季平子。孟氏宗主孟懿子当时虽然只有十四岁，但也知唇亡齿寒的道理，派兵救援季平子。季孟联军将鲁昭公打败，鲁昭公逃往齐国，之后季平子又阻挠鲁昭公回国，导致鲁昭公最终客死异乡。

孔子对季平子的无道行径极为气愤，虽然他没有参加这场内战，但也追随鲁昭公去了齐国。孔子这番话就是针对此事而言，“孰不可忍”是指季平子将鲁昭公驱逐出鲁国。

3.2 三家①者以《雍》②彻③。子曰：“‘相维辟公，天子穆穆’④，奚取于三家之堂⑤？”

【注释】

① 三家：即三桓，季孙、孟孙、叔孙三大家族。

②《雍》：《诗经·周颂》中的一首诗歌。周天子祭祀完毕，撤去祭品时演奏这首诗。

③ 彻：同“撤”。祭祀完撤下祭品。

④ 相维辟公，天子穆穆：助祭的是诸侯，天子庄严肃穆地主祭。这是《雍》诗中的两句，相是帮助的意思，维是语气助词，辟公指诸侯。

⑤ 堂：接客祭祖的地方。

【译文】

季孙、孟孙、叔孙三大家族在祭祖仪式完毕，撤去祭品时，让乐工奏唱《雍》这首诗。孔子说：“‘助祭的是诸侯，天子庄严肃穆地主祭’，这样的诗句怎么能用在这三家的庙堂呢？”

3.10 子曰：“禘（dì）①，自既灌②而往者，吾不欲观之矣。”

【注释】

① 禘：音弟，古代只有天子才可以举行的祭祀祖先的隆重典礼。

② 灌：禘礼中，向代表受祭者献酒的仪式。

【译文】

孔子说：“举行禘祭的仪式，从第一次献酒以后，我就不愿意看了。”

【评析】

鲁国举行只有天子才能进行的禘祭，是僭越之举，孔子不悦。

3.11 或问禘之说。子曰：“不知也，知其说者之于天下也，其如示诸斯①乎！”指其掌。

【注释】

① 示诸斯：“斯”指后面的“掌”。

【译文】

有人向孔子请教关于禘祭的礼仪知识。孔子说：“我不知道。知道的人对于治理天下，就像把东西摆在这里一样容易吧！”一边说一边指着他的手掌心。

【评析】

孔子认为鲁国举行禘祭名分不正，不值得一看。所以有人问他关于禘祭的知识，他推说不知道。

孔子说谁能懂禘祭就容易治理天下，有两层含义，一是指只有天子才配懂禘祭之礼；二是说天子真正地懂了禘祭之礼，就知道该怎么治理国家了，就是“上好礼，则民易使也”的意思。

3.6 季氏①旅②于泰山。子谓冉有③曰：“女弗能救④与？”对曰：“不能。”子曰：“呜呼！曾谓泰山不如林放乎？”

【注释】

① 季氏：此时季氏的家主是季康子，是季平子的孙子，季桓子的儿子。

② 旅：祭祀山川为旅。只有天子和诸侯才有资格祭祀名山大川。

③ 冉有：冉求，字子有，孔子弟子，鲁国人，孔门十哲之一，比孔子小 29 岁。

④ 救：挽救，这里是劝阻的意思。

【译文】

季康子去祭祀泰山。孔子对冉有说：“你不能劝阻他吗？”冉有说：“不能。”孔子说：“唉！难道说泰山神还不如林放知礼吗？”

【评析】

祭祀泰山是天子和诸侯才有的权力，季康子只是鲁国的大夫，他去祭祀泰山就是“僭越”。冉有当时是季康子的家宰，孔子希望他能够劝阻季康子不要去祭祀泰山。

林放是孔子学生中对于礼的理解最深的，他向孔子请教过“礼之本”。孔子说泰山神不如林放，是说泰山神应该拒绝接受季氏的祭祀。

7.31 陈司败①问：“昭（zhāo）公②知礼乎？”孔子曰：“知礼。”

孔子退，揖（yī）③巫马期④而进之，曰：“吾闻君子不党⑤，君子亦党乎？君取⑥于吴，为同姓⑦，谓之吴孟子⑧。君而知礼，孰不知礼？”

巫马期以告。子曰：“丘也幸，苟有过，人必知之。”

【注释】

① 陈司败：陈国主管司法的官，姓名不详，也有人说是齐国大夫，姓陈名司败。

② 昭公：“昭”音招。鲁昭公，名稠，公元前541至前510年在位，昭是谥号。
③ 揖：音衣。作揖，行拱手礼。
④ 巫马期：巫马施，字子期，孔子弟子，鲁国人，比孔子小30岁，七十二贤之一。
⑤ 党：偏袒、包庇的意思。详细解释见【评析】。
⑥ 取：同“娶”。
⑦ 为同姓：鲁国国君和吴国国君都是周人先祖古公亶父的后代，都姓姬。周礼规定同姓不婚。鲁昭公娶同姓女，是违礼之举。
⑧ 吴孟子：鲁昭公夫人。春秋时代，国君夫人的称号，一般是她出生的国名加上她的姓，但因她姓姬，与鲁君同姓，所以鲁国人称她为吴孟子，不称吴姬。

【译文】

陈司败问孔子：“鲁昭公懂得礼吗？”孔子说：“懂礼。”

孔子出来后，陈司败向巫马期作了个揖，请他走近自己，对他说：“我听说君子不与人勾结，难道君子也与人勾结吗？鲁君在吴国娶了一个同姓的女子做夫人，与国君同姓，称她为吴孟子。如果鲁君算是知礼，还有谁不知礼呢？”

巫马期把这话告诉了孔子。孔子说：“我真是幸运。如果有错，大家都会知道。”

【评析】

春秋时期，五百户人家称为一党。党是一个比较小的组织单位，“结党”就是指组成小团体。小团体人数少，一般只考虑小团体的利益，结党营私就是指人们勾结成小团体谋求私利。因此在古代“党”字常有贬义。孔子说：“君子矜而不争，群而不党。”（15.22章）从陈司败的话来看，“君子不党”，在当时已经是共识。

现在，“党”字已经没有人数限制了，通常表示具有共同政治观念的团体，所以贬义也就消失了。但如果用来指小团体，其贬义依然存在，如围绕在组织接班人身边的人，称为“太子党”，还是有贬义。

“为尊者讳，为亲者讳，为贤者讳”，这是孔子编纂删定《春秋》所秉持的原则和态度，这也是礼。孔子袒护鲁昭公就是“为尊者讳”。“为尊者讳”是礼，同时也是过错，自相矛盾，但两者相较，礼先，这就是“礼让为国”的表现。在生活中，对于自己亲人、领导的一些负面情况，我们通常会为之掩饰，这就是“为亲者讳、为尊者讳”。当谈论伟人、名人的时候，我们也会淡化和忽略他们曾经犯过的错误，这就是“为贤者讳”。

孔子自嘲犯了错大家一定会知道。19.21 章，子贡说“君子之过也，如日月之食焉；过也，人皆见之；更也，人皆仰之”，正好为孔子的自嘲做注解。

乐

春秋时期的官方音乐是为《诗经》中的诗所配的乐曲、乐章。《诗经》中的诗绝大部分都是配乐歌唱出来的，所以称为诗歌。

2.2 子曰：“《诗》三百①，一言以蔽之，曰：‘思无邪②。’”

【注释】

① 诗三百：诗，指《诗经》，共有 311 篇，三百是取整数。

② 思无邪：原是《诗经·鲁颂·駉》中一句诗：“思无邪思，马斯徂。”思在此本是没有意义的语音词，孔子借其字形，解释为思想。无邪是纯正的意思。

【译文】

孔子说：“《诗经》三百篇，可以用一句话来概括它，就是思想纯正。”

3.20 子曰：“《关雎（jū）》①，乐而不淫②，哀而不伤。”

【注释】

①《关雎》：“雎”音居。这是《诗经》的第一篇诗歌。此诗写一君子追求淑女辗转反侧的心理过程，以及结婚时琴瑟友之的欢乐，诗文内容并不哀伤。《诗经》中的每首诗都配有相应的乐曲，清代刘台拱在《论语骈枝》中引据《左传》《国语》《史记》《仪礼》考证，《诗经》以三首诗及所配乐曲作为一组乐章。《关雎》这组乐章其实是包括了《关雎》《葛覃》《卷耳》三首诗歌，其中《关雎》《葛覃》表达的是欢乐的内容，乐曲乐而不淫；《卷耳》表达的是妻子思念在外行役的丈夫，乐曲哀而不伤。

② 淫：指多的超过正常的量。

【译文】

孔子说：“《关雎》这组乐章，快乐而不放荡，忧愁而不哀伤。”

【评析】

孔子对《关雎》的评价，体现了他对《诗经》“思无邪”的艺术观。

7.14 子在齐闻《韶》[①]，三月不知肉味。曰：“不图为乐之至于斯也。”

【注释】

①《韶》：古代歌颂舜的乐舞。

【译文】

孔子在齐国听到了《韶》乐，很长时间都尝不出肉味。他说：“想不到听《韶》乐能高兴到这种程度。”

【评析】

鲁昭公二十五年，鲁国发生内乱，鲁昭公逃亡到齐国，孔子跟着去了齐国。《韶》乐在鲁国应该已经失传了，所以孔子在鲁国时没有听过《韶》乐，到了齐国才听到《韶》乐。

3.25 子谓《韶》：“尽美[①]矣，又尽善[②]也。”谓《武》[③]：“尽美矣，未尽善也。”

【注释】

① 美：就乐曲的旋律、舞蹈的姿态而言。

② 善：就乐曲和舞蹈的思想内容而言。

③ 武：相传是歌颂周武王的乐舞。

【译文】

孔子谈到《韶》乐时说：“乐曲、舞蹈美极了，内容也很好。”谈到《武》乐时说：“乐曲、舞蹈美极了，但内容不够善。”

【评析】

孔子评价乐舞，不只看形式，也看思想内容。周武王是通过武力取得天下，孔子认为歌颂他的乐舞不够善，这反映了孔子“胜残去杀”的价值观。

9.15 子曰：“吾自卫反鲁[①]，然后乐正[②]，《雅》《颂》[③]各得其所。”

【注释】

① 自卫反鲁：鲁哀公十一年（前 484）冬，季康子迎接孔子从卫国返回鲁国，结束了 14 年周游列国的生活。

② 乐正：调整乐曲的篇章。

③《雅》《颂》：指《诗经》中《雅》《颂》两类乐曲。

【译文】

孔子说："我从卫国返回鲁国以后，鲁国乐谱得到了整理，《雅》乐、《颂》乐各有适当的安排。"

3.23 子语（yù）①鲁大（tài）②师乐，曰："乐其可知也：始作，翕（xī）③如也；从（zòng）④之，纯⑤如也，皦（jiǎo）⑥如也，绎⑦如也，以成。"

【注释】

① 语：音玉，告诉，动词用法。

② 大师：大同"太"。太师是国家乐团的乐师长，这个太师应该是下一章提到的挚。

③ 翕：音西，意为合、聚、协调。

④ 从：音纵，意为放纵、展开。

⑤ 纯：美好、和谐。

⑥ 皦：音皎，音节分明。

⑦ 绎：连绵不绝。

【译文】

孔子与鲁国太师谈论音乐说："奏乐的道理是可以知道的：开始演奏时，各种乐器合奏，乐曲展开后悠扬悦耳，节奏分明，连续不断，直至演出结束。"

【评析】

可以看出孔子的音乐欣赏水平非常高。

8.15 子曰："师挚之始①，《关雎》之乱②，洋洋乎盈耳哉！"

【注释】

① 师挚之始："师挚"是鲁国的太师，名挚。"始"是演奏音乐的序曲。古代奏乐，序曲由太师演奏，所以说是"师挚之始"。

②《关雎》之乱："乱"是乐曲的终了。"乱"是合奏乐，此时奏《关雎》乐章，所以叫"《关雎》之乱"。

【译文】

孔子说："从太师挚演奏的序曲开始，到最后演奏《关雎》乐章结尾，丰富而优美的乐曲充满了我的耳朵。”

18.9 大（tài）师挚适齐，亚饭[①]干适楚，三饭缭适蔡，四饭缺适秦，鼓方叔[②]入于河，播鼗（táo）[③]武入于汉，少师[④]阳、击磬襄[⑤]入于海。

【注释】

① 亚饭、三饭、四饭：都是乐官名。先秦时天子和诸侯吃饭的时候要奏乐，即《史记》中所说的“钟鸣鼎食”。每顿饭都有不同的乐师奏乐。干、缭、缺是乐师的名字。

② 鼓方叔：击鼓的乐师名方叔。

③ 鼗：音桃，小鼓。

④ 少师：乐官名，副乐师长。

⑤ 击磬襄：击磬的乐师，名襄。

【译文】

太师挚到齐国去了，亚饭乐师干到楚国去了，三饭乐师缭到蔡国去了，四饭乐师缺到秦国去了，打鼓乐师方叔到了黄河边，敲小鼓的乐师武到了汉水边，少师阳和击磬的乐师襄到了海滨。

【评析】

前两章孔子还在与鲁国太师挚讨论音乐欣赏，这里鲁国国家乐团就已经流失殆尽了，因此这里记录可能的是孔子去世后鲁国音乐人才流失情况。音乐是辅助礼的，从音乐人才的流失可以看出来鲁国执政者已经放弃了音乐的教化作用，礼在鲁国的运用情况也可想而知。这也是鲁国僭越情况这么严重的原因。

仁智篇第八

“仁”是儒家最高的道德品质，是孔子思想体系的核心概念。《论语》中“仁”字出现了109次，是出现频率最高的儒家思想概念。仁，就是爱人，具体方法就是用同理心去推己及人，即“己欲立而立人，己欲达而达人”，或“己所不欲，勿施于人”。

一个人要达到仁的境界，并不是有一颗善良的心就可以，他还要有智慧，才能够将自己的仁德普惠众生、泽被四方，因此仁智通常并提。

仁者气质

13.27 子曰：“刚、毅、木、讷（nè）①近仁。”

【注释】

① 讷：音 nè，有说话迟钝、说话谨慎两种含义。

【译文】

孔子说：“刚强、坚毅、朴实、慎言，人具有这四种品德就接近于仁了。”

1.3 子曰：“巧言令色①，鲜②矣仁！”

【注释】

① 巧言令色：“巧”和“令”都是美好的意思。朱熹注曰：“好其言，善其色，致饰于外，务以悦人。”“巧言”是花言巧语，“令色”可译为装出和颜悦色的样子。

② 鲜：少的意思。

【译文】

孔子说：“花言巧语，装出和颜悦色的样子，这种人的仁德就很少了。”

17.17 子曰：“巧言令色，鲜矣仁！”

与上一章（1.3 章）重复。

12.3 司马牛①问仁。子曰：“仁者，其言也讱（rèn）②。”曰：“其言也讱，斯谓之仁已乎？”子曰：“为之难，言之得无讱乎？”

【注释】

① 司马牛：司马耕，子姓，向氏，字子牛，宋国人，孔子七十二弟子之一。

② 讱：音认，话难说出口，这里引申为说话慎重。

【译文】

司马牛问仁。孔子说：“仁者，他说话是慎重的。”司马牛说：“说话慎重，这就叫作仁了吗？”孔子说：“做起来很困难，说起来能不慎重吗？”

【评析】

司马迁在《史记·仲尼弟子列传》中说司马牛“多言而燥”，孔子回答他“仁者，其言也讱”，是在劝诫他谨言慎行。但是司马迁是如何知道司马牛多言而燥的，不得而知，我认为是司马迁根据孔子的回答反推出来的，是想说明孔子因材施教。孔子当然是因材施教，但是他的答复其实另有原因。

《左传》记载，司马牛家兄弟五人：向巢、桓魋、司马牛、子颀、子车。他们是宋桓公的后代，是宋国的望族。老大向巢任左师，是军队统帅。老二桓魋为司马，握有兵马实权。老三司马牛是贵族，有自己的封邑。老四子颀和老五子车跟着老二桓魋做事。桓魋在宋景公面前最为受宠，是炙手可热的人物，曾经加害过孔子，后来利欲熏心意图弑君，失败后逃亡到齐国。其他四兄弟怕受牵连，也放弃在宋国的荣华富贵纷纷逃亡。司马牛对二哥所作所为极为不满，誓不与他共处一国。他逃到齐国后不久，桓魋也来到齐国，司马牛放弃齐国给他的封邑辗转去了鲁国，成为孔子的学生，后来死在鲁国都城门外。

《论语》中，司马牛向孔子请教过“仁”和“君子”，在孔子回答后，他都再重复确认一遍，从这点来看，他非但不是多言而燥的人，反而是个过于谨慎的人。司马牛这样谨小慎微与他家族遭遇的巨大变故有关。孔子跟司马牛说“仁者，其言也讱”，就是在鼓励司马牛，让他振作起来。

从以上几章可以看出，孔子心中的仁者有着正直、朴实的气质，说话谨慎，说到做到，先做后说。

孔子对于巧言令色，巧舌如簧的人特别厌恶。在《论语》5.5 章，有人说："仲弓有仁德但不会说话。"孔子说："何必要能言善辩呢？靠伶牙俐齿和人辩论，常常招致别人憎恶。不知道仲弓是不是仁，但何必要能言善辩呢？"

4.1 子曰："里仁为美①。择不处（chǔ）②仁，焉得知？"

【注释】

① 里仁为美：里，古代居民区单位，25 户人家为一里，孔子就住在鲁国曲阜阙里。现代汉语中，"这里""那里""你是哪里人？"中的"里"就是由此而来。这里借作动词用，表示居住的意思。仁，仁者。跟仁者住在同一里才好。

② 处：音杵，居住。

【译文】

孔子说："跟仁者住在同一里才好。如果不选择跟仁者住一起，哪里能获得智慧？"

【评析】

孔子强调对居住环境的选择。与仁者住在一起，耳濡目染，道德修养会受到正面影响和熏陶。我们更熟悉的是晋朝学者傅玄说的"近朱者赤、近墨者黑"。

4.2 子曰："不仁者不可以久处约①，不可以长处乐。仁者安仁，知者利仁②。"

【注释】

① 约：穷困、困窘。

② 安仁、利仁：安仁，安于仁德；利仁，认为仁德有利自己才去行仁。

【译文】

孔子说："不仁的人不能长久地处于贫困中，也不能长久地处于安乐中。仁者安心于仁德，智者知道仁德对自己有利，因而去行仁。"

【评析】

安乐是内心平静，满足之乐。不仁者无法忍受长期贫困，就无法享受安乐。仁者能够忍受长期贫困，因而能够享受安贫乐道的状态。

仁者是从内心享受仁，精神上很纯粹；智者是利用仁给自己带来好处，主观上不纯粹，客观上也有利于大家。

4.3 子曰：“唯仁者能好（hào）[1]人，能恶（wù）[2]人。”

【译文】

孔子说：“只有仁者才能够正确地爱人和恨人。”

【评析】

仁是最高的道德品质，中庸是最高的德，只有仁者才能够奉行中庸之道。

前几年经常看到社会上有父母教育孩子失手把孩子打死的新闻。父母肯定是爱孩子的，但为什么反而会把孩子打死呢？《论语》中孔子回答了这个问题，孔子说：“爱之欲其生，恶之欲其死。既欲其生，又欲其死，是惑也。”人如果达不到仁的境界，就无法奉行中庸之道，容易偏激，爱冲动，个别父母在情绪失控的情况下，失手将孩子伤害致死。

孔子还说过：“人而不仁，疾之已甚，乱也。”对不仁的人恨得太深也是一种祸害。只有成为仁者，才能把握好爱、恨的尺度，正确地爱人和恨人。

4.4 子曰：“苟志于仁矣，无恶也。”

【译文】

孔子说：“如果立定志向实行仁德，就不会做恶事了。”

14.4 子曰：“有德者必有言，有言者不必有德。仁者必有勇，勇者不必有仁。”

【译文】

孔子说：“有道德的人一定有善言，有善言的人不一定有道德。仁者一定勇敢，勇敢的人都不一定有仁德。”

【评析】

仁者坚守仁德，因此一定勇敢；而勇敢的人不一定是出于对仁的坚守。

15.9 子曰：“志士仁人，无求生以害仁，有杀身以成仁。”

【译文】

孔子说："志士仁人，没有贪生怕死而损害仁的，只有牺牲生命来成全仁的。"

【评析】

孔子这段话被后世总结成"杀身成仁"。生命是宝贵的，但比生命更可贵的是"仁"。"杀身成仁"，就是勇于舍弃生命以保全"仁"。所以孔子说"仁者必有勇"。

8.10 子曰："好勇疾[①]贫，乱也。人而不仁，疾之已甚[②]，乱也。"

【注释】

① 疾：恨、憎恨。

② 已甚：已，太。已甚，即太过分。

【译文】

孔子说："好勇而又憎恨穷困，就会作乱。对不仁的人痛恨太深，也会出乱子。"

【评析】

对不仁者恨得太过分，也是祸乱。孔子这个思想意义非常重大。

对不仁者的极端仇恨和不择手段的报复，会把我们的道德拖下水，让我们也不仁。很多恶行就是由于对别人的过错反应过激引起的。尼采说过，与恶龙缠斗过久，自身也变成了恶龙。美国电视剧《权力的游戏》第八季第五集中，龙母丹妮莉丝由于恨瑟曦杀了自己的女仆弥桑黛，在君临城已经投降的情况下不分敌我，大开杀戒，最终从正面人物变成为反面人物。项羽起义反抗秦朝暴政，但他却坑杀了投降的 20 万秦军，又一把火烧了咸阳宫，最终失去民心，以至四面楚歌，败亡乌江。

孔子反对用极端的手段对待不仁的人。《论语》12.19 章，季康子问政于孔子曰："如杀无道，以就有道，何如？"孔子对曰："子为政，焉用杀？子欲善而民善矣。君子之德风，小人之德草。草上之风必偃。"

4.6 子曰："我未见好仁者、恶不仁者。好仁者，无以尚之；恶不仁者，其为仁矣，不使不仁者加乎其身。有能一日用其力于仁矣乎？我未见力不足者。盖有之矣，我未之见也。"

【译文】

孔子说："我没有见过爱好仁德的人，也没有见过厌恶不仁的人。爱好仁德的人，是再好不过了；厌恶不仁的人，他实行仁德，是不让不仁影响自己。有谁能在某一天把全部力量用在仁德上吗？我没见过力量不够的。大概这种人是有的，但我没见过。”

【评析】

“好仁”和“恶不仁”都算仁。孔子认为行仁不难，没有见过力量不够的，谁都可以做到。因为仁是人内心的选择，不需要外部条件，按良心行事即可。孔子说：“苟志于仁矣，无恶也。”

15.36 子曰：“当仁，不让于师。”

【译文】

孔子说：“面对着仁德，就是老师，也不同他谦让。”

【评析】

这里孔子又打了个比方，拥有仁德是人的最高追求，跟老师都不能客气。

弟子问仁

17.6 子张问仁于孔子。孔子曰：“能行五者于天下，为仁矣。”

“请问之。”曰：“恭、宽、信、敏、惠。恭则不侮，宽则得众，信则人任焉，敏则有功，惠则足以使人。”

【译文】

子张向孔子请教仁。孔子说：“能够处处施行五种品德，就实现仁了。”

子张说：“请问哪五种？”孔子说：“恭敬、宽厚、诚信、勤敏、施惠。恭敬就不会受侮，宽厚就会得到大家支持，诚信就能获得别人任用，勤敏做事就会有功劳，施惠就能够役使人。”

19.6 子夏曰：“博学而笃志，切问而近思①，仁在其中矣。”

【注释】

① 切问而近思：恳切地发问，思考当前的问题。

【译文】

子夏说：“广泛学习，坚守自己的志向，恳切地提问，多思考当前问题，仁就在这里面了。”

【评析】

子夏给出一个通过学习修得仁德的方法论。

13.19 樊迟问仁。子曰：“居处恭，执事敬，与人忠。虽之夷狄，不可弃也。”

【译文】

樊迟问怎样做才是仁。孔子说：“日常举止恭顺端正，办事严肃认真，待人忠心诚意。保持这样，即使到了蛮夷之地，也不能放弃。”

6.22 樊迟问知。子曰：“务民之义①，敬鬼神而远之，可谓知矣。”问仁。曰：“仁者先难而后获②，可谓仁矣。”

【注释】

① 务民之义：务，致力于；义，应该做的事情。有学者，包括杨伯峻，解读为：专心致力于让百姓走上义，或者，致力于让百姓应该遵从的道德。这些解读都与“智”不符合。我解读为：专心致力于做百姓最需要的事情。即，急人所难的意思。也与后面“仁者先难而后获”相呼应。

② 先难而后获：难，可以理解成“辛苦做事”。12.21 章，孔子回答樊迟“崇德”的问题时说：“先事后得，非崇德与？”“先难而后获”与“先事后得”意思相同。

【译文】

樊迟请教智，孔子说：“专心致力于做百姓最需要的事情，恭敬地对待鬼神保持距离，就可以说是智了。”樊迟请教仁，孔子说：“仁者先辛苦做事，再获取报酬，这可以说是仁了。”

11.12 季路问事鬼神。子曰：“未能事人，焉能事鬼？”曰：“敢问死。”曰：“未知生，焉知死？”

【译文】

季路请教怎样事奉鬼神。孔子说：“没能事奉好人，怎么能事奉鬼呢？”季路又说：“斗胆问死是怎么回事？”孔子说：“还不知道活着的道理，怎么能知道死呢？”

【评析】

此章几乎就是为上一章（6.22 章）做注脚。上一章，孔子说“智”就是“敬鬼神而远之”，此章可以看到，孔子在鬼神、生死问题上采取回避的态度。究其原因有两点：一是孔子关注的是现实世界，不关注死后的世界以及来世；二是孔子凡事采取实事求是的态度，对于鬼神这种难以求真证伪东西，采取一种“存而不论”的态度。

纵观《论语》全篇，可以看出来孔子不信鬼神，但也不彻底否定，以那个时代人们的认知水平，这已是十分难得。

孔子“敬鬼神而远之”，不语‘怪力乱神’，这是“和而不同”的君子之道，也是不狂不狷的中庸之道。

15.10 子贡问为仁，子曰：“工欲善其事，必先利其器。居是邦也，事其大夫之贤者，友其士之仁者。”

【译文】

子贡请教怎样培养仁德。孔子说：“工匠要想做好工程，一定要先把斧锯磨锋利。住在这个国家，就要事奉这个国家大夫中的贤者，结交士人中的仁者。”

【评析】

“工欲善其事，必先利其器”就是磨刀不误砍柴工。孔子以此做比喻，说明培养仁德的方式，就是要事奉贤者，结交仁者。这与 4.1 章中孔子说的“里仁为美，择不处仁，焉得知”意思相同。

12.22 樊迟问仁。子曰：“爱人。”问知。子曰：“知人。”

樊迟未达。子曰：“举直错诸枉，能使枉者直①。”

樊迟退，见子夏曰：“乡（xiàng）②也吾见于夫子而问知，子曰：‘举直错诸枉，能使枉者直’，何谓也？”

子夏曰：“富哉言乎！舜③有天下，选于众，举皋陶（gāo yáo）④，不仁者远⑤矣。汤⑥有天下，选于众，举伊尹（yī yǐn）⑦，不仁者远矣。”

【注释】

① 举直错诸枉，能使枉者直：错同“措”，放置；诸，是“之于”的合音字；枉，弯曲。直译是：把直的木材放到弯曲的木材上面，能使弯曲的木材变直。意思是选任正

直的人来改造不正直的人。由于樊迟没有听懂孔子的话，因此在翻译时应该直译。

② 乡：同“向”，刚才。

③ 舜：音顺，古代传说中的圣君。

④ 皋陶：音高瑶，传说舜时掌握刑法的贤臣。

⑤ 不仁者远：从“使枉者直”的效果来看，“不仁者远”应该是被矫正变少了。

⑥ 汤：商朝的第一位君王，名履。

⑦ 伊尹：音衣饮，汤的贤相，曾辅助汤灭夏兴商。

【译文】

樊迟问什么是仁。孔子说：“爱人。”樊迟问什么是智，孔子说：“了解人。”

樊迟不明白。孔子说：“把直材放到弯材上面，能使弯材变直。”

樊迟退出来，见到子夏说：“刚才我见到老师，问他什么是智，他说‘把直材放到弯材上面，能使弯材变直’，这是什么意思？”

子夏说：“话说得真好呀！舜有了天下，在众人中把皋陶选拔出来，不仁者就少了。汤有了天下，在众人中把伊尹选拔出来，不仁者就少了。”

【评析】

仁者爱人。对于仁者来说，不仁者也是人，仁者爱不仁者的方式是教导他走上仁道，而不是一棒子打死，具体办法就是“举直错诸枉，能使枉者直”。仁者要提拔正直的人到领导岗位，就需要有知人善任的能力，要有智慧，因此“举直错诸枉”是仁智之事。

12.2 仲弓问仁。子曰：“出门如见大宾，使民如承大祭[①]。己所不欲，勿施于人。在邦无怨，在家无怨[②]。”仲弓曰：“雍虽不敏，请事斯语矣。”

【注释】

① 出门如见大宾，使民如承大祭：这句话是说，出门办事和役使百姓，都要像迎接贵宾和举行大祭时那样恭敬严肃。

② 在邦无怨，在家无怨：邦，诸侯国；家，卿大夫的封地。

【译文】

仲弓问怎样做才是仁。孔子说：“出门做事如同接待贵宾，役使百姓如同举行盛大祭典，都要严谨对待。自己不愿意做的事，不要强加于别人。为国家做事没有怨言；为大夫做事没有怨言。”仲弓说：“我虽然愚笨，也要照您的话去做。”

【评析】

“己所不欲，勿施于人”就是同理心。

6.30 子贡曰：“如有博施于民而能济众，何如？可谓仁乎？”子曰：“何事于仁，必也圣乎！尧[①]舜其犹病诸[②]！夫仁者，己欲立而立人，己欲达而达人。能近取譬[②]，可谓仁之方也已。”

【注释】

① 尧：音摇，古代传说中的圣君。传说尧禅位给舜，舜又禅位给禹。

② 病诸：病，担忧做不到；诸，“之乎”的合音。担忧做不到这样。

③ 能近取譬：能够就自身打比方。即推己及人的意思。

【译文】

子贡问：“假如有一个人，能给老百姓很多好处又能周济大众，怎么样？可以算是仁了吗？”孔子说：“岂止是仁，简直是圣了！就连尧、舜也担忧做不到这样啊！至于仁者，就是自己想立足，也帮助别人立足；自己想通达，也帮助别人通达。凡事能够推己及人，就可以说是实行仁道的方法了。”

【评析】

“己欲立而立人，己欲达而达人”，与“己所不欲，勿施于人”一样，都是要有同理心，站在别人角度考虑问题，理解别人。

12.1 颜渊问仁。子曰：“克己复礼[①]为仁。一日克己复礼，天下归仁焉。为仁由己，而由人乎哉？”颜渊曰：“请问其目[②]。”子曰：“非礼勿视，非礼勿听，非礼勿言，非礼勿动。”颜渊曰：“回虽不敏，请事斯语矣。”

【注释】

① 克己复礼：克己，克制自己的欲望；复礼，使自己的言行符合于礼的要求。

② 目：具体的条目。

【译文】

颜渊问仁德。孔子说：“克制自己的欲望，一切都照着礼的要求去做，这就是仁。一旦这样做了，天下就达到仁了。实行仁德在于自己，难道还在于别人吗？”颜渊说：“请问具体如何去做。”孔子说：“不合于礼的事不要看，不要听，不要说，不要做。”

颜渊说："我虽然愚笨，也要照您的话去做。"

【评析】

孔子思考问题都是从正反两个方面来考虑，即扣其两端而竭焉。子贡从《诗经》中领悟出仁先礼后的道理，这是仁、礼产生的先后次序，而"克己复礼为仁"是从反面来解决问题，因为仁是礼的基础，所以人一切都依礼而行就能够达到仁。克己复礼为仁就是要求人们通过对自身的品德进行修养以达到仁的境界。

7.30 子曰："仁远乎哉？我欲仁，斯仁至矣。"

【译文】

孔子说："仁德离我们远吗？我想要仁，仁就来了。"

【评析】

孔子认为，能否克己复礼而归仁是个人的选择，为仁由己不由人，所以可以欲仁则仁。从这个角度来看，行仁并不难，这也是前面为什么孔子说"有能一日用其力于仁矣乎？我未见力不足者"。

14.1 宪①问耻。子曰："邦有道，谷②；邦无道，谷，耻也。""克、伐③、怨、欲不行焉，可以为仁矣？"子曰："可以为难矣，仁则吾不知也。"

【注释】

① 宪：原宪，字子思，鲁国人，孔子弟子。

② 谷：谷物粮食，这里指做官领取的俸禄。

③ 克、伐：克，战胜，好胜心的意思；伐，自夸。

【译文】

原宪请教孔子怎么样算可耻。孔子说："国家政治清明，做官拿俸禄；国家政治黑暗，还做官拿俸禄，这就是可耻。"原宪又问："好胜、自夸、怨恨、贪婪这些毛病都没有，可以算仁了吧？"孔子说："可以说难得，说到仁，我就不得而知了。"

【评析】

8.13章，孔子说："邦有道，贫且贱焉，耻也。邦无道，富且贵焉，耻也。"这两章互文，可见孔子对尸位素餐的官员，很看不起。

"克、伐、怨、欲不行"，可以算克己了，但是否算复礼还不知道，所以孔子说"仁则吾不知也”。

14.16 子路曰：“桓公杀公子纠[1]，召忽死之，管仲不死[2]。”曰：“未仁乎？”子曰：“桓公九合诸侯[3]，不以兵车，管仲之力也。如其仁，如其仁。”

【注释】

① 公子纠：齐桓公的哥哥。齐桓公与他争齐国国君之位，杀掉了他。

② 召忽死之，管仲不死：召忽和管仲都是公子纠的老师，公子纠被杀后召忽自杀，而管仲归降齐桓公，并当了齐桓公的宰相。

③ 九合诸侯：齐桓公共十一次召集诸侯会盟。“九”是虚数，形容多。

【译文】

子路说：“齐桓公杀了公子纠，他的老师召忽殉难，但管仲没死。”子路说：“管仲不能算有仁德吧？”孔子说：“齐桓公多次召集诸侯国盟会，不用武力，都是管仲的功劳啊。这就是他的仁德，这就是他的仁德。”

14.17 子贡曰：“管仲非仁者与？桓公杀公子纠，不能死，又相之。”子曰：“管仲相桓公，霸诸侯，一匡天下，民到于今受其赐。微[1]管仲，吾其被（pī）发左衽[2]矣。岂若匹夫匹妇之为谅也，自经[3]于沟渎而莫之知也？”

【注释】

① 微：无，没有。

② 被发左衽：被同“披”；衽，衣襟。“被发左衽”是当时的夷狄之俗。

③ 自经：上吊自杀。

【译文】

子贡问：“管仲不能算仁者吧？齐桓公杀了公子纠，他不能为公子纠殉死，反而做了齐桓公的宰相。”孔子说：“管仲辅佐桓公，称霸诸侯，匡正了天下，老百姓直到今天还在享受他的好处。如果没有管仲，我们都要披头散发，衣襟向左开了。他哪能像普通百姓那样恪守小节，自杀在小山沟里谁也不知道呢。”

【评析】

孔子说过“臣事君以忠”，子路和子贡都纠结于管仲没有为公子纠死节的问题，质疑管仲是否有仁德。孔子也批评过管仲不节俭，不知礼。孔子说克己复礼为仁，管仲都不守礼，怎么能称为仁呢？看起来孔子前后似乎有些矛盾。孔子说管仲有仁德，是因为管仲“尊王攘夷”，为恢复周朝秩序，保护华夏文明做出了巨大贡献。孔子主张“君子贞而不谅”，对于做大事的人不要用小节去衡量他，这是孔子肯定管仲的根本原因。

另外，孔子也说自己：“吾岂匏瓜也哉？焉能系而不食？”孔子倡导人们归仁的最终目的是要服务于社会，贡献于社会，而不是给人看。

6.23 子曰：“知者乐水，仁者乐山。知者动，仁者静。知者乐，仁者寿。”

【译文】

孔子说：“智者爱水，仁者爱山；智者好动，仁者好静。智者快乐，仁者长寿。”

【评析】

孔子描述了智者和仁者不同的性格特点。智者聪敏，性情好动，就像水一样自由，经常能找到人生的乐趣。仁者仁厚，性情好静，就像山一样稳重，不计较得失，因而长寿。

12.6 子张问明。子曰：“浸润之谮（zèn）①，肤受之愬（sù）②，不行焉，可谓明也已矣。浸润之谮，肤受之愬，不行焉，可谓远也已矣。”

【注释】

① 浸润之谮：谮（zèn），谗言。像水浸润物体那样渗进来的谗言，不易觉察。

② 肤受之愬：“愬”音塑，诬告。像皮肤感觉到疼痛那样的诬告，即直接的诽谤。

【译文】

子张请教怎样算是明智。孔子说：“如水浸润物体那样的谗言，如切肤之痛的诽谤，在你那里都行不通，可以算是明智了。暗中挑拨的坏话和直接的诽谤，在你那里都行不通，可以算是有远见了。”

人格塑造

君子篇第九

在孔子之前，『君子』一词已在《诗经》《尚书》《周易》等古籍中出现，指贵族男子或统治者。是孔子为君子赋予了道德的含义。在《论语》中，通过孔子的塑造，君子成为儒家最推崇的完美人格，从此君子便有了德性。

《论语》中君子出现了107次，是仅次于仁的思想概念。而仁又是君子三道之一，因此《论语》实际上是一部论述君子的书。

君子之道

14.28 子曰："君子道者三，我无能焉：仁者不忧，知者不惑，勇者不惧。"子贡曰："夫子自道也。"

【译文】

孔子说："君子的标准包括三个方面，我做不到啊：仁德的人不忧虑，智慧的人不疑惑，勇敢的人不恐惧。"子贡说："老师正是在说自己啊！"

【评析】

这是孔子对君子的定义。君子就是集"仁德""智慧""勇敢"三种品性为一身，不忧愁，不迷惑，不畏惧的人。从这个定义可以看出来，君子这个称谓与身份高低没有关系，是纯道德层面的。

在5.16章，孔子评价子产"有君子之道四焉""其行已也恭，其事上也敬，其养民也惠，其使民也义"。这个"君子之道"是从君子的贵族统治者身份来讲的。

9.29 子曰："知者不惑，仁者不忧，勇者不惧。"

与14.28章重复。

君子的处世原则

4.10 子曰："君子之于天下也，无适（dí）[①]也，无莫（mù）[②]也，义[③]之与比（bì）[④]。"

【注释】

① 适：音敌，亲近、厚待。

② 莫：音幕，疏远、冷淡。

③ 义：就是人应该做的事情。

④ 比：音毙，接近、靠近。

【译文】

孔子说："君子对于天下的人和事，没有固定的厚薄亲疏，只是按照义去做。"

【评析】

孔子认为君子处世应该严肃灵活，不应厚此薄彼，凡事以义作为指导方针。这就是弟子们评价孔子的"毋必，毋固"的处世原则。在 18.8 章，孔子评论周代七个贤人不同的处世之道时，说自己"无可无不可"，也是相同的意思。

15.18 子曰："君子义以为质，礼以行之，孙（xùn）[①]以出之，信以成之。君子哉！"

【注释】

① 孙：同"逊"。谦逊。

【译文】

孔子说："君子做事以符合道义为原则，用礼加以推行，用谦逊的语言来表达，用诚信的态度来完成，这就是君子啊！"

人不知

15.19 子曰："君子病无能焉，不病人之不己知也。"

【译文】

孔子说："君子只担心自己没有能力，不怕别人不知道自己。"

14.30　子曰："不患人之不己知，患其不能也。"

【译文】

孔子说："不怕别人不知道自己，只担心自己没有能力。"

4.14　子曰："不患无位，患所以立。不患莫己知，求为可知也。"

【译文】

孔子说："不担心没有官位，就怕自己没有任职的真本事。不怕没有人知道自己，只求拥有能让别人知道自己的真才实学。"

【评析】

以上三章，孔子向学生反复强调：只要拥有真才实学，不用担心别人不知道自己，不用担心没有用武之地。也就是：人不知而不愠，不亦君子乎。

孔子办教育的目的是为了培养人才，大部分弟子向孔子求学的目的也是为了将来进入官场。孔子怕弟子们不肯安心学习，急于求成，因此反复叮嘱。

君子的性格

1.8　子曰："君子不重，则不威；学则不固。主忠信，无友不如己者[①]。过则勿惮（dàn）[②]改。"

【注释】

① 不如己者：自古有两种解释，一是不如自己的人；二是和自己不一样的人，"如"是像、如同的意思。后一种解释与孔子"道不同，不相为谋"的主张相符，是孔子原意。

② 惮：音旦，害怕、畏惧。

【译文】

孔子说："君子，如果不庄重，就没有威严，学业就不会巩固。要以忠诚、信义两种品德为主。不要同和自己不一样的人交朋友。有了过错，不要怕改正。"

【评析】

“不重，学则不固”的逻辑是：人不庄重，就会浮躁，学习就不能深入踏实，学业就不会巩固。

忠是事奉国君应有的品德，信是与朋友交往应有的品德。

曾子曰：“君子以文会友，以友辅仁。”如果同和自己不一样的人交朋友，就很难达到这种相辅相成的效果。

子曰：“过而不改，是谓过矣。”人非圣贤，孰能无过。过则勿惮改，犯了错不要怕，改了就好，如果不改才是真正的错。

9.25 子曰：“主忠信，毋友不如己者，过则勿惮改。”

与 1.8 章重复。

19.9 子夏曰：“君子有三变：望之俨然，即之也温，听其言也厉。”

【译文】

子夏说：“君子给人三种变化的感觉：远看他，庄严的样子；接近他，温和可亲；听他说话，很有分量。”

君子言行

1.14 子曰：“君子食无求饱，居无求安，敏于事而慎于言，就有道而正焉①，可谓好学也已。”

【注释】

① 就有道而正焉：就，靠近；有道，有德行的人；正，校正、匡正。到有德行的人那里去匡正自己。

【译文】

孔子说：“君子，吃不求饱足，住不求舒适，勤于工作，说话谨慎，到有德行的人那里去匡正自己，这样就可以说是喜好学习了。”

【评析】

孔子认为君子不应追求物质享受，应把精力放在塑造自己品德上面。

4.24　子曰："君子欲讷于言而敏于行。"

【译文】

孔子说："君子说话要谨慎，而行动要敏捷。"

【评析】

新中国开国领袖毛泽东给两个女儿起名，一个叫李敏，一个叫李讷。学过此章就知道她们名字的由来了。

2.13　子贡问君子。子曰："先行其言而后从之。"

【译文】

子贡请教怎样做一个君子。孔子说："对于你要说的话，先做了，再说出来。"

4.22　子曰："古者言之不出，耻躬之不逮也。"

【译文】

孔子说："古人不轻易说话，因为他们以自己做不到为耻啊。"

14.27　子曰："君子耻其言之过其行。"

【译文】

孔子说："君子以说得多而做得少为耻。"

14.20　子曰："其言之不怍（zuò）①，则为之也难。"

【注释】

① 怍：音坐，惭愧的意思。

【译文】

孔子说："说话如果大言不惭，那么实现起来就很困难。"

【评析】

以上6章，孔子表达的是一个意思，君子要少说多做，不要夸夸其谈。君子言行一致，少说多做，先做后说，只有这样才能取信于人，否则轻易允诺而做不到，就会失信于人。

重要的话说三遍，而孔子说了六遍，可见孔子对君子言行一致的重视程度。

文质彬彬

6.18 子曰："质①胜文②则野，文胜质则史③。文质彬彬④，然后君子。"

【注释】

① 质：指人善良质朴的本质。

② 文：指人具有丰富的学识、文化修养、优雅的气质。

③ 史：言辞华丽，这里指虚伪、浮夸。

④ 彬彬：形容文与质的配合恰当。

【译文】

孔子说："质朴多于文采，就显得粗野；文采多于质朴，就流于虚浮。只有文采和质朴完美地搭配，才能成为君子。"

12.8 棘子成①曰："君子质而已矣，何以文为？"子贡曰："惜乎，夫子之说君子也！驷不及舌。文犹质也，质犹文也。虎豹之鞟（kuò）②犹犬羊之鞟。"

【注释】

① 棘子成：卫国大夫。古代大夫都可以被尊称为夫子，所以子贡这样称呼他。

② 鞟：音括，去掉毛的皮，即革。

【译文】

棘子成说："君子只要本质好就行了，要文采干什么呢？"子贡说："真遗憾，夫子您这样谈论君子。一言既出，驷马难追。文采如同本质，本质如同文采，都是同等重要。去掉了毛，虎、豹的皮就如同狗、羊的皮一样了。"

【评析】

孔子认为君子应该内外兼修。既保持善良质朴的本质，又要有外在的文采。卫国是孔子周游列国的大本营，孔子多次在卫国开坛讲学。棘子成必定是听过孔子讲学，但对此不以为然，认为君子只要保持质朴的本质就可以了，不须要有文采。子贡反对他这种认识，指出没有文采，本质再好也无法显现出来。

儒家关于"文"和"质"的辩证思想有很深刻的实践意义。一个学识渊博、表里如一的君子肯定比一个纯朴善良、但没有多少学识的人有更大的吸引力和影响力，前者能传播更多的正能量。而且人经过学习后，分辨是非的能力会提高，抵抗负面思想侵蚀、不良诱惑的能力也会提高，才能更好地坚守善良的本质。这就是教育和学习的意义，也是孔子学而不厌，诲人不倦的原因。

博学于文，约之以礼

6.27 子曰："君子博学于文，约之以礼，亦可以弗畔（pàn）①矣夫！"

【注释】

① 畔：同"叛"。

【译文】

孔子说："君子广泛地学习文化典籍，用礼来约束自己，就可以不离经叛道了。"

12.15 子曰："博学于文，约之以礼，亦可以弗畔矣夫！"

与 6.27 章重复。

4.23 子曰："以约①失之者鲜矣。"

【注释】

① 约：约束，这里指"约之以礼"。

【译文】

孔子说："以礼来约束自己还有过失的人少呀。"

【评析】

9.11 章，颜回谈到孔子对自己的教导时也说，"博我以文，约我以礼"。"约之以礼"被重复了四次。

君子的使命

2.12 子曰："君子不器。"

【译文】

孔子说："君子不是器具。"

【评析】

君子是孔子心目最理想的人格，君子有独立的思想、人格、价值观。君子有所为，有所不为，不是只有特定的用途的器具。

8.6　曾子曰："可以托六尺之孤①，可以寄百里之命②，临大节而不可夺也。君子人与？君子人也。"

【注释】

① 托六尺之孤：受君主临终前的嘱托辅佐幼君。古人以七尺指成年，六尺指未成年。没有父亲的小孩称作孤。

② 寄百里之命：把国家的政权托付给他。寄是寄托、委托。百里之命指国家政权和命运。

【译文】

曾子说："可以把年幼的君主托付给他，可以把国家的政权托付给他，面临生死存亡的紧要关头而不动摇屈服。这样的人是君子吗？是君子啊！"

【评析】

这是曾子对君子使命的诠释，也可以用来理解"君子不器"。

14.42　子路问君子。子曰："修己以敬。"曰："如斯而已乎？"曰："修己以安人①。"曰："如斯而已乎？"曰："修己以安百姓。修己以安百姓，尧舜其犹病诸？"

【注释】

① 安人：人与后面的百姓相对应，这里指执政者。

【译文】

子路请教怎么样成为君子。孔子说："修养自己，保持恭敬的态度。"子路说："这样就够了吗？"孔子说："通过修养自己让执政者安乐。"子路说："这样就够了吗？"孔子说："通过修养自己让百姓安乐。通过修养自己来使百姓安乐，尧舜恐怕都难以做到呢？"

【评析】

“修己以安人”中的“人”，与后面的百姓相对应，指的不是普通人，而是统治者。

孔子所说的修己，指的是通过学习提高自己的修养和能力。先安人，再安百姓，一方面反映了君子服务对象的先后次序，另一方面则是由易到难。

孔子这个主张很有现实意义。我们也是先通过学习获取知识，通过实践积累经验。在此基础上才能做好工作，让领导满意。获得领导的认可后，才会被赋予更重要的职责，更好地服务于社会，实现自己的人生价值。

孔子说“修己以安百姓，尧舜其犹病诸？”在6.30章，孔子在回答子贡“博施于民而能济众”的问题时也说“尧舜其犹病诸！”由此可见，孔子认为让百姓安定，实现天下太平，是君子的终极任务。

20.3 孔子曰：“不知命，无以为君子也；不知礼，无以立也；不知言，无以知人也。”

【译文】

孔子说：“不知道自己的天命，就不能成为君子；不懂礼仪，就不能在社会上立足；不能分辨别人的言语，就不能认识别人。”

【评析】

“天命”是一个人对自己存在意义的认识。人存在的意义是哲学最重要的课题，所有的哲学、宗教都是在围绕这一课题展开的，并归纳为三个终极问题：你是谁？从哪里来？到哪里去？

孔子有很强的天命观。孔子经常提到天命，弟子们说他，“子罕言利，与命与仁”。在匡地和宋国两次遇险的时候，孔子都坚信天命在身，自己不会死，“天之未丧斯文也，匡人其如予何？”“天生德于予，桓魋其如予何？”

孔子认为天命就是万物的生存规律，“天何言哉？四时行焉，百物生焉。”人作为万物之一，也有自己的天命。

孔子除了认为君子要知道自己的天命是什么以外，还要敬畏天命。他说：“君子有三畏：畏天命，畏大人，畏圣人之言。”

从以上几章来看，儒家认为君子的天命是“修己以安人”“修己以安百姓”“托六尺之孤，寄百里之命”等，都是很宏大的人生目标。

孔子说自己五十而知天命，他认为自己的天命是传播文武之道。而同时代的人评价他，“天将以夫子为木铎”，认为他的天命是做百姓之师。

君子之争

3.7 子曰：“君子无所争。必也射乎！揖让而升，下而饮[①]。其争也君子。”

【注释】

① 下而饮：指古代的射礼，详见《仪礼·乡射礼》和《仪礼·大射仪》。君子登堂而射，射后计算谁中靶多，中靶少的被罚饮酒。

【译文】

孔子说：“君子没有可与别人争的事情。如果有的话，那也就是射礼了。比赛时，先相互作揖谦让，然后上场射箭，射完退下来后喝酒。这就是君子之争。”

【评析】

孔子说君子“食无求饱，居无求安”，君子对物质享受没有要求，那还有什么好争抢的呢。孔子以射礼为例，说明君子之争就是彬彬有礼的争。

15.22 子曰：“君子矜（jīn）[①]而不争，群而不党。”

【注释】

① 矜：音今，庄重的意思。

【译文】

孔子说：“君子庄重而不与别人争执，合群而不结党营私。”

【评析】

在7.31章，陈司败也说“君子不党”，看来春秋时“君子不党”已经是一个共识了。君子不党的原因是君子要始终保持人格的独立性。

习近平总书记在十八届中央纪委三次全会上的讲话中谈道：“党内决不能搞封建依附那一套，决不能搞小山头、小圈子、小团伙那一套，决不能搞门客、门宦、门附那一套，搞这种东西总有一天会出事！有的案件一查处就是一串人，拔出萝卜带出泥，其中一个重要原因就是形成了事实上的人身依附关系。”

习近平总书记这段话就是对“君子不党”最好的解释。

君子之于富贵

4.5　子曰："富与贵，是人之所欲也。不以其道得之，不处也。贫与贱，是人之所恶也。不以其道得之，不去也。君子去仁，恶（wū）乎成名[①]？君子无终食之间[②]违仁，造次[③]必于是，颠沛必于是。"

【注释】

① 恶乎成名："恶"音乌，疑问词，"哪""何"的意思。何以成名，哪能叫君子呢？

② 终食之间：吃完一顿饭的时间。

③ 造次：仓促。

【译文】

孔子说："富贵是人们都想要的，但是不用正当的方法得到的富贵，君子不去享受；贫贱是人们都厌恶的，但是不用正当的方法摆脱贫贱，君子不会摆脱。君子没有仁德，怎么还能叫君子呢？君子没有一顿饭的时间背离仁德，即便在最仓促的时刻也一定要保持仁德，即便在颠沛流离的时候也一定要保持仁德。"

【评析】

孔子说过"不义而富且贵，于我如浮云"，可见"不以其道得之"的道指的就是义。义是应该做的事情，因此用正当的方法获取财富才符合道义。

君子之过

15.37　子曰："君子贞[①]而不谅[②]。"

【注释】

① 贞：坚贞，坚守正道。

② 谅：小信，守信用。

【译文】

孔子说："君子坚守正道，而不拘泥于小信用。"

【评析】

孔子说过，"言必信，行必果，硁硁然小人哉"。孔子认为守信是最次等士的标准，是普通人遵守的道德。孔子认为君子要坚守正道，不要被小信所束缚。

19.11 子夏曰：“大德①不逾闲②，小德出入可也。”

【注释】

① 大德、小德：指节操的大小。

② 闲：木栏，这里指界限。

【译文】

子夏说：“大的节操上不能越界，小节上有些出入是可以的。”

【评析】

《大戴礼记·子张问入官》中，孔子说：“水至清则无鱼，人至察则无徒。”人无完人，儒家不对人求全责备，即便是君子也有不足的地方，只要不犯原则错误就可以。

19.21 子贡曰：“君子之过也，如日月之食焉；过也，人皆见之；更也，人皆仰之。”

【译文】

子贡说：“君子的过错好比日蚀月蚀。他犯过错，人们都看得见；他改正过错，人们都仰望着他。”

君子的选择

8.13 子曰：“笃信好学，守死善道。危邦不入，乱邦不居。天下有道则见（xiàn），无道则隐。邦有道，贫且贱焉，耻也。邦无道，富且贵焉，耻也。”

【译文】

孔子说：“坚定对善道的信仰，努力学习并誓死捍卫它。不进入政局不稳的国家，不住在动乱的国家。天下太平就出来做官；天下混乱就隐居起来。国家太平而自己贫贱，是耻辱；国家混乱而自己却升官发财，也是耻辱。”

15.7 子曰：“直哉史鱼①！邦有道，如矢；邦无道，如矢。君子哉蘧（qú）伯玉②！

邦有道，则仕；邦无道，则可卷而怀之。”

【注释】

① 史鱼：卫国大夫，名鳍（qiú），字子鱼，他多次向卫灵公推荐蘧伯玉。

② 蘧伯玉：“蘧”音渠。名瑗，字伯玉，春秋时期卫国的大夫，道家“无为而治”的开创者。蘧伯玉是孔子的好朋友，孔子周游列国多次住在他的家里。

【译文】

孔子说：“史鱼真是正直啊！国家太平，他像箭一样直；国家混乱，他也像箭一样直。蘧伯玉是真君子啊！国家太平就出来做官，国家混乱就把自己的本领藏起来。”

14.3 子曰：“邦有道，危①言危行；邦无道，危行言孙。”

【注释】

① 危：直，正直。

【译文】

孔子说：“国家太平，说话要正直，行为要正直；国家混乱，行为还要正直，但说话要小心谨慎。”

【评析】

以上三章孔子告诉弟子们在不同的政治环境下要做不同的选择。孔子的选择是“用之则行，舍之则藏”，充分体现了孔子的政治智慧。

孔子认为君子负有天命，责任重大，不能鲁莽地牺牲自己。君子要审时度势，躲开政局危险和陷入动乱的国家。当国家政治环境好的时候，君子一定要出来承担自己的责任，实现自己的价值。当国家政治环境差的时候，君子要小心谨慎，隐藏自己的才华，如果这时候能大富大贵，反而是在助纣为虐。

君子立足长远，保护自己，躲避危险，这是一种实现天命的战略迂回。孔子周游列国就是一种战略迂回，当在鲁国施政受阻时，他不直接与鲁国当权者对抗，而是到各诸侯国宣传自己的主张。

君子成名

15.20 子曰：“君子疾没（mò）世①而名不称焉。”

【注释】

①没世：死亡，去世。

【译文】

孔子说："君子担心直到去世他的名字都不为人们所称颂。"

【评析】

孔子认为君子有上天赋予的使命。如果君子到死还没有出名的话，说明没有履行好自己的使命，如果君子完成了自己的使命，大家一定会称颂他。

这也是孔子喜欢评论历史上的贤人的原因。

9.23 子曰："后生可畏，焉知来者之不如今也？四十、五十而无闻焉，斯亦不足畏也已。"

【译文】

孔子说："后生可畏啊，怎么就知道后来人不如现在的人呢？人活到四五十岁时还默默无闻，那他也就不值得敬畏了。"

【评析】

孔子对他的学生寄予了很大的希望，鼓励他们都能够遵循他的道路成为君子，同时指出光阴飞逝，君子成名要趁早。

孔子评价自己："四十而不惑，五十而知天命。"他认为人在四五十岁时达到人生的顶峰，如果这时还没有引人注目的成绩，默默无闻的话，一辈子也就这样了。从生理学角度来看，40 岁是人的智力、创造力的高峰，之后就走下坡路了。古往今来，中外英雄和历史人物的经历都证明了这一点。我发现中国历史上很多英雄人物是在 39 岁去世的，如岳飞、郑成功、于谦等，他们在 39 岁前已经完成了英雄壮举。孔子最欣赏的弟子颜回是 40 岁去世的，在此之前他已经奠定了自己在儒家的地位。还有很多政治伟人，他们虽然长寿，但都是在 40 岁之前奠定他们历史地位的。科学界也是如此，绝大部分科学家都是在 40 岁左右做出的重大科学贡献，以中国为例，杨振宁 34 岁时提出宇称不守恒定律，35 岁藉此获得诺贝尔物理学奖（当时他持中华民国护照），大陆第一位获得诺贝尔医学奖的屠呦呦女士，是在 42 岁时萃取出青蒿素。

虽然现在人类的平均寿命越来越长，但成名的时间上限并没有随之提高，如果不想碌碌一生，有志之士还是要抓紧时间努力拼搏呀！

17.26 子曰："年四十而见（xiàn）恶[1]焉，其终也已。"

【注释】

① 见恶：见同"现"，表现出来恶。

【译文】

孔子说："人到了四十岁还表现出来恶，他这一生也就没希望了。"

【评析】

与上一章相通，孔子提醒弟子抓紧时间修养德行，过了四十，人定型了就来不及了。

杨伯峻认为"见"应该发音 jiàn，把"见恶"翻译成被别人厌恶。从语法上虽然说得通，但是被别人厌恶毕竟是别人对君子的评价，不一定准确。孔子说过：人不知而不愠，不亦君子乎。君子到四十岁还被别人误解也是可能的，不能因此就否定君子。但到这个岁数如果还表现出恶，人就很难改正了。

16.10 孔子曰："君子有九思：视思明，听思聪，色思温，貌思恭，言思忠，事思敬，疑思问，忿思难，见得思义。"

【译文】

孔子说："君子有九种思考：看的时候，要思考看明白与否；听的时候，要思考听清楚与否；自己的脸色，要思考是否温和；容貌，要思考是否显得谦恭；说话，要思考是否忠诚；做事，要思考是否认真对待；遇到疑问，要思考怎样向别人请教；发怒时，要思考是否有后患；见到财物，要思考取之是否合乎道义。"

【评析】

君子为人处世要时刻检视自己。孔子的"君子有九思"，包括接收外部信息（视、听），人的外貌（色、貌），表达（言），做事（事），遇到问题（疑），生气（忿）和面对利益（见得）时要考虑的问题。把人参与社会活动的各个方面都考虑到了。

15.32 子曰："君子谋道不谋食，耕也，馁（něi）[1]在其中矣；学也，禄在其中矣，君子忧道不忧贫。"

【注释】

① 馁：饥饿。

【译文】

孔子说："君子谋求真理而不谋求饮食，耕作就可以解决饥饿问题；通过学习就能得到俸禄，君子只担忧得不到真理，而不担忧贫困。"

【评析】

此章的解释争议较多，主要疑点在"耕也，馁在其中矣；学也，禄在其中矣"两句。有学者译成：耕田，也常饿着肚皮，学习，常常得到俸禄（杨伯峻）；有的译成：耕田也有挨饿的时候，学习真理，也能够得到俸禄。不管哪种译法，与首尾两句都很难对接上，整段话意思不连贯。

这两句直译是：耕田，是为了解决饿；学习，是为了求俸禄。"馁"和"禄"分别对应首句的"食"和末句的"贫"。孔子的意思是：君子只追求真理而不追求饮食，因为通过耕作就可以解决饥饿。君子只担心得不到真理，而不担心贫困，因为通过学习就可以得到俸禄。

"耕"和"学"是孔子对"馁"和"禄"给出的解决方案，因此君子不用担心"馁"和"禄"的问题，专心"谋道""忧道"即可。理解此章的难点在于"学也"，这里的学是"子张学干禄"的学，是为了求得俸禄而学，而不是学道。

君子不为

19.4 子夏曰："虽小道①，必有可观者焉；致远恐泥②，是以君子不为也。"

【注释】

① 小道：指小本领，小技能。

② 泥：阻滞，不通，妨碍。

【译文】

子夏说："就是小技能，也一定有可取之处，但恐怕难以用它来达到远大目标，所以君子是不做的。"

16.7 孔子曰："君子有三戒：少之时，血气未定，戒之在色；及其壮也，血气方刚，戒之在斗；及其老也，血气既衰，戒之在得。"

【译文】

孔子说："君子有三戒：年轻时，血气不成熟，要戒除对女色的贪恋；等到壮年，血气方刚，要戒除争强好胜；等到老年，血气已衰，要戒除贪得无厌。"

【评析】

君子在成长的过程中，年轻时要经得住诱惑，壮年时要控制住自己的脾气，老年时不要患得患失。孔子的告诫直到今天也很有意义呀！

6.4 子华①使于齐，冉子②为其母请粟。子曰："与之釜（fǔ）③。"

请益。曰："与之庾（yǔ）④。"

冉子与之粟五秉（bǐng）⑤。

子曰："赤之适齐也，乘肥马，衣轻裘。吾闻之也：君子周急不继富。"

【注释】

① 子华：公西赤，字子华，孔子的学生，鲁国人，比孔子小 42 岁，孔门七十二贤之一。

② 冉子：冉有。《论语》中孔子弟子被称为"子"的只有四个人，冉有是其中之一。

③ 釜：音斧，古代容量名称，一釜等于现在的 12.8 升。

④ 庾：音羽，古代容量名称，一庾等于现在的 4.8 升。

⑤ 秉：音饼，古代容量名称，一秉等于现在的 320 升。

【译文】

子华出使齐国了，冉求替他的母亲向孔子请求安家粮。孔子说："给他一釜。"

冉求请求增加一些。孔子说："再给他一庾。"

冉求却给子华母亲五秉安家粮。

孔子说："公西赤这次到齐国去，乘坐着肥马驾的车子，穿着又轻又暖的皮袍。我听说过：君子救济穷人，而不是讨好富人。"

【评析】

孔子认为君子应该雪中送炭，而不应锦上添花。

5.25 子曰："巧言、令色、足恭①，左丘明②耻之，丘亦耻之。匿怨而友其人，左丘明耻之，丘亦耻之。"

【注释】

① 足恭：十足过分的恭敬。

② 左丘明：鲁国太史，《左传》的主要作者。据考证，左丘明也是孔子的弟子，从孔子直呼其名来看应是如此。

【译文】

孔子说："花言巧语，装出好看的脸色，过分地谦卑恭敬，左丘明认为这种人可耻，我也认为可耻。把对人的怨恨埋在心里，假装和他很友好，左丘明认为这种人可耻，我也认为可耻。"

【评析】

孔子晚年回到鲁国后，专心修订鲁国史书《春秋》。孔子修订后的《春秋》语言极为简练，每个字都含褒贬之意，被后人称为"春秋笔法""微言大义"。孔子就是要以一字之褒贬来达到"惩恶劝善"的目的。他修订完《春秋》后说，后世的人知道他是因为《春秋》，批评他也是因为《春秋》。

《春秋》虽然用字严谨，但文字过于简略。作为史书，一件事最少的只用一个字记述，最多的也不过四十几个字，使后人无法了解历史经过。左丘明是鲁国的史官，也是孔子的弟子，担心《春秋》太过简略，在流传过程中导致孔子想表达的思想失真，于是写《左传》来解释《春秋》中的历史事件。当然，孔子修订《春秋》，左丘明作《左传》都不是凭空而作，两人都收集了大量前代史官留下来的史料，他们是对这些史料进行整理和加工，加入了自己的思想创作而成。

《左传》中有五十次提及孔子，其中有三十四次引用孔子的话补充、解释《春秋》。

17.24 子贡曰："君子亦有恶（wù）乎！"子曰："有恶：恶称人之恶（è）者，恶居下流①而讪（shàn）②上者，恶勇而不礼者，恶果敢而窒者③。"

曰："赐也亦有恶乎？""恶徼（jiǎo）④以为知者，恶不孙（xùn）以为勇者，恶讦（jié）⑤以为直者。"

【注释】

① 居下流：身为下级。"流"据考证为传抄过程中多出来的字。晚唐前尚无，北宋时苏轼引用《论语》此章的时候已经出现。出现此错误的原因是《论语》19.20 章，子贡曰："是以君子恶居下流。"

② 讪：音善，诽谤。

③ 果敢而窒者：果敢在现代语境中是褒义，果断勇敢，但在这里为贬义，指刚愎自用；窒，阻塞，顽固不化。

④ 徼：音狡，窃取、抄袭。

⑤ 讦：音杰，攻击、揭发别人。

【译文】

子贡问："君子也有厌恶的人吗？"孔子说："有厌恶的人：厌恶宣扬别人坏处的人，厌恶地位低的人诽谤地位高的人，厌恶勇武而不懂礼节的人，厌恶刚愎自用又顽固不化的人。"

孔子说："赐，你也有厌恶的人吗？"子贡说："厌恶窃取别人成果而自以为聪明的人，厌恶把不谦逊当作勇敢的人，厌恶批评别人隐私而自以为直率的人。"

17.18 子曰："恶紫之夺朱①也，恶郑声之乱雅乐②也，恶利口之覆邦家③者。"

【注释】

① 恶紫之夺朱：古代以青、黄、赤、白、黑五色为正色。朱就是赤色，赤色加上青色是紫色。紫色虽然是杂色，但令人赏心悦目，以至于人们喜欢紫色超过赤色。这就是以紫夺朱。

② 郑声之乱雅乐：郑声是郑国和卫国的民间音乐，曲调婉转、节奏轻快，是春秋时期的流行音乐。在《论语》15.11 章，孔子评价"郑声淫"。雅乐是宫廷音乐，是诸侯朝贺、祭祀时演奏的乐曲。在当时，郑声受到上至王公下至百姓的喜爱，没有人认真地去听雅乐，这就是以淫乱雅。《礼记·乐记》记载，魏文侯对子夏说他戴着冕帽穿着礼服听雅乐时唯恐睡着了，而听郑声时就不知疲倦。

③ 利口之覆邦家：利口是能说会道的嘴。不论是在诸侯国的朝堂上还是卿大夫家里，总有巧舌如簧的人。这些人搬弄是非、挑拨离间，导致国家覆灭。

【译文】

孔子说："我厌恶紫色取代正红色，厌恶郑国的乐曲扰乱雅乐，厌恶巧舌如簧颠覆国家。"

【评析】

中国有句话叫邪不压正，而孔子所厌恶的这几件事都是以邪压正，破坏了尊卑秩序，是违礼之举。

19.20 子贡曰："纣[①]之不善，不如是之甚也。是以君子恶居下流[②]，天下之恶皆归焉。"

【注释】

① 纣：商纣王，名帝辛，商朝亡国之君。纣是周人给他的谥号，他被认为是暴君。

② 下流：地势低洼，各处来水汇集的地方。

【译文】

子贡说："商纣王的坏，不像传说的那样严重。所以君子憎恨处在下流的位置，天下的坏事都归到他的身上。"

【评析】

据史料考证，帝辛是一位很有作为的国王，他博闻广见、思维敏捷，重视农桑，注重发展生产力。他把商朝的国土扩大到东南沿海，开发了长江流域，是统一古代中国的先驱。没有纣王打下的基础，周朝不可能分封出 108 个诸侯国。

周人为给灭商找一个正当的理由，就给帝辛编造了很多夸张的恶行，还给他"纣"这样的恶谥。纣作为商王，无人能约束，品德有瑕疵，大家因此对周人所言深信不疑。到了春秋，随着周王室威信降低，人们重新检视纣王，才发现对他的评价并不客观公正。子贡认识到这一点，所以告诫人们一定要提高修养，不可甘居下流，因为人的形象一旦败坏了，别人自然会把许多坏事、不好的想象都加到你身上，到最后想翻身也难了。

此章有非常深刻和现实的教育意义。有的人一时糊涂犯了错误，虽然改正了，但每当有坏事儿发生，人们还是会首先联想到他，一步走错，终生抬不起头。虽然不公平，但社会思维方式如此，警察破案也是先排查有前科的人。人非圣贤，孰能无过，有的错误可以犯，从错误中吸取教训，积累经验，有的错误不能犯，犯一次就很难翻身。我认为凡是破坏自己形象和名誉的错误绝对不能犯。现在大数据征信越来越普及，人如果有失信情况就会被记录在案，将来求职、贷款，甚至找结婚伴侣都会受到影响，可能一次无心的失信之过就会影响终身。一定要记住子贡的话，让自己的品德居于上流。

6.13 子谓子夏曰："女（rǔ）为君子儒！无为小人儒！"

【译文】

孔子对子夏说："你要做君子儒，不要做小人儒。"

【评析】

这是《论语》中唯一一次提到"儒"，儒家的称谓即由此而来。孔子没有对儒的含义做任何解释，只是提出有"君子儒"和"小人儒"的区别。那么儒的含义是什么？君子儒、小人儒又是什么意思呢？

自西汉学者刘歆开始，2000多年来学者们对儒家的起源研究一直没有中断。目前学术界普遍认可的观点是，中国在商朝就有了专门负责冠、婚、丧、祭等礼仪的司仪，他们精通文化和礼仪，时间一长便形成了独立的职业，属于早期的知识分子。他们不是贵族阶层，政治地位不高，也不从事生产经营活动，没有固定收入，经济实力差。这个职业的从业人员给人的印象是比较柔弱，生存需要仰人鼻息。这些人被称为"儒"，"儒"的本意就是柔弱。

儒作为知识阶层，随着历史发展也在不断分化。有些向上参与到国家政治生活当中，为统治者充当智囊或提供管理服务，进入士大夫行列，有些还是从事底层民间礼仪活动，就产生了君子儒和小人儒之分。孔子期望他的弟子学而优则仕，都能成为士大夫，不要沦落为从事民间礼仪活动的小司仪。

有学者认为君子儒是指品德高尚的知识分子，小人儒是指品德低下的知识分子。儒表示知识分子是从战国中晚期开始的，到西汉才固定下来。这是用后世的意思去解释古代的词语，非孔子本意。

贵族君子

5.16 子谓子产①："有君子之道四焉：其行己也恭，其事上也敬，其养民也惠，其使民也义。"

【注释】

① 子产：公孙侨，字子产，郑国大夫。

【译文】

孔子评论子产说："他有君子的四种品德：他自己行为庄重，他事奉君主恭敬，他教养百姓给予恩惠，他役使百姓合乎正义。"

【评析】

子产是春秋时著名的政治家、思想家，孔子非常崇敬他。子产应该比孔子大 30 到 40 岁，在孔子 29 岁时去世。《左传》记载，孔子为之流泪，说他是“古之遗爱也”。

子产在郑国做正卿执政 22 年，这期间晋楚相争、战乱不息。郑国位于晋楚之间，子产周旋于两大国，不卑不亢，保全了郑国的尊严和安全，是中国古代杰出的政治家和外交家。

孔子称赞子产的“君子之道”，是对贵族统治者而言的品德。“事上”“养民”“使民”都是贵族的责任和义务，但“恭”“敬”“惠”“义”又是道德品质。孔子的君子概念经历了一个形成和完善的过程，此章是过程中的一环。

18.10 周公谓鲁公①曰：“君子不施（chí）②其亲，不使大臣怨乎不以③。故旧无大故，则不弃也。无求备于一人！”

【注释】

① 鲁公：周公的儿子姬伯禽。当时周公受封鲁国，但因周武王去世，周公要在镐京辅佐周武王的儿子周成王，所以派伯禽代其受封鲁国。

② 施：同“弛”，怠慢、疏远。

③ 以：任用。

【译文】

周公对鲁公说：“君主不要疏远他的亲友，不要让大臣们抱怨不任用他们。亲朋旧友没有大的过失，就不要抛弃他们，不要对人求全责备。”

【评析】

这里的君子指的是君主。这句话应该来自《尚书》或者鲁史，被孔子翻译过来解读给弟子，原文已经逸失。

这是周公在伯禽去鲁地开国前，嘱咐儿子一个任人唯亲的道理。任人唯亲现在通常被认为是一种错误的用人政策，但在周朝初年封邦建国的背景下是很睿智的主张。伯禽要去一个陌生的地方开创一个全新的国家，充满风险和未知，创业初期只有团结亲朋故友，依靠大家的支持才能成功。

《论语》8.2 章中，孔子说：“君子笃于亲，则民兴于仁；故旧不遗，则民不偷。”意思是君主厚待自己的亲属，百姓当中就会兴起仁德的风气；君主不遗弃老朋友，百姓就不会冷漠无情了。这就是对周公嘱咐的解读。

8.4 曾子有疾，孟敬子[①]问之。曾子言曰：“鸟之将死，其鸣也哀；人之将死，其言也善。君子所贵乎道者三：动容貌[②]，斯远暴慢矣[③]；正颜色[④]，斯近信矣；出辞气[⑤]，斯远鄙倍矣[⑥]。笾（biān）豆之事[⑦]，则有司存。”

【注释】

① 孟敬子：鲁国三桓孟氏第十一代宗主，姓仲孙，名捷，孟武伯的儿子，谥号敬。是孟子的曾祖父。

② 动容貌：整理自己的外表、仪容。人都习惯以貌取人，一个人外表邋遢，难免会遭到别人粗暴和怠慢对待，因此“动容貌”才能“远暴慢”。有的学者译成“使自己容貌庄重严肃”，这与“正颜色”重复，不可取。

③ 暴慢：暴是粗暴；慢是怠慢。

④ 正颜色：使自己的脸色端庄严肃。

⑤ 出辞气：出是出言，说话。指注意说话的言辞和口气。

⑥ 鄙倍：鄙，粗鄙；倍同“背”，不合理，错误。

⑦ 笾豆之事：笾（音边）和豆都是祭祀和典礼中的用具。

【译文】

曾子有病，孟敬子去探视他。曾子对他说：“鸟快死了，叫声悲鸣；人临死前说的都是肺腑之言。君子重视三个方面的道理：整理自己的外表、仪容，这样可以避免别人的粗暴和怠慢；使自己的脸色端庄严肃，这样接近于诚信；注意说话的言辞和语气，避免粗鄙和错误。至于祭祀礼仪，自有主管官吏负责。”

【评析】

曾子与孟敬子在政治立场上是对立的。曾子在临死以前，还在试图教化孟敬子，所以他说“人之将死，其言也善”，表明自己的善意。他所说的君子应当重视三个方面的道理，对于提高个人修养与创造和谐的人际关系有重要的借鉴意义。

19.10 子夏曰：“君子信而后劳其民，未信则以为厉己也。信而后谏，未信则以为谤己也。”

【译文】

子夏说："君子应先取得百姓信任再去役使百姓，否则百姓就会以为是在虐待他们。君子应该先取得君主信任再去规劝君主，否则，君主就会以为是在诽谤他。"

【评析】

子夏强调信对于君子的重要性。君子只有先取信于民，取信于上，才能行事。

君子小人篇第十

在《论语》之前，古籍文献中的『小人』指的是平民百姓、奴隶或者宦官，是孔子将小人的含义转化为品德和人格低下的人。

小人是与君子对立的概念。孔子将小人和君子从身份上的对立，转化为道德上的对立。《论语》在同一章中说到君子与小人时，大部分时候是道德上的概念。

4.16　子曰：“君子喻①于义，小人喻于利。”

【注释】

① 喻：明白，通晓。

【译文】

孔子说：“君子明白大义，小人只知道小利。”

【评析】

“君子喻于义，小人喻于利”，说明君子与小人的价值取向不同。孔子把单纯追求个人利益的人视为小人。

君子追求的是大义，但孔子并不反对君子得利。孔子认为君子对于利的态度应该是“见得思义”“不以其道得之，不处也”。那种认为君子就不能得利，只要得利就不是君子的观点，其实正是小人为了窃取君子的成果而制造的舆论。“君子爱财，取之有道”才是正确的义利观。

14.23　子曰：“君子上达，小人下达。”

【译文】

孔子说：“君子向上通达仁义，小人向下通达财利。”

2.14 子曰："君子周①而不比（bì）②，小人比而不周。"

【注释】

① 周：团结，指用道义来团结众人。

② 比：音闭，勾结，以暂时的共同利益来互相勾结。

【译文】

孔子说："君子团结众人而不与人勾结，小人与人勾结而不团结。"

13.23 子曰："君子和①而不同②，小人同而不和。"

【注释】

① 和：与他人和谐共处。

② 同：相同，完全一致。

【译文】

孔子说："君子与他人和谐相处而不追求完全一致，小人追求完全相同，而不讲求和谐。"

【评析】

此章和上一章可以合并理解，互相解释。

君子和而不同、周而不比的意思是：君子虽与他人和谐相处，但保持自己的独立性，不会盲从附和他人。小子同而不和、比而不周的意思是：小人没有独立性，为了私利，与他人勾结在一起，力求与之完全相同，但不求融洽友好。

关于和与同的区别，在《左传·昭公二十年》中，晏婴有非常细致的论述。

梁丘据是齐景公的宠臣，对于齐景公交代的事情从不怠慢，总是尽心尽力地完成。齐景公有一次打猎，晏婴随侍，梁丘据驱车赶过来。在等梁丘据的时候，齐景公感叹说："只有梁丘据与我和呀！"晏婴说："他只是和您同罢了，怎么能算和呢？"齐景公问："和与同有差别吗？"晏婴说："有差别。就像做肉羹，需要用水、醋、酱、盐、梅来烹调鱼肉，用柴火来煮，厨师加以调和，使味道适中，淡了就加调料，咸了就冲淡。这样做出来的肉汤，君子吃了，内心平和。君臣之间也是这样。国君同意的事情如果有问题，臣子就应该指出问题使之更加完善；国君否定的事情如果有可行之处，臣子就应该坚持可行的部分而去掉不可行的部分。这样的君臣关系才能使国泰民安。现在梁丘据却不是这样，您说好，他也说好；您说不好，他也说不好。如果只用水来做汤，谁能吃得下去，如果琴瑟只有一个音调，谁能听得下去。这就是为什么不能完全相同的道理。”

和与同是个体与其他个体或群体相处时所采取的态度。个体的力量是会发生变化的，君子不论力量是弱小还是强大，始终坚持和而不同的态度；小人在力量弱小时，会放弃自己的独立性，与强者完全一致，寻找庇护，而当力量强大时，又会欺压弱势群体，要求他们与自己完全相同。

中国自古以来对外关系主旨就是和而不同。中国自汉代开始形成，到明朝正式建立起来的藩属朝贡体系就是一种和而不同的双边关系。

新中国刚成立的时候，十分孱弱，于 1953 年提出“和平共处五项基本原则”，主张尊重世界的多样性，不同文明相互尊重、和谐共处，得到了全世界人民的广泛认同。现在的中国已经是世界上第二大经济体，整体国力与当年不可同日而语，但中国依然坚持和平共处的外交原则。

美国刚建国时，国力弱小，不足以单独侵略中国，就跟在英国后面向中国贩卖鸦片。在第一次鸦片战争后不久，美国就要求中国给予与英国同等的通商条件。1844 年美国采用讹诈的手法，胁迫中国签订中美《望厦条约》。英国通过鸦片战争获得的特殊权益，除割地、赔款外，美国全部获得，而且在许多方面侵犯中国主权程度超过英国。

通过两次世界大战成为世界上最强国的美国，一直奉行同而不和的霸权主义。美国依仗自己强大的军事力量以大欺小、恃强凌弱，不尊重其他国的独立和主权，对意识形态不同的国家搞颜色革命、政变和武装侵略；要求同一意识形态的国家在政治上绝对服从美国，在经济上对美国让步，在军事上做美国的跟班。这种同而不和的国策已经让美国成为当今世界和平最大的威胁。

和而不同的主张显示出孔子思想的深刻哲理和高度智慧，这是中华文明为世界和平做出的重要思想贡献。

4.11 子曰：“君子怀①德，小人怀土②；君子怀刑，小人怀惠。”

【注释】

① 怀：心里想。

② 土：乡土、田产。

③ 刑：法度。

【译文】

孔子说："君子心里想的是道德，小人心里想的是田产；君子想的是法度，小人想的是恩惠。"

16.8 孔子曰："君子有三畏：畏天命，畏大人，畏圣人之言。小人不知天命而不畏也，狎（xiá）①大人，侮圣人之言。"

【注释】

① 狎：亲近而态度不庄重。

【译文】

孔子说："君子有三件敬畏的事情：敬畏天命，敬畏地位高贵的人，敬畏圣人之言，小人不懂得天命，因而也不敬畏，不尊重地位高贵的人，轻侮圣人之言。"

7.37 子曰："君子坦荡荡，小人长戚戚。"

【译文】

孔子说："君子心胸宽广坦荡，小人经常忧愁。"

【评析】

君子追求的是义，不会计较利益得失，心胸宽阔，所以坦荡荡；小人追求利益，时刻计较得失，心胸狭窄，所以长戚戚。孔子在回答司马牛君子之问的时候也说过，君子问心无愧，何忧何惧。

13.26 子曰："君子泰而不骄，小人骄而不泰。"

【译文】

孔子说："君子安详坦然而不傲气凌人，小人傲气凌人而不安详坦然。"

【评析】

君子不管是身处顺境，还是面临困境，始终心态和平，坦然面对胜败得失。小人长戚戚是小人不得志时的心态，而小人一旦得志就会猖狂起来，傲气凌人。《红楼梦》中有句判词"子系中山狼，得志便猖狂"，说的正是这种小人。

12.16 子曰："君子成人之美，不成人之恶。小人反是。"

【译文】

孔子说："君子成全别人的好事，而不助长别人的恶。小人正好相反。"

【评析】

"成人之美，不成人之恶"是儒家一贯的思想主张，就是"己欲立而立人，己欲达而达人""己所不欲，勿施于人"的精神。

13.25 子曰："君子易事①而难说（yuè）②也。说之不以道，不说也；及其使人也，器之③。小人难事而易说也。说之虽不以道，说也；及其使人也，求备焉。"

【注释】

① 易事：易于与人相处共事。

② 难说：难以让他高兴。本章中的"说"都同"悦"。

③ 器之：量才使用他。

【译文】

孔子说："为君子做事很容易，但很难让他高兴。不是因为做了好事使他高兴，他是不会高兴的。当他用人的时候，总是量才而用；为小人做事很难，但要讨他的欢喜很容易。即使没做好事，只要使他高兴，他也会高兴。等到他用人的时候，总是求全责备。"

【评析】

孔子引用周公的话说过，无求备于一人，就是不应该对人求全责备。而求全责备正是小人的待人方式：小人及其使人也，求备焉。

14.6 子曰："君子而不仁者有矣夫，未有小人而仁者也。"

【译文】

孔子说："君子之中不仁的人是有的吧，小人之中不会有仁人。"

【评析】

君子之道者三：仁、智、勇，君子一定是有仁德的人。此章"君子而不仁者有矣夫”是孔子的口误，孔子要强调的是“未有小人而仁者”。

有学者因为无法解释君子不仁，就把这里的君子理解为贵族，把小人理解为平民百姓。我认为不正确。人是否有仁德，与地位高低无关。如果这样理解，孔子就是在指责百姓都没有仁德。这与孔子的观点并不一致。11.1 章，子曰：“先进于礼乐，野人也；后进于礼乐，君子也。如用之，则吾从先进。”可见孔子对于百姓并没有道德歧视。

17.23 子路曰：“君子尚勇乎！”子曰：“君子义以为上。君子有勇而无义为乱，小人有勇而无义为盗。”

【译文】

子路说：“君子崇尚勇敢吗？”孔子答道：“君子以义作为最高尚的品德，君子有勇无义就会作乱，小人有勇无义就会偷盗。”

【评析】

同 14.6 章一样，孔子的回答也有问题。“君子喻于义”“义之与比”，无义之人称不上君子，何谈君子有勇无义。

子路的意思是君子除了义以外，还崇尚勇吗？按孔子的学说和思想，勇和义是分不开的。“见义不为，无勇也”（2.24），“仁者必有勇”（14.4）。虽然孔子的回答有问题，但孔子这么回答是有道理的。子路为人亢直、莽撞、争强好胜，孔子担心他恃勇逞强最后会伤害自己，因此着重强调有勇无义的后果。

孔子从来没有把单独的勇作为一种美德，失去仁、义约束的勇只会带来麻烦。因为勇只是一种能量，没有道义的指导，会带来灾祸。西周、春秋时期各国政坛发生的种种乱局，皆是由此引发的。孔子对此看得非常清楚，因此特别强调“礼”对“勇”的引导和约束。“勇而无礼则乱”（8.2），“好勇疾贫，乱也”（8.10），“好勇不好学，其蔽也乱”（17.8），“恶勇而不礼者”（17.24）。

15.2 在陈绝粮，从者病，莫能兴。子路愠见曰：“君子亦有穷①乎？”子曰：“君子固穷，小人穷斯滥矣。”

【注释】

① 穷：指走投无路，陷入困境。古汉语里，“穷”和“贫”不一样，穷虽然也有没钱

的意思，但通常指的是穷尽，尽头，如“穷兵黩武”“穷追不舍”，引申意思是走投无路，如“穷途末路”。贫是真的没钱。孔子一行在陈国是被蔡国贵族围困断了粮，并不是穷得没钱买粮食。

【译文】

孔子一行在陈国被围困，断了粮食，弟子们都饿病了，起不来床了。子路很不高兴地来见孔子，问道：“君子也有走投无路的时候吗？”孔子说：“君子陷入困境时也会坚守自己的道德品行；小人遇到困境的时候就无所不为了。”

【评析】

孔子说过，“岁寒，然后知松柏之后凋也”，只有经过考验才知道谁是真君子。人陷入困境是一种考验，只有君子才能经受得住考验，坚持信念不动摇。

15.21 子曰：“君子求诸己，小人求诸人。”

【译文】

孔子说：“君子要求的是自己，小人要求的是别人。”

【评析】

君子遇到问题总是从自身找原因，反省自己。小人遇到问题时总是想方设法推卸责任，不会反思自己，从自身找原因，用网络流行语来说就是甩锅！

15.34 子曰：“君子不可小知而可大受也，小人不可大受而可小知也。”

【注释】

① 小知：知，作为的意思。做小事情。

② 大受：受，责任，使命的意思。承担大任。

【译文】

孔子说：“君子不能让他们做小事情，但可以让他们承担重大的使命。小人不能让他们承担重大的使命，但可以让他们做些小事。”

【评析】

孔子这句话可以从两方面理解。一是人的身份不同，使命不同，承担的责任不同，做的事情也不同。君子做大事，小人做小事。二是孔子认为君子负有天命，有大的担当，不能用小事情去考验他，也不应在小事情上和他计较。孔子还说过不少类似的话，如

“君子贞而不谅”“大德不逾闲，小德出入可也”“虽小道，必有可观者焉；致远恐泥，是以君子不为也”等。

19.8　子夏曰：“小人之过也必文。”

【译文】

子夏说：“小人犯了错误一定加以掩饰。”

【评析】

子曰：“过而不改，是谓过矣”，所以小人“文过”才是真正的犯错。而君子面对错误的态度是，“君子之过也，如日月之食焉；过也，人皆见之；更也，人皆仰之。”

17.2　子曰：“性相近也，习相远也。”

【译文】

孔子说：“人天生的本性是相近的，由于后天习惯不同才有了区别。”

【评析】

孔子指出，人与人的差别是由于后天习惯不同造成的。人的本性是天生的，无法选择，而习惯是后天的，是可以选择和培养的。习惯决定性格，君子和小人就是由于选择了不同的习惯而成为不同的人，由此可见养成良好习惯的重要性。

17.25　子曰：“唯女子与小人为难养也，近之则不孙，远之则怨。”

【译文】

孔子说：“只有女子和小人是难以相处的，亲近他们，他们就无礼；疏远他们，他们就会怨恨。”

【评析】

毋庸讳言孔子有轻视女性的思想。这种思想被后世儒家发展成“男尊女卑”“夫为妻纲”的男权主义。

有现代学者为孔子辩护，说孔子并不歧视女性，这里的“女子”是“汝子”，指孔子的弟子。这是拿现代的价值观去修正古代价值观，是错误的。

《论语》中孔子不认可女性价值的地方并不止这一处。8.20 章，武王曰：“予有乱臣十人。”孔子曰：“有妇人焉，九人而已。”孔子在这里公然抹去女性在周朝建国史上的功绩。不只是对别的女性，孔子对自己的女儿也不上心。《论语》5.1 章记载，孔子把女儿嫁给了公冶长。公冶长是孔子的弟子，但在孔子的弟子里面属于最没存在感的那种人。不仅在《论语》中，在《史记·仲尼弟子列传》《孔子家语》里面也没有公冶长的片言只语。他德行不比颜回，政事不比冉有，口才不比宰我，财富不比子贡，文学不比子游，孝心不比闵损，可以说一无是处。孔子把女儿嫁给他仅仅是因为他被冤枉入狱。孔子似乎是把女儿当成个安慰奖给颁了出去。陈亢说孔子“君子之远其子也”，这里的子既指孔子的儿子也指女儿。此外，所有先秦古籍中都找不到孔子女儿的名字，古代对女人的轻视是普遍的，孔子有其历史局限性。

虽然孔子认为女子和小人都难相处，但原因并不相同。君子近小人是为了和小人保持和谐关系，但小人同而不和，不尊重君子，当君子因此远离小人时，小人就会心生怨恨。女子又是另外一种情况：女性较为感性，君子的关心会让她们产生感情和心理上的依赖，突破正常的社交距离，以致不逊，当君子和她们保持正常的社交距离时，她们就会感到失落，心生怨念。

我个人认为孔夫子对女人的这种认识，一部分来源于见南子的尴尬经历。

17.12 子曰：“色厉而内荏①，譬诸小人，其犹穿窬（yú）②之盗也与？”

【注释】

① 色厉内荏：厉，威严；荏，虚弱。外表严厉而内心虚弱。

② 窬：音鱼，洞。

【译文】

孔子说：“外表严厉而内心虚弱，以小人做比喻，就像是挖墙洞的小偷吧？”

士人篇第十一

士是周朝最低级的贵族。周朝每代卿大夫以嫡长子继承父位的仍为卿大夫，其余诸弟为士，士的嫡长子仍为士，其余诸子为庶人。士能够到国家设立的贵族学校受教育，因而成为知识分子，后来，士就成为古代社会知识分子的通称。士没有世袭的封地，靠在国君手下做官吏和在大贵族家做家臣而获得俸禄。

孔子也给士赋予了德的含义。在孔子的思想里，士是比君子低一等的人格。孔子说过『君子不器』，而能作为器使用的就是士了。孔子的身份也是士，他年轻时靠给季孙、孟孙家打工过日子。

士是君主和贵族争取的对象。因为君主和贵族之间有矛盾，双方都要拉拢有才干的士为己所用，以壮大自己的实力，作为与对方对抗的资本。孔子办学培养的就是具有贵族气质的士，孔子的弟子在当时很受各诸侯国欢迎。

论语中『士』出现了18处。

13.20 子贡问曰："何如斯可谓之士矣？"子曰："行己有耻①，使于四方，不辱君命，可谓士矣。"

曰："敢问其次。"曰："宗族称孝焉，乡党称弟焉。"

曰："敢问其次。"曰："言必信，行必果，硁硁（kēng）②然小人哉！抑亦可以为次矣。"

曰："今之从政者何如？"子曰："噫！斗筲（shāo）③之人，何足算也？"

【注释】

① 行己有耻：直译：对自己的行为有羞耻心；意译：不做自己认为可耻的事情。

② 硁硁：音坑，象声词，敲击石头的声音。这里引申为像石头那样坚硬。

③ 斗筲之人："筲"音梢，盛饭的竹器，容量五升。形容度量和见识狭小的人。

【译文】

子贡向孔子请教："怎样才可以称为士？"孔子说："不去做自己认为可耻的事情，

出使四方，不辜负君主交付的使命，可以称为士。”

子贡说：“请问次一等的呢？”孔子说：“宗族人称赞他孝敬父母，乡亲们称他尊重兄长。”

子贡又问：“请问再次一等的呢？”孔子说：“说话讲信用，做事有结果，是固执己见的小人呀！但也可以说是再次一等的士了。”

子贡说：“现在的执政者怎么样？”孔子说：“咳！这些器量狭小的人，哪里能算得上呢？”

【评析】

从孔子对子贡“何为士”的回答来看，士的标准有两个，一是有羞耻心；二是有办事能力。孔子强调士的办事能力与士的出路有关，春秋时士的出路就是去给君主做城宰，或给卿大夫做家臣，做得好就有机会被任命为大夫。

13.28 子路问曰：“何如斯可谓之士矣？”子曰：“切切偲偲（sī）[①]，怡怡如也[②]，可谓士矣。朋友切切偲偲，兄弟怡怡。”

【注释】

① 切切偲偲：“偲”音思。相互勉励、相互督促的样子。

② 怡怡：亲切和气的样子。

【译文】

子路向孔子请教：“怎样才可以称为士呢？”孔子说：“相互勉励、相互督促，和气相处，可以称为士了。像朋友那样相互勉励、相互督促，像兄弟一样和气相处。”

【评析】

子路请教什么才是士，而孔子教诲他的是士与人相处的状态。看似答非所问，实则因材施教。子路性格亢直，与大家相处不睦，因此孔子劝诫他要与大家和睦相处。

8.7 曾子曰：“士不可以不弘毅[①]，任重而道远。仁以为己任，不亦重乎？死而后已，不亦远乎？”

【注释】

① 弘毅：章太炎考证说“弘”就是“强”。刚强而有毅力。

【译文】

曾子说："士不可以不刚强而有毅力，因为他责任重大，道路遥远。以天下实行仁道为己任，不是很重大吗？奋斗终身，至死方休，道路不是很遥远吗？"

【评析】

"仁以为己任"，曾子给士赋予了更多道德责任。

19.1 子张曰："士见危致命，见得思义，祭思敬，丧思哀，其可已矣。"

【译文】

子张说："士遇见危险时能献出生命，看见所得时能想到是否符合义，祭祀时能想到恭敬，居丧时能想到哀伤，这样就可以了。"

【评析】

这是儒家主张士应有的行为规范，比对君子的要求简单一些。

18.11 周有八士①：伯达、伯适、仲突、仲忽、叔夜、叔夏、季随、季騧（guā）②。

【注释】

① 八士：这八个人和他们的事迹都无从考证。有人说是四对双胞胎，没有依据。

② 騧：音瓜，黑嘴的黄马。"拳毛騧"是唐太宗昭陵六骏之一。

【译文】

周代有八个士：伯达、伯适、仲突、仲忽、叔夜、叔夏、季随、季騧。

12.20 子张问："士何如斯可谓之达矣？"子曰："何哉，尔所谓达者？"子张对曰："在邦必闻①，在家必闻。"子曰："是闻也，非达也。夫达也者，质直而好义，察言而观色，虑以下人②。在邦必达，在家必达。夫闻也者，色取仁而行违，居之不疑③。在邦必闻，在家必闻。"

【注释】

① 闻：有名望。

② 虑以下人：考虑别人的反应与感受。

③ 居之不疑：之，指"色取仁而行违"；不疑，没有任何惭愧。心安理得地这样做。

【译文】

子张问："士怎样才可以叫作通达了？"孔子说："你说的通达是什么意思？"子张答道："在国君的朝堂上一定有名望，在卿大夫封地一定有名望。"孔子说："这是有名望，不是通达。所谓通达，是要本质正直，爱好道义，留意别人说的话和脸上神情，考虑别人的反应与感受。这样在国君的朝堂上一定通达，在卿大夫的封地一定通达。至于名望，只是表面装作有仁德的样子而行动却违背仁德，这样做还心安理得。这样在国君的朝堂上一定有名望，在卿大夫封地一定有名望。"

【评析】

孔子认为"闻"只是虚名，即使没有仁德，装样子也可以"闻"。从子张的问题可以看出来，子张是一个爱好虚名的人。孔子认为达要求士具有正直的本质，爱好道义，察言观色，虑以下人。孔子的弟子中只有子贡被孔子评价为"赐也达"，具备这些品质。

负面清单

4.9 子曰："士志于道，而耻恶衣恶食者，未足与议也。"

【译文】

孔子说："士有志于学道，但又以吃得差、穿得不好为耻辱，对这种人，是不值得与他谈论道的。"

14.2 子曰："士而怀居，不足以为士矣。"

【译文】

孔子说："士如果留恋家庭的安逸生活，就不配做士了。"

【评析】

以上两章可以合起来看。士任重道远，如果计较生活质量，留恋家庭，是做不成大事的，也不配被称为士。

修身篇第十二

这里说的修身不是健身，而是指对自身品德的修养。孔子说，克己复礼为仁，就是要人们通过对自身品德进行修养以达到仁的境界。仁又是君子之道之首，所以儒家强调对自己品德进行持之以恒的修养，以求塑造最高的人格——君子。这是《论语》的基本思想。

1.4 曾子曰："吾日三省（xǐng）[①]吾身：为人谋而不忠乎？与朋友交而不信乎？传不习乎？"

【注释】

① 三省："省"音醒，检查、察看。多次反省的意思。古汉语"三"用在动词前表示多次的意思，并不是实数，本章是巧合。

【译文】

曾子说："我每天多次反省自己，为别人办事有没有尽心竭力？与朋友交往有没有诚实守信？老师传授给我的学业有没有温习？"

【评析】

世界著名华人数学家陈省身的名字就是由此章而来。

曾参提出了自我反省的修养办法，不断检视自己的言行，使自己修成完美的理想人格。《论语》中孔子也多次要求弟子们自觉地反省自己，自我批评，加强个人道德修养，改正言行举止上的错误。古代西方最伟大的哲学家苏格拉底也说过："没有经过反省检查的人生不值得活着。"

2.22 子曰："人而无信，不知其可也。大车无輗（ní）[①]，小车无軏（yuè）[②]，其何以行之哉？”

【注释】

① 輗：音泥，古代牛车上辕和衡木衔接的活销。

② 軏：音月，古代马车上辀和衡木衔接的活销。

【译文】

孔子说：“一个人不讲信用，是根本不可以的。就好像大车没有輗、小车没有軏一样，它靠什么行走呢？”

【评析】

輗和軏就相当于螺栓，起连接和固定作用，虽然小，但非常重要。孔子把人的信用比作輗和軏非常形象生动，人没有信用寸步难行。

16.11 孔子曰：“见善如不及，见不善如探汤①。吾见其人矣，吾闻其语矣。隐居以求其志，行义以达其道。吾闻其语矣，未见其人也。”

【注释】

① 汤：古代指热水。现代人饮食所喝的汤，古代称为羹。

【译文】

孔子说：“看见善就追赶，好像赶不上似的，看见恶就躲避，好像手伸到热水里似的。我见过这样的人，也听过这样的话。以隐居避世来保全自己的志向，依照义而行事贯彻自己的主张。我听过这样的话，却没有见过这样的人。”

【评析】

“隐居以求其志，行义以达其道”显然比“见善如不及，见不善如探汤”更难以实现。隐居求志意味着放弃富贵的机会，行义达道意味着长期的坚持，只有真正的君子才能够做到。

1.15 子贡曰：“贫而无谄，富而无骄，何如？”子曰：“可也。未若贫而乐①，富而好礼者也。”

子贡曰：“《诗》云：‘如切如磋，如琢如磨’②，其斯之谓与？”子曰：“赐也③，始可与言《诗》已矣，告诸往而知来者④。”

【注释】

① 贫而乐：有的《论语》版本中是“贫而乐道”。“道”应该是流传过程中漏抄了。

② 如切如磋，如琢如磨：这两句见《诗经·卫风·淇澳》。加工象牙和骨，切了还要磋，加工玉石，琢了还要磨，精益求精的意思。

③ 赐：子贡名，孔子对学生都称其名。

④ 告诸往而知来者：诸，之于。告诉你过去的事，你就知道将来的事。

【译文】

子贡说：“贫穷而不谄媚，富有而不傲慢，怎么样？”孔子说：“算可以了。但是还不如贫穷而乐于道，富有而谦虚好礼。”

子贡说：“《诗》上说，‘要像对待骨、角、象牙、玉石一样，切磋它，琢磨它’，就是讲的这个意思吧？”孔子说：“赐呀，我可以开始同你谈论《诗》了，你能从我讲过的话中领会到我还没说的意思，举一反三。”

【评析】

“贫而无谄，富而无骄”已经是一种不错的品德了，但孔子说不如“贫而乐，富而好礼”。子贡说“‘如切如磋，如琢如磨’，其斯之谓与？”是以诗经中的诗句打比方，问是不是要像切磋骨角、琢磨象牙玉石一样，人要不断加强品德修养，让自己品德不断提高，从“贫而无谄，富而无骄”的状态达到“贫而乐，富而好礼”的状态。

孔子希望整个社会都能达到贫而乐道、富而好礼的境界，这样贫者、富者就都能各安其位，保持社会的安定了。子贡能独立思考、举一反三，因而得到孔子的赞扬。

14.10 子曰：“贫而无怨难，富而无骄易。”

【译文】

孔子说：“贫穷而没有怨恨难做到，富裕而不傲慢容易做到。”

【评析】

孔子这句话是对子贡“贫而无谄，富而无骄”话题的补充。因为普通人面对贫穷都会有怨言，有的甚至产生仇富心理，做出违法乱纪的事情来。孔子说过：君子固穷，小人则穷斯滥矣。所以孔子特别赞赏颜回“安贫乐道”的精神。

7.36 子曰：“奢则不孙①，俭则固②。与其不孙也，宁固。”

【注释】

① 不孙：孙同“逊”。不谦虚，骄傲。

② 固：固陋、寒酸。

【译文】

孔子说：“奢侈就会骄傲，俭朴就会寒酸。与其骄傲，宁可寒酸。”

【评析】

“奢则不孙”就是富而骄，“俭则固”就是贫寒。孔子希望弟子们宁可选择贫寒以保其志，也不要因富而骄害德。

4.12 子曰：“放（fǎng）①于利而行，多怨②。”

【注释】

① 放：同“仿”，效仿，引申为依据。

② 怨：一般解释为招致别人的怨恨，我认为是自己也会产生怨恨。

【译文】

孔子说：“人完全依据利益来行事，会产生很多怨恨。”

【评析】

当人做任何事都以利益为出发点时，自己侵占了别人的利益，会招致别人的怨恨，自己的利益受损，自己也会心生怨恨。

孔子说过小人喻于利，还说过小人长戚戚。小人长戚戚的原因就是小人放于利而行，所以多怨而戚戚焉。

9.26 子曰：“三军①可夺②帅也，匹夫③不可夺志也。”

【注释】

① 三军：指军队。周朝 12500 人为一军，只有天子可拥有三军。

② 夺：改变。

③ 匹夫：平民男子。

【译文】

孔子说：“军队是可以改变主帅的，而人的志向是不能被改变的。”

【评析】

孔子鼓励弟子们要坚定志向不动摇。

7.6　子曰："志于道，据于德，依于仁，游于艺①。"

【注释】

① 艺：指礼、乐、射、御、书、数六艺。都是贵族应掌握的技能。

【译文】

孔子说："人生目标是道，根据德，依靠仁，游憩于六艺当中。"

【评析】

这是孔子理想的君子修身之路。"志于道"是确立人生目标；"据于德"是行事的规范；"依于仁"才能称得上君子；"游于艺"人生才能丰富完整。

孔子培养学生，就是以仁、德为纲领，以六艺为基础，使学生能够得到全面均衡的发展。

8.8　子曰："兴于《诗》，立于礼，成于乐。"

【注释】

① 兴：开始。

【译文】

孔子说："人的修养开始于学《诗》，自立于学礼，完成于学乐。"

【评析】

诗、礼、乐是君子修身必须要学习的三项内容，对君子人格的塑造是逐层递进的。

9.19　子曰："譬如为山，未成一篑（kuì）①，止，吾止也。譬如平地，虽覆一篑，进，吾往也。"

【注释】

① 篑：音溃，土筐。

【译文】

孔子说："好比堆土成山，只差一筐土就堆成山了，因为义需要停止，那我就停下来；好比在平地堆土地成山，虽然只倒了一筐土，因为义需要继续，我便前进。"

【评析】

这句话自古有两种解读，本文解读是“义之与比”。不义的事情，即使差一点就可以完成，该停止就坚决停止，而正义的事业，即使困难再大，也要坚持下去。另一种解读是“为仁由己”，好比堆土成山，只差一筐土就堆成山了，如果我要停，那我就停下来；好比填平洼地，虽然只倒了一筐土，如果我想继续，我便前进。

我认为用“覆篑为山”来表达“为仁由己”的思想，为仁与否显得过于随意和任性。只有用来表达“义之与比”，才能显示出君子对于义的无条件追求。这应该才是孔子的本意。

15.12　子曰：“人无远虑，必有近忧。”

【译文】

孔子说：“人没有长远的考虑，一定会有眼前的忧患。”

15.15　子曰：“躬自厚而薄责于人，则远怨矣。”

【译文】

孔子说：“多批评自己，少责备别人，就可以避免别人的怨恨了。”

【评析】

严以律己，宽以待人，这是保持良好和谐的人际关系的准则。

15.24　子贡问曰：“有一言而可以终身行之者乎？”子曰：“其‘恕’乎！己所不欲，勿施于人。”

【译文】

子贡向孔子请教道：“有没有一个字可以终身奉行的呢？”孔子回答说：“那就是“恕”吧！自己不愿意的，不要强加给别人。”

【评析】

“己所不欲，勿施于人”就是要有同理心，要推己及人，能站在别人的角度来看问题，理解对方的感受。在发生冲突和误解时，如果能够把自己放在对方的处境中想一想，也许就可以了解到对方的立场和初衷，进而求同存异、消除误会。

“己所不欲，勿施于人”的儒家思想，历经 2500 多年已经成为融入我们血脉的文化基因，养成中华民族与人为善的民族性格。

15.33 子曰："知及之①，仁不能守之，虽得之，必失之。知及之，仁能守之，不庄以涖（lì）②之，则民不敬。知及之，仁能守之，庄以涖之，动之不以礼，未善也。"

【注释】

① 知及之：这里的"之"，结合下文"民不敬""动之不以礼"来看，指的是卿大夫的官位或君主的宝座。

② 涖：音立，同"莅"，临，到的意思。

【译文】

孔子说："靠才智得到它，不用仁德守护它，即使得到，也必定会失去。靠才智得到它，用仁德守护它，不能庄重地行使它，百姓也不会敬畏；靠才智得到它，用仁德守护它，能庄重地行使它，但行使它时不照礼的要求，那也不好。"

【评析】

孔子教导执政者应该如何加强修养才能保住职位，行使好职权。

16.5 孔子曰："益者三乐，损者三乐。乐节礼乐，乐道人之善，乐多贤友，益矣。乐骄乐，乐佚①游，乐宴乐，损矣。"

【注释】

① 佚：同"逸"，放纵无度。

【译文】

孔子说："有益的快乐有三个，有害的快乐有三个。以用礼乐节制自己为快乐，以称道别人的好处为快乐，以结交的良师益友多为快乐，这是有益的。以骄纵享受为快乐，以放纵游荡为快乐，以宴乐无度为快乐，这就是有害的。"

14.31 子曰："不逆诈①，不亿②不信，抑亦先觉者，是贤乎！"

【注释】

① 逆诈：预先怀疑别人欺诈。

② 亿：同"臆"，猜测的意思。

【译文】

孔子说："不预先怀疑别人欺诈，也不凭空臆想别人不诚实，然而却能先行觉察欺诈和不诚实，这就是贤人了。"

【评析】

孔子这句话非常有生活体验。猜疑是人际交往的大忌，信任是合作的前提。以商业活动为例。不可否认，商场如战场，骗子和陷阱非常多，确实要小心提防，但如果抱着怀疑一切的态度去经商，看谁都像骗子，处处设防，固然不容易被骗，但也很难获得商机。事实证明，当一个人总是猜疑别人的时候，别人也会对他的动机产生疑问。

成功还是要靠诚信，防止被骗靠经验和坚守底线，而不是把谁都想成骗子，不肯冒一点儿风险。世界上没有稳赚不赔的生意，即使有也轮不到你。

13.22 子曰："南人有言曰：'人而无恒，不可以作巫医①。'善夫。"

"不恒其德，或承之羞②。"子曰："不占③而已矣。"

【注释】

① 巫医：古代巫医通过禳（ráng）祷之术为病人治疗。禳祷是向鬼神祈祷消除灾殃。古人认为巫医必须要心诚，禳祷治病才能有效果。没有恒心就是心不诚，所以没有恒心的人当不了巫医。

② 不恒其德，或承之羞：这两句引自《周易·恒卦》。

③ 占：占卜，占卦。

【译文】

孔子说："南方人有句话说：'人如果没有恒心，就不能当巫医。'说得真好啊！"

"人不能长久地保持自己的德行，免不了要遭受耻辱。"孔子说："这句话是说，没有恒心的人用不着去占卜了。"

【评析】

孔子借南人之言表达君子修身必须要有恒心，要长期保持德行的主张。如果三心二意，不如不修身。

7.26 子曰："圣人，吾不得而见之矣；得见君子者，斯可矣。"

子曰："善人，吾不得而见之矣；得见有恒者，斯可矣。亡而为有，虚而为盈，约而为泰[①]，难乎有恒矣。”

【注释】

① 约而为泰：约，穷困；泰，富足。穷困却要装作富足的样子。

【译文】

孔子说：“圣人，我是见不到了，能见到君子，这就可以了。”

又说：“善人，我是见不到了，能见到始终保持德行的人，这也就可以了。没有却装作有，空虚却装作充实，穷困却装作富足，这样难以始终保持德行呀。”

【评析】

圣人是孔子认为最完美的人格。在春秋末期“礼崩乐坏”的情况下，孔子已经不抱圣人重现的幻想了，退而求其次，能够见到人格完善的君子就满足了。

善人是没有学过礼乐文化而本质好的人，可在现实中孔子连善人都很难见到。退而求其次，能够见到始终保持德行的人就可以了，但是现实中到处都是“亡而为有，虚而为盈，约而为泰”的人，能够始终保持德行的人也很少。

8.16 子曰：“狂而不直，侗（tóng）[①]而不愿[②]，悾悾（kōng）[③]而不信，吾不知之矣。”

【注释】

① 侗：音童，幼稚无知。

② 愿：谨慎、小心。

③ 悾悾：音空，诚恳的样子。

【译文】

孔子说：“狂妄而不直率，幼稚而不谨慎，貌似诚恳而不守信用，我不理解这种人。”

【评析】

狂妄与直率相近，一般来说狂妄的人不会拐弯抹角。幼稚的人处世小心谨慎。表面诚恳的人应该是守信用的人。孔子是说人即便整体平庸，身上也多少有可取之处，但有的人身上竟然没有一点可取之处，他非常遗憾。

9.24 子曰：“法语之言[①]，能无从乎？改之为贵。巽与之言[②]，能无说（yuè）

乎？绎之为贵[3]。说而不绎，从而不改，吾未如之何也已矣。”

【注释】

① 法语之言：法，指礼仪规则。这里指以礼法规则正言规劝。

② 巽与之言：巽，恭顺、谦逊。与，称许、赞许。这里指恭顺赞许的话。

③ 绎：原义为“抽丝”，这里指推究，追求，分析，鉴别。

【译文】

孔子说：“合乎礼法的规劝，能不听从吗？依照它改正自己的错误才是可贵的。恭顺赞许的话，听了能不高兴吗？分析鉴别其真伪才是可贵的。只是高兴而不去分析，表面听从而不改正，我不知道拿这些人怎么办好了。”

【评析】

忠言逆耳，人们都喜欢听好话，这是人性使然。孔子教育弟子对于忠言和奉承话应该采取的正确态度。

15.27　子曰：“巧言乱德。小不忍，则乱大谋。”

【译文】

孔子说：“花言巧语败坏自己的德行，小恶不忍，就会败坏大德。”

【评析】

孔子说过“巧言，令色，鲜矣仁！”，可以作为“巧言乱德”的注解。但为什么要把“巧言乱德”和“小不忍，则乱大谋”放在一起说，该如何理解？现代人理解“小不忍，则乱大谋”是劝人不要愤怒，要从长计议。但这只是后人断章取义的结果，而非孔子原意。孔子的“小不忍”是小恶不忍的意思。仁德的养成不是一蹴而就，而是逐渐积累起来的，要从小处做起。花言巧语就是败坏德行的小恶，如果不能忍住，就会败坏修养仁德的大谋。“小不忍”其实就是刘备说的“勿以恶小而为之”的意思。

15.41　子曰：“辞达而已矣。”

【译文】

孔子说：“言辞只要能表达意思就行了。”

【评析】

因为“巧言乱德”“巧言，令色，鲜矣仁！”，所以“辞达而已矣”。孔子非常讨厌花言巧语的佞人，主张说话清楚明了即可。

2.24 子曰："非其鬼①而祭之，谄也。见义不为，无勇也。"

【注释】

① 鬼：人去世被称为"鬼"，一般指去世的祖先。

【译文】

孔子说："不是你的祖先，你却去祭祀它，这就是谄媚。见到应该挺身而出的事情，却袖手旁观，就是怯懦。"

【评析】

孔子告诉弟子，该做的事情不做就是胆怯，不该做的事情反而去做就是谄媚。

孔子说"非其鬼而祭之"是有典故的。《左传·僖公三十一年》记载，这年冬天，由于狄人围攻卫国，卫成公迁都到帝丘。迁到帝丘后，卫成公梦到卫国开国君主康叔对他说："相夺走了给我的祭祀供品。"相是夏朝第三代君王，定都在帝丘，卫成公于是命人祭祀相。宁武子不同意，说："鬼与祭祀者不是同族就不会享用祀品。夏人的后裔杞国、鄫国为什么不祭祀相呢？相在这里没有受到祭祀不是卫人的罪过，我们不能改变成王、周公对祭祀的规定。"孔子很佩服宁武子的睿智，于是引用这个典故。

19.2 子张曰："执德不弘，信道不笃，焉能为有？焉能为亡①？"

【注释】

① 焉能为有，焉能为亡：这是春秋时的成语，直译是，怎样算多，怎样算少。就是可有可无的意思。

【译文】

子张说："执守仁德不坚强，信仰道义不坚定，这样的人可有可无。"

17.16 子曰："古者民有三疾，今也或是之亡（wú）也。古之狂也肆，今之狂也荡；古之矜也廉①，今之矜也忿戾（lì）②；古之愚也直，今之愚也诈而已矣。"

【注释】

① 廉：廉本意是堂屋的侧墙，墙是不可逾越的界限，引申出正直、清廉的含义。这里指不可冒犯。

② 忿戾：动辄发怒，蛮横无理。

【译文】

孔子说："古代百姓有三种毛病，现在恐怕连这三种毛病也变样了。古代的狂人是肆意直言，现在的狂人却是放荡不羁；古代骄傲的人是不可冒犯，现在骄傲的人却是蛮横无理；古代愚笨的人是憨直，现在愚笨的人却是在欺诈罢了！"

【评析】

孔子拿当时人与上古时代的人相比，指出当时人连错误的底线都在降低。

5.27 子曰："已矣乎！吾未见能见其过，而内自讼者也。"

【译文】

孔子说："就这样吧，我没见过能看到自己的过错，还能从内心自责的人。"

15.30 子曰："过而不改，是谓过矣。"

【译文】

孔子说："有了错误而不改正，这才是错误。"

【评析】

人非圣贤，孰能无过。人犯错并不可怕，可怕的是坚持错误不加改正。子夏说，"小人之过也必文。"过而不改的人就是小人啊。

14.12 子路问成人[①]。子曰："若臧武仲之知，公绰之不欲，卞庄子[②]之勇，冉求之艺，文之以礼乐，亦可以为成人矣。"曰："今之成人者何必然？见利思义，见危授命，久要（yuē）[③]不忘平生之言，亦可以为成人矣。"

【注释】

① 成人：指人格完备的人，即完人。

② 卞庄子：鲁国卞邑的大夫，以勇猛著称，战死疆场。《荀子·大略》记载：齐人欲伐鲁，忌卞庄子，不敢过卞。《史记》和《战国策》上说他利用二虎相争，一死一伤之机，一举杀掉两只老虎。

③ 久要：要同"约"，穷困。长久处于穷困之中。

【译文】

子路问怎样成为完人。孔子说："如果具有臧武仲的智慧，孟公绰的克制，卞庄子的勇敢，冉求的才艺，再学习礼乐文化，就可以算是完人了。"孔子又说："现在的完人何必这样呢？见到利益能思考是否应该得，遇到危险能献出生命，长期处于穷困还不忘平日的诺言，这样也可以成为一位完人。"

【评析】

《论语》中只有子路问过如何成为完人，说明子路的志向远大。孔子说的成人应该具备的品质中，智慧、克制、勇敢、才艺、礼乐文化、固穷是对君子的要求；见利思义、见危授命是对士的要求，可见成人的标准非常高。

为政篇第十三

中国现代历史学家、民族学家、人类学家和教育家黄现璠先生有一部著作《中国历史没有奴隶社会》，认为一个人类社会中，如果大部分物质生产领域劳动者是奴隶，这样的社会叫奴隶社会。我赞同黄现璠先生的观点，中国古代有奴隶，但没有奴隶社会，因为中国从来都没有大部分物质生产领域劳动者是奴隶的时代。

商代虽然奴隶很多，但大部分都是商人在对外战争中获取的俘虏。这些俘虏奴隶主要作用也不是从事生产劳动，而是用作商人祭祀的牺牲品，从事农业生产和手工制作业的还是以商朝的平民百姓为主。2019 年 12 月 9 日在国家博物馆开幕的“证古泽今——甲骨文文化展”中，有一块“王令众人协田刻辞牛骨”展品，是商王命令众人在田里集体耕作。越来越多的学者认为这是商朝不是奴隶社会的证据之一。

王令众人协田刻辞牛骨

冷晋 2019 年 12 月 14 日摄于中国国家博物馆“证古泽今——甲骨文文化展”

西周曾经被认为是奴隶社会，但西周从未发生过奴隶起义，唯一一次社会动乱是以平民为主体的国人暴动。如果奴隶和奴隶主之间的矛盾不是社会主要矛盾，怎么能称为是奴隶社会呢。春秋以前也被认为是奴隶社会，但是纵观《左传》，找不到以奴隶为主要劳动力的记载，从事生产劳动的都是普通民众。

《论语》中“民”出现了48次，而“奴”只出现了1次，还是说商朝的事儿，“微子去之，箕子为之奴，比干谏而死。孔子曰：‘殷有三仁焉。’”《论语》里记载的孔子论政集中在调和统治阶级和民众之间的矛盾上，如：举直错诸枉，则民服，举枉错诸直，则民不服；因民之所利而利之，斯不亦惠而不费；使民敬、忠以劝；其养民也惠，其使民也义；等等。

奴隶制下奴隶主和奴隶的关系是奴隶主阶级占有全部生产资料并完全占有奴隶本身；奴隶主阶级占有和支配奴隶的全部劳动成果；奴隶毫无人身自由，没有劳动报酬。《论语》13.16章，叶公问政，孔子的答案是“近者说，远者来”，让统治境内的人高兴，吸引境外的人来投奔。如果当时是奴隶社会，奴隶没有人身自由，怎么可能来投奔呢？如果当时是奴隶社会，奴隶是主要的生产力，能够流动的只是形成不了生产力的少数平民，来了又有什么用呢？

《论语》12.9章记载了鲁哀公和有若的对话。鲁哀公向有若抱怨钱不够用，有若建议他实行10%的所得税率。鲁哀公说我现在实行20%的税率都不够用，怎么去实行10%的税率？有若说百姓足，你怎么会不足，百姓不足，你怎么会足。如果当时是奴隶社会，鲁哀公就是国内最大的奴隶主，可以无偿占有奴隶的全部劳动成果，哪里用得着研究税率。鲁哀公担愁国家财政不足，而国家财政又来自百姓的税收，说明社会主要产出来自百姓，主要劳动力是百姓而不是奴隶，这样的社会又怎么能称为奴隶社会。

综上，我认为中国古代没有经历过奴隶社会。三皇五帝、尧、舜、禹夏时代都是原始社会，是原始部落联盟阶段。商朝是从原始社会向封建社会过渡阶段，可称为半原始半封建社会。封建社会是从周武王分封诸侯国开始，被秦始皇终结。从秦始皇到清宣统的两千多年是皇权官僚共治社会，或者称中央集权社会。以上每个社会形态的边界、特征都非常清晰，限于篇幅在这里就不展开论述了。

周代各诸侯国的政治体制分为国君、贵族、平民三个阶层。国家名义上的统治者是国君，也称为公室。国君之下是贵族，贵族分为卿大夫、士两级。国君和贵族是统治阶级，是世袭的，平民百姓是被统治阶级，也可以说是世袭的。虽然统治阶级和被统治阶级都是世袭的，但还是存在阶级双向流动。从西周到春秋，随着封建体制的松动，阶级流动性越来越大。至于奴隶，则分散于统治者家里，没有形成一个单独的阶级。中国古代奴隶主要不是从事生产劳动，而是做贵族的奴仆，因此在古代文献中奴隶不被称为奴，而被称为“臣”“妾”“宦”。《吕氏春秋·先识览·察微》篇有个子贡赎人的故事：鲁国之法，鲁人为人臣妾于诸侯，有能赎之者，取其金于府。子贡赎鲁人于诸侯，来而让，不取其金。孔子曰：“赐失之矣。自今以往，鲁人不赎人矣。取其金则无损于行，不取其金则不复赎人矣。”鲁国有一条法律，鲁国人在国外当奴隶，如果有人把他们赎回国，可以到国库报销赎金。子贡在国外赎了鲁国人，却不要国家的赎金。孔子说：“子贡错了。从今以后，鲁国人不会从国外赎回奴隶了。向国家领取赎金，不会损伤品行，但不领取赎金，鲁国就没人再去赎回同胞了。”从这个故事也可以看出当时奴隶的来源主要是外国人，并且数量不会太多，否则国家财政也承受不起。

春秋时期的社会矛盾主要是统治者阶级内部权力斗争的矛盾以及贵族统治阶级和平民之间的矛盾。孔子就是从这两个方面论政的。

2.1 子曰：“为政以德，譬如北辰①，居其所而众星共（gǒng）②之。”

【注释】

① 北辰：北极星。

② 共：同“拱”，环绕的意思。

【译文】

孔子说：“以道德原则来治理国家，就好像北极星，在自己的位置上，而众星都环绕在周围。”

【评析】

为政以德是孔子最根本的政治主张。他希望统治阶级内部保持安定团结，国君以德治国，卿大夫安分守己，社会各个阶层的人都各安其位，像星星一样按各自的轨道运行。

2.3 子曰：“道①之以政，齐②之以刑，民免③而无耻④；道之以德，齐之以礼，有耻且格⑤。”

【注释】

① 道：治理、统治。

② 齐：规范、约束。

③ 免：免受刑罚。

④ 无耻：没有廉耻心。

⑤ 格：守规矩。

【译文】

孔子说：“用政令来统治，用刑法来约束，百姓只是免受刑罚，但却失去了廉耻心；用道德来教化，用礼制来规范，百姓不只有廉耻心，而且守规矩。”

【评析】

孔子还是强调为政以德，这是解释为什么要为政以德。

1.5　子曰：“道千乘之国，敬事而信，节用而爱人①，使民以时②。”

【注释】

① 爱人：《论语》中“人”有广义、狭义之分。广义指一切人群；狭义仅指士大夫及以上阶层。此处“人”与“民”相对，可见其用法为狭义。

② 使民以时：“时”指农时。古代经济以农业为基础，要依照农时使用民力，不能在农忙时节征用农民。

【译文】

孔子说：“治理有一千辆兵车的国家，要恭敬认真地对待政事，恪守信用，节约用度，团结士大夫，役使百姓不要耽误农时。”

【评析】

孔子指出治理国家的基本方法：工作态度方面要敬事而信；财政政策是节约用度；吏治方面要团结士大夫；役使百姓不要耽误农时。

15.35　子曰：“民之于仁也，甚于水火。水火，吾见蹈而死者矣，未见蹈仁而死者也。”

【译文】

孔子说："百姓们需要统治者施行仁政，比需要水、火更迫切。我见过人跳到水火中而死的，却没有见过实行仁政而死的。"

【评析】

孔子想说仁政对于百姓非常重要，但是这个论证过程是错误的。孔子在这里使用了一个诡辩术。水、火是用来解渴和烧火做饭，满足生存需要的，而不是跳到里面去自杀的。孔子以人对水、火的极端使用方式来代替正常的需求，这种诡辩术叫"偷换概念"。换个角度想一下，人没有仁德不会死，但人不喝水会渴死，不用火做饭会饿死，这不证明了"民之于水火也，甚于仁"吗？因此说孔子的论证是错误的。

8.9　子曰："民可使由之[①]，不可使知之。"

【注释】

① 民可使由之：由，路径。只可以让百姓按照指定的路走。

【译文】

孔子说："只可以让百姓按照指定的路走，但不能让他们知道为什么。"

【评析】

毋庸讳言，"民可使由之，不可使知之"是典型的愚民思想。孔子再伟大也是2500多年前的人，他的思想有时代局限性，我们不要苛求孔子有民主观念。孔子理想中的国家统治秩序是这样的：君主和大夫都是正人君子，为政以德；百姓顺从上层的统治，不要有独立的思想，不要质疑统治者。

有人主张如下断句："民可，使由之；不可，使知之。"意思是百姓认可，就让他们照着做；百姓不认可，就向他们讲明道理。但大多数学者认为这样断句，不符合古汉语语法。这样理解，虽然拔高了孔子，但与《论语》反映的孔子思想不相符。

13.11　子曰："善人[①]为邦百年，亦可以胜残去杀矣。诚哉是言也！"

【注释】

① 善人：本质善良，但没有系统学习过礼乐文化的人。

【译文】

孔子说："善人治理国家一百年，就可以战胜残暴，消除杀戮了。这话真对呀！"

【评析】

善人本质善良但没有经过学习，其道德修养、施政能力都远逊于君子。孔子认为，即使国家不是由君子来统治，统治者是品德、能力一般的善人，经过百年，也能够达到“胜残去杀”的理想境界。孔子此说是讥讽现实，当时周朝已历经 500 多年，不但没有变得更稳定，诸侯国之间的攻伐反而越来越激烈，在孔子看来这些统治者别说君子了，连善人都算不上。

13.12　子曰：“如有王者，必世①而后仁。”

【注释】

① 世：三十年。“世”就是表示三十的“卅”曳（yè）长了。

【译文】

孔子说：“如果有王者兴起，也要经过三十年才能实现仁政。”

【评析】

王者是比君子更强大的人。善人为邦百年可以胜残去杀，王者能力远超善人，也需要三十年才能实现仁政，可见实现仁政不易。

所谓马背上得天下，不可马背上治天下。君王都是通过武力得到天下，但得到天下之后，只有通过文治使百姓安居乐业，才能实现国家的长治久安。孔子从夏、商、周的历史中总结出经验，国家要实现仁政，需要一代人的时间。

13.29　子曰：“善人教民七年，亦可以即戎①矣。”

【注释】

① 即戎：即，去；戎，兵戎。去打仗作战。

【译文】

孔子说：“善人教导百姓七年，就可以叫他们去当兵打仗了。”

13.30　子曰：“以不教民战，是谓弃之。”

【译文】

孔子说：“让未受过训练的百姓去作战，就是抛弃他们。”

【评析】

13.29 和 13.30 两章需要合并理解。

孔子这两句话，乍一看不知所云，但是如果对春秋兵制有研究就会发现，这两句话揭示了春秋中晚期战争兵源的变化和作战方式的变化。

西周和春秋前期，打仗都是贵族的事情，打仗不只是义务，还是权利。通过战争获得军功是最快的晋升途径，只有贵族才有资格参加战斗，普通百姓没有资格作战。从战士、士兵这些称谓就可以看出古代军队构成以士为主。另一方面，那时候作战都是车战，只有贵族才能上战车，一辆车三个人，一人驾车，一人射箭，一人持戈，车战限制了战争规模。打仗时虽然普通百姓也要拿着武器跟着贵族上战场，但他们跟不上战车的速度，基本上不参与战斗。

到了春秋末期，随着战争越来越频繁，规模越来越大，贵族兵源已经不能满足需要。另一方面作战方式也发生变化，车战比重降低，普通百姓作为步兵开始直接参与到战斗中。但百姓不像贵族有充足的时间进行军事训练，贵族不从事生产劳动，“六艺”当中的“射”和“御”本身就是军事技能。百姓平时要耕作和服劳役，因此只有对百姓进行充分的军事训练才能够让他们上战场，否则就是去送人头。所以孔子说“以不教民战，是谓弃之”。善人是能力有限，要花很长的时间来训练百姓才能够上战场，孔子说教民七年，并非实数。总之，要让百姓参加战斗就要对他们进行长期的军事训练。

14.26　子曰：“不在其位，不谋其政。”曾子曰：“君子思不出其位。”

【译文】

孔子说：“不在那个职位，就不要考虑那个职位上的政事。”曾子说：“君子思考问题，从来不超出自己的职权范围。”

【评析】

“不在其位，不谋其政”关乎“正名”的问题。不在其位而谋其政，就是“僭越”，是违礼之举。“君子思不出其位”就是要安分守己，这是孔子克己复礼主张的具体内容。

8.14　子曰：“不在其位，不谋其政。”

与上一章（14.26 章）重复。

13.6 子曰："其身正，不令而行；其身不正，虽令不从。"

【译文】

孔子说："统治者自身端正，不发布命令百姓也会去做；统治者自身不正，发布命令百姓也不会服从。"

13.13 子曰："苟正其身矣，于从政乎何有？不能正其身，如正人何？"

【译文】

孔子说："如果端正了自身，处理政事还有什么困难呢？如果不能端正自身，怎么去端正别人呢？"

13.7 子曰："鲁卫之政，兄弟也。"

【译文】

孔子说："鲁国和卫国的政治，就像兄弟一样。"

【评析】

鲁国是周公的封地，卫国是康叔的封地。周公是康叔的哥哥，因此鲁国和卫国本就是兄弟之国。《史记·孔子世家》记载孔子说这句话的时候是在卫国。当时卫出公辄在位，他的父亲蒯聩流亡在外，父子两人为了国君之位而争斗。孔子讥讽鲁国君不君，臣不臣，卫国父不父，子不子，两国是一丘之貉。

13.9 子适卫，冉有仆①。子曰："庶②矣哉！"冉有曰："既庶矣，又何加焉？"曰："富之。"曰："既富矣，又何加焉？"曰："教之。"

【注释】

①仆：驾车。

②庶：众多，这里指人口众多。

【译文】

孔子去卫国，冉有为他驾车。孔子说："卫国人口真多呀！"冉有说："人口够多了，还要做什么呢？"孔子说："让他们富起来。"冉有说："富了以后又还要做什么？"孔子说："教化他们。"

【评析】

孔子主张对百姓的教化应该建立在物质基础之上。

14.8 子曰："为命[①]，裨谌（pí chén）[②]草创之，世叔[③]讨论之，行人子羽[④]修饰之，东里[⑤]子产润色之。"

【注释】

① 为命：郑国发布外交辞令。

② 裨谌：音皮晨，郑国的大夫。

③ 世叔：子太叔，名游吉，郑国的大夫。继子产为郑国宰相。

④ 行人子羽：行人，掌管朝觐聘问，即外交官。子羽，郑国大夫公孙挥的字。

⑤ 东里：地名，在今天郑州，子产居住的地方。

【译文】

孔子说："郑国发布外交辞令，由裨谌起草，世叔提出意见，外交官子羽加以修饰，子产做最后润色。"

【评析】

郑国的外交事务采用集体讨论的方式进行决策。孔子很欣赏集体讨论的决策方式。《左传·襄公三十一年》记载：郑国将有诸侯之事，子产乃问四国之为于子羽，且使多为辞令。与裨谌乘以适野，使谋可否。而告冯简子，使断之。事成，乃授子大叔使行之，以应对宾客。是以鲜有败事。

可以看出《左传》中关于郑国外交决策的说法与孔子的描述相同。孔子与左丘明看到的是相同的文献档案，然后各自记述。

弟子问政

2.18 子张学干禄[①]。子曰："多闻阙疑[②]，慎言其余，则寡尤[③]；多见阙殆[④]，慎行其余，则寡悔。言寡尤，行寡悔，禄在其中矣。"

【注释】

① 干禄：干，求的意思；禄，俸禄。求取官职。

② 阙疑：阙同"缺"。把有怀疑的部分搁置一旁。

③ 寡尤：尤，过错。少犯错误。

④ 阙殆：把有危险的部分搁置一旁。

【译文】

子张学谋取官职的办法。孔子说："要多听，有怀疑的部分先搁置不说，把有把握的部分谨慎地说出来，这样可以少犯错误；要多看，有危险的部分先搁置不做，谨慎地做有把握的部分，就能减少后悔。说话少犯错，做事少后悔，官职俸禄就在这里了。"

【评析】

干禄只是谋求个小吏的职位。孔子教导学生，当小吏要谨言慎行，说有把握的话，做有把握的事。减少失误，减少后悔，这是对人、对事、对己负责的态度。

12.14 子张问政。子曰："居之无倦，行之以忠。"

【译文】

子张请教如何从政。孔子说："居于官位不懈怠，执行政令要坚决。"

20.2 子张问于孔子曰："何如斯可以从政矣？"

子曰："尊五美，屏（bǐng）①四恶，斯可以从政矣。"

子张曰："何谓五美？"

子曰："君子惠而不费，劳而不怨，欲而不贪，泰而不骄，威而不猛。"

子张曰："何谓惠而不费？"

子曰："因民之所利而利之，斯不亦惠而不费乎？择可劳而劳之，又谁怨？欲仁而得仁，又焉贪？君子无众寡，无小大，无敢慢，斯不亦泰而不骄乎？君子正其衣冠，尊其瞻视，俨然②人望而畏之，斯不亦威而不猛乎？"

子张曰："何谓四恶？"

子曰："不教而杀谓之虐③；不戒视成谓之暴④；慢令致期谓之贼⑤；犹之与人也，出纳之吝谓之有司⑥。"

【注释】

① 屏：音丙，同"摒"，摒弃。

② 俨然：庄严的样子。

③ 不教而杀谓之虐：不教化百姓，当他们犯了罪直接杀戮，叫作虐杀。

④ 不戒视成谓之暴：不对下级告诫就要看到成果，叫作苛暴。

⑤ 慢令致期谓之贼：命令下得慢却要求限期完成，叫作贼。

⑥ 出纳之吝谓之有司：出手吝啬，叫作小气。有司是小吏，做人斤斤计较，指小气。

【译文】

子张请教孔子说："怎样才可以治理政事呢？"

孔子说："尊重五种美德，摒弃四种恶政，这样就可以治理政事了。"

子张问："五种美德是什么？"

孔子说："君子给百姓以恩惠，自己却没有损失；能让百姓劳作，而不怨恨；有欲求却不是贪图财利；庄重而不傲慢；威严而不凶猛。"

子张问："怎样叫要给百姓以恩惠而自己却没有损失呢？"

孔子说："怎么做对百姓有利就怎样做，这不就是给百姓以恩惠自己却没有损失吗？选择可以让百姓劳作的情况，让百姓劳作，又有谁会怨恨呢？想要仁德便得到仁德，又有什么可贪的呢？君子待人，无论多少，势力大小，都不怠慢他们，这不就是庄重而不傲慢吗？君子衣冠整齐，目不斜视，庄严得使人见了就心生敬畏，这不就是威严而不凶猛吗？"

子张问："什么叫四种恶政呢？"

孔子说："不教化百姓，犯了罪直接杀戮，叫作虐杀；不对下级告诫就要看到成果，叫作苛暴；命令下得慢却要求限期完成，叫作贼；就像是给人财物，出手吝啬，叫作小气。"

【评析】

孔子教给子张的"尊五美，屏四恶"是非常具体的为官之道，放到今天也非常实用。有志于从政的读者须细细体会。

13.1　子路问政。子曰："先之劳之[①]。"请益。曰："无倦。"

【注释】

① 先之劳之：之，指老百姓。自己做在老百姓之前，然后让老百姓勤劳工作。

【译文】

子路请教如何从政。孔子说："自己做在百姓之前，然后让百姓勤劳地工作。"子路请求多说一点。孔子说："不要懈怠。"

13.2 仲弓为季氏宰，问政。子曰："先有司①，赦小过，举贤才。"曰："焉知贤才而举之？"子曰："举尔所知；尔所不知，人其舍诸？"

【注释】

① 先有司：有司，指主管部门的官吏。先有司是指先任命各级主管事务的官吏。这里的"先"与13.1章"先之劳之"的"先"用意不同（杨伯峻先生认为相同），因为从孔子的回答来看，"赦小过，举贤才"，都是针对管理团队建设而言，因此"先有司"应该是先搭建管理团队。

【译文】

仲弓做了季氏的家宰，请教孔子怎么管理政事。孔子说："先任命各级主管事务的官吏，赦免他们的小过错，选拔贤才来任职。"仲弓又问："怎样知道谁是贤才而选拔出来呢？"孔子说："选拔你所知道的，至于你不知道的，别人难道会埋没他吗？"

13.3 子路曰："卫君①待子而为政，子将奚先？"

子曰："必也正名②乎！"

子路曰："有是哉，子之迂也！奚其正？"

子曰："野哉，由也！君子于其所不知，盖阙如③也。名不正，则言不顺；言不顺，则事不成；事不成，则礼乐不兴；礼乐不兴，则刑罚不中（zhòng）④；刑罚不中，则民无所措手足。故君子名之必可言也，言之必可行也。君子于其言，无所苟而已矣。"

【注释】

① 卫君：卫出公，名辄，卫灵公之孙。其父蒯（kuǎi）聩（kuì）曾刺杀卫灵公夫人南子，失败后出逃，卫灵公死后，南子安排辄继位，蒯聩要回国争夺君位，遭到拒绝，父子开始争斗。

② 正名：端正名分。

③ 阙如：阙同"缺"。保留存疑的意思。

④ 中：音重，得当。

【译文】

子路对孔子说："卫国国君等着您去治理国家，您打算先从哪儿做起？"

孔子说："一定要先端正名分。"

子路说："要这样呀，您太迂腐了！这名怎么正呢？"

孔子说："仲由，你真粗野啊！君子对于他所不知道的事情，总是采取保留存疑的态度。名分不正，说话就不能顺理成章，说话不能顺理成章，政事就办不成。政事办不成，礼乐就不能兴盛。礼乐不能兴盛，刑罚就不会执行得当。刑罚执行不得当，百姓就不知怎么办好。所以君子的名分一定是能光明正大说出来的，说出来一定能够行得通。君子对于自己的言辞，是从来不会马虎的。"

【评析】

子路和孔子发生争吵的原因是理解错了"正名"的含义。杨伯峻和子路一样，认为孔子说的"正名"是纠正礼制、名分上的用词不当，如君向臣借东西，应该说"君取于臣"，而不能说"君假于臣"。因此如果孔子上台第一件事情是做这个，在子路看来确实有点太迂腐。

我认为"正名"要放到这段话的背景中去理解。当时卫出公辄和父亲争斗，想要获得孔子的支持，与其他学者观点不同，我认为孔子在父子之间是有倾向性的，他倾向辄。蒯聩虽然是辄的父亲，但是他试图谋杀继母南子，不忠不孝，孔子不会支持他，并且辄当国君是南子任命的，是合法继位，孔子没有理由反对。现在辄的父亲来抢君位了，辄不肯让位，搞得父不父，子不子，该怎么办呢？孔子的办法是"正名"，即确定辄是合法君主的名分，只有这样辄才能名正言顺地坐稳君位，得到大家拥护。

12.7 子贡问政。子曰："足食，足兵，民信之矣。"

子贡曰："必不得已而去，于斯三者何先？"曰："去兵。"

子贡曰："必不得已而去，于斯二者何先？"曰："去食。自古皆有死，民无信不立。"

【译文】

子贡问怎样治理国家。孔子说："粮食充足，军备充足，老百姓信任统治者。"子贡说："如果不得不去掉一项，那么在三项中先去掉哪一项呢？"孔子说："去掉军备。"子贡说："如果不得不再去掉一项，那么这两项中去掉哪一项呢？"孔子说："去掉粮食。自古以来人总是要死的，如果老百姓对统治者不信任，那么国家就不能存在了。"

13.17 子夏为莒（jǔ）父[①]宰，问政。子曰："无欲速，无见小利。欲速，则不达；见小利，则大事不成。"

【注释】

① 莒父："莒"音举。鲁国的一个城邑，在今山东省莒县境内。

【译文】

子夏做了莒父的城宰，向孔子请教政事。孔子说："不要图快，不要贪图小利。图快，反而达不到目的，贪图小利，就做不成大事。"

15.11 颜渊问为邦。子曰："行夏之时[①]，乘殷之辂（lù）[②]，服周之冕，乐则韶舞[③]。放郑声[④]，远佞人。郑声淫，佞人殆。"

【注释】

① 夏之时：夏代的历法，便于农业生产。

② 殷之辂："辂"音路，天子所乘的车。商代的车是木制成，比较朴实。

③ 韶舞："韶"是舜时的音乐，孔子认为尽善尽美。"舞"，杨伯峻认为通"武"，是周武王时的音乐。在 3.25 章，孔子评价"武"不尽善，在他理想的世界里，不应该有不完美的东西。他既然"放郑声"，就不会接受"武"，因此可能存在一首孔子欣赏的"舞"乐，或者就是"韶舞"。译文取后者。

④ 放郑声：放，排斥、抛弃；郑声，郑国的乐曲，孔子认为是靡靡之音。

【译文】

颜渊问怎样治理国家。孔子说："用夏代的历法，乘殷代的车子，戴周代的礼帽，音乐演奏韶舞，舍弃郑国的乐曲，远离佞人。郑国的乐曲淫靡，佞人危险。"

【评析】

为邦是从治理国家和天下的高度来看待政治。问政是从处理政务的角度来看待政治。《论语》中只有颜回问过一次为邦，其他人都是问政。由此可见颜回的格局远非其他同学可比，比同时代的君主、卿大夫还要大。颜回实至名归是孔子最好的学生。

孔子回答颜回的也不是任何具体的政治手段，而是从礼的角度来讲为邦之道：最好的历法、礼具、乐曲。颜回的道德、品行、学识远超众人，孔子要从更高的境界来阐述为邦之道。颜回也是孔子精神的传承者，思想体系的继承者，孔子告诉颜回的也是自己理想的为邦之道。

统治者问政

12.11 齐景公问政于孔子。孔子对曰："君君[1]，臣臣，父父，子子。"
公曰："善哉！信如君不君，臣不臣，父不父，子不子，虽有粟，吾得而食诸？"

【注释】

① 君君：第一个"君"是君主，名词；第二个"君"是动词，做好君主。后面"臣臣，父父，子子"都是相同用法。

【译文】

齐景公问孔子如何施政。孔子回答说："君主要做好君主，臣子要做好臣子，父亲要做好父亲，儿子要做好儿子。"齐景公说："说得好呀！如果君主做不好君主，臣子做不好臣子，父亲做不好父亲，儿子做不好儿子，虽然有粮食，我能吃得上吗？"

【评析】

孔子"君君，臣臣，父父，子子"的主张就是要大家各就其位，各司其职，不在其位，不谋其政，思不出位。孔子认为恢复了等级秩序，国家就可以得到治理。

13.15 定公[1]问："一言而可以兴邦，有诸？"
孔子对曰："言不可以若是。其几也，人之言曰：'为君难，为臣不易。'如知为君之难也，不几乎一言而兴邦乎？"
曰："一言而丧邦，有诸？"
孔子对曰："言不可以若是。其几也，人之言曰：'予无乐乎为君，唯其言而莫予违也。'如其善而莫之违也，不亦善乎？如不善而莫之违也，不几乎一言而丧邦乎？"

【注释】

① 定公：鲁国国君，姓姬名宋，定是谥号。公元前 509 至前 495 年在位。

【译文】

鲁定公问："一句话就可以振兴国家，有这样的话吗？"

孔子答道："没有这样的话。但有近似的话，俗话说：'做君主难，做臣子不易。'如果知道做君主的艰难，而励精图治，这不近乎一句话可以振兴国家吗？"

鲁定公又问：“一句话可以亡国，有这样的话吗？”

孔子回答说：“没有这样的话。但有近似的话，俗话说：‘我当君主没什么可高兴的，只在于我的话没人敢违抗。’如果他说得对而没有人违抗，不也好吗？如果说得不对而没有人违抗，那不就近乎于一句话可以亡国吗？”

2.19 哀公[①]问曰：“何为则民服？”

孔子对曰：“举直错诸枉，则民服；举枉错诸直，则民不服。”

【注释】

① 哀公：鲁定公的儿子，姓姬名蒋，公元前494至前468年在位，哀是其谥号。鲁哀公是孔子周游列国回到鲁国时的国君。

【译文】

鲁哀公问：“怎样才能使百姓服从呢？”孔子回答说：“选拔好人于奸人之上，百姓就会服从；提拔奸人于好人之上，百姓就不会服从。”

【评析】

鲁哀公要对付三桓，需要民众的支持，因此向孔子求教如何争取民心。

12.9 哀公问于有若曰：“年饥，用不足，如之何？”

有若对曰：“盍彻乎[①]？”

曰：“二[②]，吾犹不足，如之何其彻也？”

对曰：“百姓足，君孰与不足？百姓不足，君孰与足？”

【注释】

① 盍彻乎：盍，“何不”的合音字；彻，春秋时的田税制度，十分之一的税率。

② 二：抽取十分之二的税。

【译文】

鲁哀公问有若说：“今年饥荒，国家用度不足，怎么办？”

有若回答：“何不实行十分之一的税率呢？”

哀公说：“现在十分二的税率我还不够，怎么能十分一呢？”

有若说：“如果百姓用度足，您怎么会不足呢？如果百姓用度不足，您又怎么会足呢？”

【评析】

有若的回答值得仔细研究。如果他在提出十分之一税率的时候，不知道鲁哀公已经在施行十分之二税率，那么他提出的就是加税政策，通过提高税率来增加国家收入。而如果有若当时知道鲁哀公在施行十分之二税率，那么他提出的就是减税政策，就是通过减税刺激百姓扩大生产规模，拿现在的话来说就是把蛋糕做大。从有若第二句话来看，他知道现行税率是十分之二，因为只有把税率从十分之二降为十分之一才能称为让百姓足。我还没有考证有若是否是历史上第一个提出以减税刺激经济的人，但有若完全可以称得上那个时代的经济学家。

2.20 季康子①问："使民敬、忠以②劝③，如之何？"

子曰："临之以庄，则敬；孝慈，则忠；举善而教不能，则劝。"

【注释】

① 季康子：季孙肥，接替父亲季桓子任季孙氏的家主，康是他的谥号。季康子在鲁哀公时任正卿，是当时政治上最有权势的人。

② 以：连词，和的意思。

③ 劝：原意是勉励、勤勉，这里的意思是卖力干活。

【译文】

季康子问道："要让百姓恭敬、忠诚和卖力干活，该怎样做呢？"

孔子说："用庄重的态度对待百姓，他们对你就会恭敬；你孝顺父母、慈爱子弟，百姓就会忠实于你；你提拔善良的人，教育能力差的人，百姓就会卖力干活了。"

12.17 季康子问政于孔子。孔子对曰①："政者，正也。子帅以正，孰敢不正？"

【注释】

① 孔子对曰：《论语》中，孔子回答季康子的问话，有的时候写为"子曰"，有的时候写为"孔子对曰"，详见【评析】。

【译文】

季康子问孔子如何施政。孔子回答说："政就是正的意思。您带头走正道，那么谁敢不走正道呢？"

【评析】

在先秦古籍中，当谈话的两个人身份有差别时，卑者与尊者说话用“对曰”表示。在《论语》中，记述孔子回答君主的提问时都用“孔子对曰”。除君主外，只有在回答季康子提问时，有“子曰”“孔子对曰”和“孔子曰”不同的表示方式。其中在前 10 篇中的两章，2.20 和 6.8 章，用“子曰”，在后 10 篇中的四章，11.7、12.17、12.18 和 12.19 章，用“孔子对曰”，在 14.19 章，用“孔子曰”。

按礼制来说，记载孔子和三桓的对话都应该用“孔子对曰”，因为三桓的身份比孔子要高。在 2.5 章中，虽然记述孔子回答孟懿子提问时用“子曰”表示，但后面孔子自己说“孟孙问孝于我，我对曰，无违”，可见孔子很清楚自己和孟懿子的地位差别。而用“子曰”来记载孔子与三桓的对话，是作者有意抬高孔子的身份。“孔子曰”提及孔子的姓，对孔子的尊重程度也弱于“子曰”。

有学者据此判断，前、后 10 篇的编者应该不是同一个人。《论语》前 10 篇的编者应该是孔子的弟子，用“子曰”来抬高孔子的身份。后 10 篇的编者是弟子的弟子，距离孔子时间久远，感情不深，按孔子和季康子的真实身份差别来记述两人对话。

12.18 季康子患盗，问于孔子。孔子对曰：“苟子之不欲，虽赏之不窃。”

【译文】

季康子担忧盗匪，问孔子怎么办。孔子回答说：“假如您自己不贪财，即使奖励偷窃，也没有人去做。”

12.19 季康子问政于孔子曰：“如杀无道①，以就有道，何如？”孔子对曰：“子为政，焉用杀？子欲善而民善矣。君子之德风，小人之德草。草上之风②必偃③。”

【注释】

① 无道：无道的人，指坏人。“有道”是有道之人，指好人。

② 草上之风：指风加之于草。

③ 偃：仆、倒。

【译文】

季康子问孔子如何治理政事，说：“如果杀掉坏人，亲近好人，怎么样？”孔子答道：“您执掌政事，为什么要用杀戮的手段呢？您要是行善，老百姓也会跟着行善。

统治者的品德好比风，百姓的品德好比草，风朝哪边吹，草向哪边倒。”

【评析】

以上三章，孔子都是在告诫季康子正人先正己。可以看出来孔子对季康子很不满意，甚至不客气。因为季康子做的一系列事情都严重违礼，行动出格，如旅于泰山，富于鲁君仍敛财不止，伐颛臾等。还有之前季康子父亲季桓子祭祀时八佾舞于庭、以《雍》彻、行禘礼等一系列僭越之举，到季康子的时候可能依然如此。

16.1 季氏将伐颛臾（zhuān yú）①。冉有、季路见于孔子曰：“季氏将有事②于颛臾。”

孔子曰：“求！无乃尔是过与③？夫颛臾，昔者先王以为东蒙主④，且在邦域之中矣，是社稷⑤之臣也。何以伐为？”

冉有曰：“夫子欲之，吾二臣者皆不欲也。”

孔子曰：“求！周任⑥有言曰：‘陈力就列，不能者止。’危而不持，颠而不扶，则将焉用彼相矣？且尔言过矣。虎兕（sì）⑦出于柙，龟玉毁于椟中，是谁之过与？”

冉有曰：“今夫颛臾，固而近于费（bì）。今不取，后世必为子孙忧。”

孔子曰：“求！君子疾夫舍曰‘欲之’而必为之辞。丘也闻有国有家者，不患寡而患不均，不患贫而患不安⑧。盖均无贫，和无寡，安无倾。夫如是，故远人不服，则修文德以来之。既来之，则安之。今由与求也，相夫子，远人不服而不能来也；邦分崩离析而不能守也；而谋动干戈于邦内。吾恐季孙之忧，不在颛臾，而在萧墙⑨之内也。”

【注释】

① 颛臾：音专鱼。鲁国的附庸国。在今天山东平邑县东。

② 有事：《左传》说“国之大事，在祀与戎”。这里指用兵。

③ 无乃尔是过与：“尔是过”是“过尔”的倒装。难道不应该责备你吗？

④ 东蒙主：东蒙，蒙山。周成王分封了颛臾国，主要任务就是祭祀蒙山。

⑤ 社稷：社，土地神。稷，谷神。古代国都及各地都设立社稷坛，分别由国君和地方长官主祭，因此社稷成为国家政权的象征。

⑥ 周任：周朝著名的史官。

⑦ 兕：音似，犀牛。
⑧ 不患寡而患不均，不患贫而患不安：应为“不患贫而患不均，不患寡而患不安”。
⑨ 萧墙：指当时国君鲁哀公。

【译文】

季孙氏将要讨伐颛臾。冉有、子路去见孔子说：“季氏将要攻打颛臾了。”

孔子说：“冉求，难道不应该责备你吗？颛臾，从前是周天子授权它主持东蒙山祭祀，而且已经在鲁国疆域之内，是国家政权组成部分，为什么要讨伐它呢？”

冉有说：“季孙大夫想打，我们两个都不愿意。”

孔子说：“冉求，周任有句话说：‘尽全力履行职务，实在不行就辞职。’如果看盲人摇晃却不去扶持，将要跌倒却不去搀扶，那何必要那个帮助的人呢？而且你的话错了。老虎、犀牛从笼子里跑出来，龟甲、玉器在匣子里毁坏了，这是谁的过错呢？”

冉有说：“现在颛臾城墙坚固，而且离费邑很近。现在不把它夺取过来，将来一定会成为子孙的忧患。”

孔子说：“冉求，君子痛恨那种不实话说自己想要而另找借口的做法。我听说，对于诸侯和大夫，不怕贫穷，而怕财富不均；不怕人少，而怕不安定。若财富平均，就无所谓贫穷；人民和睦，就不会觉得人少；国家安定，就没有倾覆的危险。做到这样，如果远方的人还不归服，就用仁、义、礼、乐吸引他们来；已经来了的，要让他们安心住下去。现在，仲由和冉求，你们辅助季氏，远方的人不归服，却不能吸引他们来；国家分崩离析，却不能保全，反而策划在国内使用武力。我只怕季孙担忧的不是颛臾，而在宫墙之内！”

【评析】

鲁哀公时期，三桓权势更盛，鲁哀公非常不满，准备从三桓手中夺回政权。季康子担心颛臾国会帮助鲁哀公对付自己，想要先下手为强攻占颛臾，因此孔子说季康子担心的不是颛臾而是萧墙之内的鲁哀公。

13.16 叶公问政。子曰：“近者说，远者来。”

【译文】

叶公问孔子怎样办好政事。孔子说：“让近处的人高兴，让远处的人来归附。”

【评析】

本篇开头说过，只有在人能够自由流动的情况下，才能实现远者来。能够自由流动的人肯定不是奴隶，因此当时的社会不是奴隶社会。

19.19 孟氏使阳肤①为士师，问于曾子。曾子曰："上失其道，民散久矣。如得其情，则哀矜②而勿喜！"

【注释】

① 阳肤：据说是曾子的学生。

② 哀矜：怜悯。

【译文】

孟孙氏任命阳肤为刑狱官，阳肤请教曾子如何履行职务。曾子说："统治者不走正道，百姓早就离心离德了。你如果能审出百姓犯罪的真实情况，就应当怜悯他们，而不要自鸣得意。"

20.1 尧曰①："咨②！尔舜。天之历数③在尔躬，允执其中。四海困穷，天禄永终。"舜亦以命禹④。

曰："予小子履⑤，敢用玄牡⑥，敢昭告于皇皇后帝：有罪不敢赦。帝臣不蔽，简⑦在帝心。朕（zhèn）⑧躬有罪，无以万方；万方有罪，罪在朕躬。"

周有大赉（lài）⑨，善人是富。"虽有周亲⑩，不如仁人。百姓有过，在予一人。"

谨权量⑪，审法度⑫，修废官，四方之政行焉。兴灭国，继绝世，举逸民，天下之民归心焉。

所重：民、食、丧、祭。

宽则得众，信则民任焉⑬，敏则有功，公则说。

【注释】

① 尧曰：引号内的话是尧在禅让帝位时给舜说的话。

② 咨："啧啧"，感叹词，表示赞誉。

③ 天之历数：上天安排的次序。

④ 禹：音"雨"，是夏朝的第一位国君。中国古代有大禹治水的传说。

⑤ 予小子履："履"是商朝开国君主汤的名字。这段话是汤求雨时说的。

⑥ 玄牡：玄，黑色；牡，公牛。

⑦ 简：阅，这里是知道的意思。

⑧ 朕：音镇，“我”的意思。从秦始皇起，专用作帝王自称。

⑨ 赉：音睐，赏赐。下面几句周武王说的。

⑩ 周亲：至亲。

⑪ 权量：权，秤锤，指量轻重的标准；量，斗斛，指量容积的标准。这句及以下的话是孔子说的。

⑫ 法度：指量长度的标准。

⑬ 信则民任焉：据考证是流传过程中添加上去的，最早的版本中没有。

【译文】

尧说：“啧啧！舜啊！按照上天安排的次序，帝位落在你身上了。诚心实意地保持中道吧！如果天下百姓都陷于贫困，上天赐予你的福禄就会永远终止。”舜也是这样告诫禹的。

汤说：“我斗胆用黑色的公牛来祭祀，光明正大地向伟大的天帝祷告：有罪的人我不敢擅自赦免，天帝臣仆的罪恶也不敢掩蔽，天帝您都已经知晓。我本人若有罪，不要牵连天下万方，天下万方若有罪，都由我一人承担。”

周朝大封诸侯，使善人都富贵起来。周武王说：“我虽然有至亲，不如有仁德之人。百姓有过错，都在我一人身上。”

认真检查度量衡，修复废弃的官职，全国的政令就会通行了。恢复被灭亡了的国家，接续已经断绝了的家族，提拔被遗落的人才，天下百姓就会真心归服了。

所重视的事：人民、粮食、丧礼、祭祀。

宽厚就能得到众人的拥护，勤敏就能取得功绩，公平就会使百姓高兴。

【评析】

这段文字前三段是尧禅让舜、成汤求雨、武王封诸侯的文诰，是孔子给学生授课的内容，应当来源于《尚书》。但古文《尚书》已毁于秦火，不知具体的出处。

后三段是孔子说的话，是《论语》全书治国安邦平天下思想的总结。

事君篇第十四

《论语》中有七处提到侍奉君主。孔子的事君之道现在看来，就是职场上与领导相处之道。

3.18　子曰："事君尽礼，人以为谄（chǎn）①也。"

【注释】

① 谄：音产，巴结奉承、谄媚。

【译文】

孔子说："我完全按照臣子的礼节去事奉君主，别人却说这是谄媚呢。"

【评析】

鲁国的公室自从鲁宣公起日益衰弱，国政被操纵在以季氏为首的三桓手中。三桓在鲁襄公、鲁昭公时两次瓜分鲁国土地和人口，鲁国国君占有的土地人口和三桓相比只相当于一个小侯，鲁国国君已经成为傀儡。孔子按照周礼对鲁君毕恭毕敬，反而被人嘲笑。孔子经历了三代鲁君：昭公、定公、哀公，昭公和哀公都在和三桓的斗争中失败，被赶出鲁国客死异乡。

3.19　定公问："君使臣，臣事君，如之何？"孔子对曰："君使臣以礼，臣事君以忠。"

【译文】

鲁定公问孔子："君主怎样使唤臣下，臣子怎样事奉君主呢？"孔子回答说："君主应该按照礼的要求去使唤臣子，臣子应该忠心事奉君主。”

【评析】

鲁定公时，三桓进一步把持朝政，定公在这里向孔子请教如何处理与三桓的关系。

“君使臣以礼，臣事君以忠”，是孔子君臣思想的基本内容。根据马斯洛的需求层次理论，人都有尊重的需求，希望受到别人的尊重、信赖和高度评价。“君使臣以礼”就是要君主满足臣子的尊重需求，而臣子的回报就是尽忠。

春秋时期，由于君主不尊重大臣而导致杀身之祸的案例比比皆是，其中最著名的是崔杼弑其君。《左传·襄公二十五年》记载，齐国大夫崔杼的妻子棠姜很漂亮，齐庄公看上了她，经常趁崔杼不在家的时候去崔杼家和她私通。崔杼一开始装聋作哑，君臣相安无事。有一次齐庄公到崔杼家和棠姜私会后，拿起崔杼的帽子赏给别人，侍者劝阻他，齐庄公说，除了崔杼别人不会有同样的帽子吗？这下崔杼终于忍无可忍，设下伏兵，让棠姜把齐庄公骗到家里来杀了。这件事在《论语》5.19 章中有记载。

“君使臣以礼，臣事君以忠”，2500 年前孔子就给出了一个保持和谐的上下级关系的解决方案。

14.22 子路问事君。子曰：“勿欺也，而犯之。”

【译文】

子路请教怎样事奉君主。孔子说：“不能欺骗他，但可以犯颜直谏。”

【评析】

勿欺也，就是要不要欺骗君主，这个大部分人都可以做到。而犯之，就是要敢于打破君主的权威，犯颜直谏，这就需要勇气了。即便是现在，批评上级也要冒很大的风险。在古代社会，只有像魏徵和海瑞这样不顾生死为民请命的忠臣和清官才能做到犯颜直谏。

孔子的弟子中，子路最勇敢，也只有子路向孔子请教过如何事奉君主。子路最后也是因此而死，冥冥之中似有天意。《左传·哀公十五年》记载，这年闰十二月，卫国太子蒯聩偷偷潜入国都，在姐姐的帮助下，胁迫外甥孔悝与自己结盟，支持自己从儿子卫出公手里夺取君位。子路当时任孔悝封地的邑宰，听说孔悝遇险前去营救。到了国都城门口，遇见孔子另一个弟子高柴正往外逃跑。高柴当时在卫国当大夫，劝子路不要进城，子路说食人之禄，不避其难，坚持进城。子路进城后直奔孔悝家，守门的公孙敢对他说，孔悝已经和蒯聩结盟了，进去也没用了。子路说食人之禄，必救其患，一定要进去。进入孔悝家，子路不接受孔悝和蒯聩的结盟。蒯聩派两个人和子路搏斗，子路的帽带被击断，他说君子死了帽子也不能脱掉，把帽带系好，从容赴难。

卫灵公的儿子蒯聩和孙子辄，这一对父子在卫灵公去世后为了国君的宝座进行了十几年的争斗。虽然孔子认为他们“父不父、子不子”，都不像话，但从君位的合法性来讲，儒家是支持卫出公辄的，因此子路赔上自己的性命也要阻止孔悝和蒯聩结盟。子路是第一个因为君位继承的合法性而牺牲的儒家弟子。

15.38 子曰：“事君，敬其事而后其食①。”

【注释】

① 食：食禄，俸禄。

【译文】

孔子说：“事奉君主，要认真办事而把领取俸禄的事放在后面。”

16.6 孔子曰：“侍于君子有三愆（qiān）①：言未及之而言，谓之躁；言及之而不言，谓之隐；未见颜色而言，谓之瞽（gǔ）②。”

【注释】

① 愆：音千，过失。

② 瞽：音鼓，盲人。

【译文】

孔子说：“侍奉国君要避免三种过失：还没有问到你的时候就说话，这是急躁；已经问到你的时候你却不说，这叫隐瞒；不看国君的脸色而贸然说话，这是瞎子。”

【评析】

孔子指出的这三点过失，也是我们在与上级沟通的时候应避免的错误。

17.15 子曰：“鄙夫可与事君也与哉？其未得之也，患得之①，既得之，患失之，苟患失之，无所不至矣。”

【注释】

① 患得之：应为“患不得之”。有学者考证汉代的《论语》版本中是“患不得之”。

【译文】

孔子说："可以和一个鄙夫一起事奉君主吗？他在没有得到官位时，担心得不到；已经得到了，又怕失去它。一旦他担心失掉官职，那就什么事都干得出来了。"

【评析】

成语"患得患失"就出于此章。其实孔子批评鄙夫的这种心理状态大多数人都有，在仕途、事业上取得成功是每个人的目标和梦想，这点无可厚非，我们要避免的是孔子批评的那种为了保住官位不择手段，无所不用其极的做法。

4.26 子游曰："事君数①，斯辱矣；朋友数，斯疏矣。"

【注释】

① 数：音 shuò，屡次、多次。

【译文】

子游说："劝谏君主太频繁，就会遭到侮辱；劝告朋友太频繁，关系就会疏远。"

【评析】

现代人际关系学认为，个体在与他人的交往中有一个自我价值保护原则，即防止自我价值受到贬低和否定。由于个体对他人的评价极其敏感，大部分人的自我价值都是通过他人的评价而确立的。在每个人的内心深处，都渴望得到别人真诚的赞美和肯定。对肯定自我价值的他人，个体对其认同和接纳，并反过来给予肯定与支持；而对否定自我价值的他人则给予疏离。

子游在 2500 年前就注意到了人际关系中的自我价值保护问题。认为即便是出于善意劝说君主和朋友，也要掌握分寸，不能太频繁，否则就会令人生厌。有学者总结儒家思想是关于人与人关系的学说，非常有道理。

也有的学者认为这里的"数"不是指劝告太频繁，是指交往太密切。子游的意思是不要与君主走得太近，不要与朋友太过亲密，关系太近了，反而会互相伤害。我认为这种解释也很有道理。不管是事奉君主还是与朋友交往，双方的关系和距离都要讲求一个度，适度而行。过于密切的关系反而容易因为侵犯隐私和个人空间而导致疏远。这个合适的度就是儒家强调的中庸之道。

识人交友

识交篇第十五

孔子说过，『君子不器』『君子多乎哉，不多也』，认为君子不是供人使用的器具，也不用有太多的技能。为什么君子不需要太多的技能，这是因为具体的工作都是由下级完成的，君子的任务是去认识人，了解人，这样才能任用正确的人做好事情。孔子说过，『举直错诸枉，能使诸枉直』，要选任正直的人来改造不正直的人，而选拔正直的人的前提是能够认识人、了解人。

孔子教了很多识人的方法，我们一起来学习一下。

识人

1.16 子曰：“不患人之不己知，患不知人也。”

【译文】

孔子说：“不怕别人不知道自己，只怕自己不了解别人。”

【评析】

孔子认为了解别人，比让别人了解自己更重要。

2.10 子曰：“视其所以①，观其所由②，察其所安③。人焉廋（sōu）④哉？人焉廋哉？”

【注释】

① 所以：“以”，不同学者对此有多种解释，我认为可以理解成“倚”。指做事的动机和出发点。

② 所由：所走的道，指做事的手段和方法。

③ 所安：安不安心，指心态、心境。

④ 廋：音搜，隐藏、藏匿。

【译文】

孔子说："（要认识和了解一个人）应该看他做事的动机，观察他做事的方法，感察他的心境。那么，这个人怎么能藏得住呢？这个人怎么能藏得住呢？"

【评析】

要深入细致地了解一个人，就要看他做事的动机、手段和内心。

4.7 子曰："人之过也，各于其党。观过，斯知仁①矣。"

【注释】

① 仁：汉朝时《论语》版本中为"人"，清朝乾隆武英殿本中给改为"仁"。这里留其字不取其意。

【译文】

孔子说："不同的人，犯的错误也不一样。通过观察一个人所犯的错误，就可以了解他的为人了。"

【评析】

俗话说，人非圣贤孰能无过，即便是君子也会犯错误。但君子犯错和小人犯错的情况是不一样的。采用上一章孔子介绍的经验，通过观察一个人犯错误的动机、方式和内心也可以了解一个人。

君子有仁德，不会故意做坏事，犯错都是无心之过。小人犯错是因为动机不纯，故意而为。君子犯了错，心里会很不安，勇于承认错误。小人犯了错，心安理得，推诿抵赖。君子犯了错会吸取教训，以后不再犯相同的错误。小人犯了错，会不加悔改，一错到底。

15.28 子曰："众恶之，必察焉；众好之，必察焉。"

【译文】

孔子说："大家都厌恶他，一定要考察一下；大家都喜欢他，一定要考察一下。"

13.24 子贡问曰："乡人皆好之，何如？"子曰："未可也。""乡人皆恶之，何如？"子曰："未可也。不如乡人之善者好之，其不善者恶之。"

【译文】

子贡问孔子说："全乡人都喜欢他，这个人怎么样？"孔子说："不怎么样。"子贡又问："全乡人都厌恶他，这个人怎么样？"孔子说："也不怎么样。最好是全乡的好人都喜欢他，全乡的坏人都厌恶他。"

【评析】

以上两章可以合并理解。

没有绝对的坏人，也没有绝对的好人。一个人得到所有人的喜欢，或者招所有人讨厌，都是不正常的，要认真考察分析。那种讨好所有人的好好先生，孔子称之为"乡愿"，说他们是"德之贼也"。

11.21 子曰："论笃是与[①]，君子者乎？色庄者乎？"

【注释】

① 论笃是与：论，言论；笃，诚恳；与，赞许。对说话诚恳的人表示赞许。

【译文】

孔子说："对说话诚恳的人表示赞许，还要看他是真君子呢？还是假装庄重的人呢？"

【评析】

说话诚恳不是识别君子的标准，外表的庄重是可以伪装出来的。孔子提醒大家不要被表现的假象迷惑。14.4 章，孔子说："有德者必有言，有言者不必有德。"说话中肯的人不一定就有德行。

9.28 子曰："岁寒，然后知松柏之后凋也。"

【译文】

孔子说："天冷了，才知道松柏是最后落叶的。"

【评析】

俗话说"路遥知马力，日久见人心"，不经过考验看不出一个人真正的品德。孔子说："君子固穷，小人穷斯滥矣。"只有真正的君子才能够经受住各种考验，不会放弃原则，随波逐流。

9.30 子曰：“可与共学，未可与适道①；可与适道，未可与立②；可与立，未可与权③。”

【注释】

① 适道：适，往。这里是志于道，追求道的意思。这个道可以理解成理想。

② 立：坚持道而不变。

③ 权：本意是秤锤，引申为权衡轻重。我翻译成价值观，因为人们是依据自己的价值观来判断是非对错，权衡利益轻重的。

【译文】

孔子说：“可以一起学习的人，未必可以一起追求道；可以一起追求道的人，未必能够一起坚守道；能够一起坚守道的人，未必有共同的价值观。”

【评析】

人生的道路上会有一起学习的同学，一起工作的同事，有共同爱好的同道中人，但只有拥有共同的理想、人生观、价值观的人，才会成为永远的朋友。

5.10 宰予昼寝。子曰：“朽木不可雕也，粪土之墙不可圬（wū）①也；于予与何诛②？”子曰：“始吾于人也，听其言而信其行；今吾于人也，听其言而观其行。于予与改是。”

【注释】

① 圬：音乌，粉刷墙用的瓦刀。这里指用瓦刀粉刷墙壁。

② 诛：意为责备、批评。

【译文】

宰予在白天睡觉。孔子说：“腐朽了的木头无法雕刻，粪土垒的墙壁无法粉刷。对于宰予这个人，责备还有什么用呢？”孔子又说：“起初我对于人，是听他说的话，便相信他的行为；现在我对于人，听了他讲的话，还要看他的行动。是宰予让我发生改变的。”

【评析】

孔子严厉斥责宰予白天睡觉，似乎有点小题大做。其实孔子这么生气是有别的原因。从《论语》中记载的宰予与孔子几次对话可以看出，宰予对孔子学说存有异端思想，而且屡教不改，所以孔子借机严厉地批评他。不过孔子在这里也提出了认识人的正确方法，即听其言而观其行。

交友

孔子说过：“里仁为美，择不处仁，焉得智”，就是说要跟仁者交朋友。儒家总结人有五种人伦关系：君臣、父子、兄弟、夫妇、朋友，朋友是五伦之一。如何与朋友相处，《论语》里也有精彩的论述。

12.24　曾子曰：“君子以文会友，以友辅仁。”

【译文】

曾子说：“君子以文章学问来结交朋友，依靠朋友帮助自己培养仁德。”

【评析】

君子之交主要体现在精神和思想上的交流。君子们即使不在一起，也能成为朋友，不会因距离而疏远。而酒肉朋友、狐朋狗友，是通过在一起吃喝玩乐结交在一起的，如果不能经常聚在一起玩乐，就会疏远。

12.23　子贡问友。子曰：“忠告而善道之，不可则止，毋自辱焉。”

【译文】

子贡请教怎样对待朋友。孔子说：“真诚地劝告他，好好地引导他，如果他不听就算了，不要自取其辱。”

【评析】

人都是有自尊心的。人在维护自尊心的时候，基本不做理性判断。朋友有错，真心实意地劝告一两次就可以了。如果一再劝告，潜台词就是你不行，要听我的。这会伤了朋友的自尊心。人受伤时，自我保护机制就会起作用。自尊心受到伤害，就会本能地排除伤害，拒绝接受劝告，觉得劝告的人烦、讨厌，甚至出言反击。这时劝告的人就自取其辱了。子游也说过，“朋友数，斯疏矣”，劝告朋友过于频繁，反而会被疏远。（4.26）

老师和家长批评孩子多了，也会伤了孩子的自尊心。这也是家长会觉得孩子越来越不听话，越来越皮实了的原因。这是孩子的自我保护机制在起作用，本能地拒绝家长的唠叨。大家可能都有这样的体会，妈妈说得多了，有时候她一张嘴，不管她说什么，我们都觉得烦。

“不可则止”是孔子中庸之道的体现。说太多不行，不说也不行，点到为止。终究，人改正错误还是要靠自己。有一个不完美的朋友，比没有朋友强。

15.8 子曰：“可与言①而不与之言，失人；不可与言而与之言，失言。知者不失人，亦不失言。”

【注释】

① 言：在这里是劝告的意思。

【译文】

孔子说：“可以劝告他而没有劝告他，就失掉了朋友；不可以劝告他而劝告他，是说错话。聪明人既不失去朋友，又不说错话。”

【评析】

劝人要看对象，讲究时机和分寸。该说的要说，不该说的也不能说。只有聪明的人能把握住时机和分寸。

19.3 子夏之门人问交于子张。子张曰：“子夏云何？”对曰：“子夏曰：‘可者与之，其不可者拒之。’”子张曰：“异乎吾所闻：君子尊贤而容众，嘉善而矜①不能。我之大贤与，于人何所不容？我之不贤与，人将拒我，如之何其拒人也？”

【注释】

① 矜：怜悯。

【译文】

子夏的学生向子张问怎样结交朋友。子张说：“子夏是怎么说的？”子夏学生回答：“子夏说：‘可以交往的就和他交朋友，不可以交往的就拒绝他。’”子张说：“和我听到的不一样：君子既尊重贤人，又能容纳众人；能够赞美善人，又能同情无能的人。如果我十分贤良，那我对别人有什么不能容纳的呢？我如果不贤良，那人家就会拒绝我，又怎么能拒绝人家呢？”

【评析】

子夏主张选择性地交友，而子张主张广交朋友，哪个主张对呢？其实是两人对交友的定义不同，子夏的交友是狭义的交，指结交君子，因此要谨慎选择；而子张的交友是广义的交，指交往、交际，因此更为宽容和包涵。当然子张也更自信些，只要我是正人君子，就算是交往到不好的人，也不会被带坏。

16.4 孔子曰："益者三友，损者三友。友直，友谅①，友多闻，益矣。友便辟（pì）②，友善柔③，友便佞（nìng）④，损矣。"

【注释】

① 谅：诚信。

② 便辟：惯于走歪门邪道。

③ 善柔：善于变化，没有原则。

④ 便佞：惯于花言巧语。

【译文】

孔子说："有益的交友有三种，有害的交友有三种。同正直的人交友，同诚信的人交友，同见闻广博的人交友，这是有益的。同惯于走歪门邪道的人交朋友，同善于变化、没有原则的人交朋友，同惯于花言巧语的人交朋友，这是有害的。"

【评析】

良师益友和损友这两个词语就是由此章而来。孔子这句话也可视为对子夏交友主张的补充，益友是可交往的，损友是不可交往的。

1.8 子曰："君子不重，则不威；学则不固。主忠信，无友不如己者。过则勿惮改。"

【9.25】

子曰："主忠信，毋友不如己者，过则勿惮改。"

【评析】

这两章在《君子篇第九》解读过。不要与和自己不一样的人交友，这是交友的负面清单。

四、孔子对历史和历史人物的评价

评人篇第十六

《论语》中记载了很多孔子评古论今的言语，孔子通过评论历朝历代、古今圣贤、君主、大夫、士人，反映自己的思想和主张。

尧

8.19 子曰："大哉尧之为君也！巍巍乎！唯天为大，唯尧则之。荡荡乎！民无能名焉。巍巍乎其有成功也！焕乎其有文章①！"

【注释】

① 文章：指礼仪制度。

【译文】

孔子说："尧作为君主真伟大啊！多么崇高啊！只有天最高大，只有尧才能效法天的高大。(他的恩德)多么浩荡啊！百姓不知道该怎么称赞它。他的功绩多么崇高啊！他制定的礼仪多么灿烂美好啊！"

【评析】

尧帝是中国古代传说中的圣君，孔子尊其为圣人。孔子用极其美好的语言称赞尧，尤其对他的礼仪制度愈加赞美，表达了他对古代先王的崇敬心情。

舜

8.18 子曰："巍巍乎，舜、禹之有天下也，而不与（yù）①焉！"

【注释】

① 不与：不参与享受。

【译文】

孔子说："多么崇高啊！舜和禹拥有天下，（是为了造福百姓）而不是为了自己享受。"

【评析】

孔子在这里高度赞颂舜和禹天下为公的无私精神。有的学者认为孔子是通过赞颂舜、禹，表明对古时禅让制的认同，抨击现实中弑君、篡位等问题，我认为有些牵强。

15.5 子曰："无为而治①者其舜也与？夫何为哉？恭己正南面而已矣。"

【注释】

① 无为而治：自己无所作为而使国家得到治理。

【译文】

孔子说："能够无所作为而治理天下的人，大概只有舜吧？他做了些什么呢？只是庄严端正地坐在朝堂上罢了。"

【评析】

"无为而治"是道家的理念。道家是一种出世的哲学，主张统治者对社会生活不做过多干涉，顺其自然。孔子称赞舜的无为而治并不等同赞同道家无为而治的治国理念，只是借用这个概念而已。

舜能够做到无为而治是因为舜识人善任。孔子说"舜有臣五人而天下治"（8.20），子夏说"舜有天下，选于众，举皋陶，不仁者远矣"（12.22）。因为具体工作都由得力助手来完成，作为君王的舜就可以"恭己正南面"，无为而治了。这也是孔子最理想的君臣关系和国家治理结构。

禹

8.21 子曰："禹，吾无间然①矣。菲（fěi）②饮食而致孝乎鬼神，恶衣服而致美乎黻（fú）冕（miǎn）③，卑宫室而尽力乎沟洫④。禹，吾无间然矣。"

【注释】

① 间然：间是空隙。间然就是找空隙，是挑剔，批评的意思。

② 菲：音匪，菲薄、不丰厚。

③ 黻冕：音扶免，祭祀服装，祭祀时穿的礼服叫黻；祭祀时戴的帽子叫冕。

④ 沟洫：“洫”音续，沟渠。这里指大禹治水。

【译文】

孔子说：“对于禹，我没有什么可以挑剔的了。他的饮食很简单，而尽力去孝敬鬼神；他衣着简朴，而祭服却极其华美；他住的宫室很低矮，而致力于兴修水利。对于禹，我确实没有什么可挑剔的了。”

【评析】

以上这几章，孔子对于尧、舜、禹给予高度评价，认为在他们的时代，一切都很完美。为君者大公无私，生活简朴，孝敬鬼神，礼仪制度完美，选拔任用贤臣，他们是执政者的榜样。以古讽今，孔子是在批评现在的统治者。

三代

15.25 子曰：“吾之于人也，谁毁谁誉？如有所誉者，其有所试矣。斯民也，三代之所以直道而行也。”

【译文】

孔子说：“我对于别人，诋毁过谁？赞美过谁？如有所赞美的，必然是曾经考验过他的。夏、商、周三代的人都是这样做的，所以三代能直道而行。”

【评析】

应该是有人批评孔子故意美化上古朝代、古代圣王贤君，讽刺当今社会，所以孔子辩解自己只是实话实说而已。

殷商

18.1 微子①去之，箕子②为之奴，比干③谏而死。孔子曰：“殷有三仁焉。”

【注释】

① 微子：商纣王的同母兄长，见纣王无道，劝他不听，遂离开纣王。

② 箕子："箕"音基。商纣王的叔父。他去劝纣王，见纣王不听，便披发装疯，被降为奴隶。

③ 比干：商纣王的叔父，屡次劝谏，因激怒纣王而被杀。

【译文】

微子离开了纣王，箕子做了他的奴隶，比干因劝谏被杀死了。孔子说："这是殷朝的三位仁人啊！"

周朝

8.1 子曰："泰伯①，其可谓至德也已矣。三以天下让，民无得而称焉。"

【注释】

① 泰伯：周人始祖古公亶（dǎn）父的长子，是周文王的伯父。古公亶父有三个儿子：泰伯、仲雍和季历。传说季历和他的儿子姬昌（即周文王）都很贤明，古公亶父想立季历为继承人，以便传位给姬昌。泰伯知道父亲的心思，为了成全父亲，便和二弟仲雍逃奔到当时还是荆蛮之地的吴地，并且文身断发，以表示不可以继承王位，让位给季历。

【译文】

孔子说："泰伯可以说是品德最高尚的人了，几次把王位让给季历，老百姓都找不到合适的词语来称赞他。"

【评析】

古公亶父时，周只是商朝周边的一个小部落。据《史记》记载，泰伯把部落继承人的位子让给了三弟季历，季历传给儿子姬昌，即周文王，到周文王的儿子周武王姬发时，灭了殷商才有了天下。因此泰伯避让的并不是天下，只是部落酋长的职位，即便如此，在孔子看来这也是值得称道的。孔子称赞泰伯是在影射当时诸侯国父子之间、兄弟之间为争夺君位而互相残杀的现实。但泰伯避位是否真如孔子说的这般美好，是因为他品德高尚还是有其他隐情，需要我们综合各方面材料，进行逻辑分析后才能知道。

泰伯能够主动让位说明他品德高尚，既然他品德高尚，古公亶父还不把位子传给

位于苏州的泰伯庙

他，说明古公亶父传位的标准并不是德。那是什么呢？史料记载季历继承周部落后，主动出击，陆续击败了周边许多部落，巩固和发展了周人在渭水中游的统治，许多诸侯前往归顺，使得周族成为商朝西部一个强大的方国。由此判断，古公亶父传位标准是看谁能够带领周部落走向强大。

《史记》记载，泰伯携仲雍出走吴地，就是现在以苏州、无锡，太湖流域为中心的长三角地区，被后世奉为吴文化的祖先。

司马迁认为吴国是诸侯国中资历最深的姬姓同姓国，因此在《史记》中将《吴太伯世家》排为诸侯世家第一，泰伯和仲雍被尊为吴国的第一任和第二任君主。其实这种尊奉是一种追封，因为泰伯和仲雍开发吴地的时候，还没有周朝，到他们的孙辈周武王的时候才建立的周朝。不管怎么说，泰伯和仲雍能够开发吴地，说明不是兄弟两个人单独走的，而是带着属于自己的部落民众。从泰伯带着部众出走来看，泰伯不仅是避让王位，还是在避祸。

2019 年热播网剧《庆余年》中二皇子说过，普通人家兄弟相争，失败者最多是失去财产，而帝王之家兄弟相争，失败者要付出生命代价。人类几千年历史中，帝王之家因为争位而手足相残的事例举不胜举。其中最有名的是曹植七步成诗的故事，最近的有清朝康熙九子夺嫡。雍正夺位之后，他的兄弟们下场都很悲惨，雍正对待他的兄弟们毫无手足之情。

周灭商不是一蹴而就，而是历经季历、姬昌、姬发祖孙三代才完成的事业。武王灭商其实就是臣子造反，祖孙三人共同性格是不甘于人下。泰伯与弟弟季历朝夕相处，非常了解他的性格，预见到三弟会与自己争抢部落酋长之位。不管谁输谁赢，失败的一方都将丧命。如果泰伯让位后还留在部落里，季历也不会放过他，因为泰伯手下还有自己的部众，季历不会放心，定会斩草除根。因此泰伯只有带着手下部众远走才能保全性命。

古公亶父时周部落迁移到了岐山，位于现在陕西宝鸡。西北是戎狄少数民族的地盘，泰伯打不过，而且越往西地势越高，不利于生存，因此只能向东逃。吴地是当时他们可以到达的最远的天边了。即便是现在，从宝鸡开车到苏州，走高速公路也要1497公里，3000年前，这是怎样一条漫长的逃亡之路。我认为苏锡一带被称为吴，是因为通"无"，已经到东海边了，实在是无路可逃了。

泰伯不一定有很高尚的品德，但绝对有很高的政治智慧。

8.20 舜有臣五人①而天下治。武王曰："予有乱臣十人。"②孔子曰："才难，不其然乎？唐虞③之际，于斯为盛。有妇人④焉，九人而已。三分天下有其二⑤，以服事殷。周之德，其可谓至德也已矣。"

【注释】

① 舜有臣五人：传说是禹、稷、契（xiè）、皋陶（yáo）、伯益五人。

② 乱臣：乱，治也。治国之能臣。

③ 唐虞之际：尧在位的时代叫唐，舜在位的时代叫虞。

④ 有妇人焉：指武王的乱臣十人中有武王之妻邑姜，姜尚姜太公的女儿。

⑤ 三分天下有其二：《逸周书·程典解》说："文王令九州之侯，奉勤于商。"相传当时地分九州，文王得六州，是为三分之二。

【译文】

舜有五位贤臣，就能治理好天下。周武王说过："我有十个帮助我治理国家的能臣。"孔子说："人才难得，难道不是这样吗？唐尧和虞舜之时，人才最难得了。周武王说自己有十个能臣，但当中有一人是妇女，实际上只有九人而已。周文王得了天下的三分之二，仍然事奉殷商，周朝的德，可以说是最高的了。"

【评析】

孔子强调人才难得。有了人才，国家就可以得到治理，天下太平，君王就可以无为而治了。

此章头两句，“舜有臣五人而天下治”“武王曰：‘予有乱臣十人。’”是《尚书》里的话，是孔子给学生授课的内容。《左传·昭公二十四年》中引用《大誓》：“余有乱臣十人，同心同德。”《大誓》为《尚书》的一篇。西晋永嘉之乱中，《尚书》全都散失了，《大誓》全文已经不可考证。后来东晋豫章内史梅赜（zé）给流落江南的东晋朝廷进献了一部《尚书》，其中《尚书·周书·泰誓》篇有“予有乱臣十人”一句，还包括《论语》20.1 章中“虽有周亲，不如仁人，百姓有过，在予一人”等句，但《尚书·周书·泰誓》经宋人考证是伪作。

很多学者，包括杨伯峻，将“唐虞之际，于斯为盛”理解成“唐尧和虞舜时代，以及周武王说这话的时期，人才最为兴盛”。我认为这种理解值得商榷，一是孔子的话前后矛盾，前面一句还说人才难得，后面一句就说人才兴盛；二是从唐、虞到周武王越过了禹、夏、商三代，这三代加起来有 1000 多年历史，不可能没有人才；三是唐尧时代的人才仅有舜一人，虞舜时代有人才五人，怎样也不能算人才兴盛。因此我认为孔子一直在表达人才稀缺、人才难得的意思。孔子是说人才难得，在唐、虞时代最难得，周武王说自己有十个能臣，但其中还有一个是女人，因此实际上只算九个人，人才并不多，依然十分难得。

孔子说周文王占有天下三分之二依然服事商朝，因此德行最高，但是转头周文王的儿子就造反灭了商朝，是不是很讽刺。

7.15 冉有曰：“夫子为（wèi）[①]卫君[②]乎？”子贡曰：“诺。吾将问之。”入，曰：“伯夷、叔齐[③]何人也？”曰：“古之贤人也。”曰：“怨乎？”曰：“求仁而得仁，又何怨？”出，曰：“夫子不为也。”

【注释】

① 为：帮助，卫护，支持的意思。

② 卫君：卫出公辄，是卫灵公的孙子，公元前 492 年至前 481 年、前 476 年至前 470 年在位。他的父亲蒯聩因谋刺南子而被卫灵公驱逐出国。卫灵公死后，辄被南子立为国君，蒯聩回国与他争位。

③ 伯夷、叔齐：商朝末年孤竹国君的两个儿子。《史记》记载他们兄弟二人互相推让君位，一起逃到周文王那里。遇上周武王起兵伐纣，他们认为这是以臣弑君，是不忠

的行为，曾加以拦阻。周灭商统一天下后，他们以吃周朝的粮食为耻，逃进深山采薇而食，最终饿死在首阳山。

【译文】

冉有问子贡说："老师会帮助卫君吗？"子贡说："好的，我去问他。"于是就进去问孔子，说："伯夷、叔齐是什么样的人呢？"孔子说："古代的贤人。"子贡又问："他们有怨恨吗？"孔子说："他们求仁而得到了仁，又为什么要怨恨呢？"子贡出来对冉有说："老师不会帮助卫君。"

【评析】

卫出公辄刚即位，其父蒯聩就回国与其争夺君位，被辄挡在边境。当时孔子和弟子在卫国，有很多弟子在卫国任职，卫君辄想让孔子帮他。弟子们很关心孔子的立场，冉求知道子贡的口才好，就请他问一下老师。

子贡担心直接问老师的立场，老师不好回答，所以借问老师对伯夷、叔齐的评价来试探孔子的态度。可以看出子贡有很高超的沟通技巧。由于这件事与伯夷、叔齐两兄弟互相让位形成鲜明对比，孔子高度赞扬伯夷、叔齐也就是对父子争位的否定，因此子贡判断老师不会支持卫君辄。

蒯聩和辄这对父子争位断断续续近 20 年。先是儿子辄做国君，父亲蒯聩来争位，但没有争过，就一直惦记着，终于 12 年后联合辄的姑姑政变成功，把儿子赶跑，自己做了国君。但蒯聩也只做了 3 年国君就被人赶走了，儿子又回来接着做国君。

在这长期的父子争位过程中，儒家弟子一直都面临着选边站队的问题。除了子贡，子路也问过孔子这个问题（13.3）。子路很直接，他问老师："如果卫君辄任用您，您打算先做什么？"孔子说"必也正名乎"，一定要先正名分。子路很生气，说老师太迂腐，孔子也很生气，把他教训了一番。其实孔子已经给出了答案，只是子路性子太急，没有明白老师话的意思。"必也正名乎"就是要让辄的执政名正言顺，合法化。

孔子称赞伯夷、叔齐品德高尚，并不意味着孔子不会帮助卫君辄。孔子是不会轻易放弃入仕机会的。有隐者劝孔子避世，孔子说人是不能与飞禽走兽共处的，只能与人打交道，如果天下太平，他就不会出来改变这一切了。（"鸟兽不可与同群，吾非斯人之徒与而谁与？天下有道，丘不与易也。"18.6）

是子贡误解了老师，他绕的圈子太大了，把自己也绕进去了。

5.23 子曰："伯夷、叔齐不念旧恶，怨是用希。"

【译文】

孔子说："伯夷、叔齐不纠结于过去的仇恨，自己内心的怨恨因此也就少了。"

【评析】

"怨是用希"，包括杨伯峻在内的很多学者理解成"别人对他们的怨恨就少了"，我认为不妥。按照他们的理解，孔子就说了一个以德报怨的道理，我认为非夫子本意。

上一章，子贡拿兄弟二人的事迹来试探老师，就问道："怨乎？"问兄弟二人本为公子，最后却饿死，是否心里有怨恨。孔子这句话应该是接着上一章说的，解释为没有什么怨恨。伯夷、叔齐放下的仇恨是什么，孔子没说，我从现有材料中也看不出来。大概在春秋时流传着他们不念旧恶的故事。

孔子其实是通过伯夷、叔齐来阐述自己的忠恕之道。孔子说过："躬自厚而薄责于人，则远怨矣。"（15.15）孔子告诉我们不纠缠于过去的是非，保持内心平静，就不会有怨恨。

鲁国

5.18 子曰："臧文仲[①]居蔡[②]，山节藻棁（zhuō）[③]，何如其知也？"

【注释】

① 臧文仲：姬姓，臧氏，名辰，春秋中期鲁大夫，公元前 701 至前 617 在世，"文"是他的谥号。

② 居蔡：蔡是占卜用的大龟。居蔡就是饲养大龟。

③ 山节藻棁：节，梁柱上的斗拱。棁，音桌，房梁上的短柱。斗拱像山一样大，在棁上绘以水草。这是古时装饰天子宗庙的做法。

【译文】

孔子说："臧文仲饲养大龟，养龟的屋子斗拱像山一样大，短柱上画以水草花纹，他哪里像大家说的那么有智慧啊？"

【评析】

臧文仲世袭鲁国司寇。当时正值齐桓公称霸，鲁国面临齐国威胁，他受命于危乱，身负斡旋重任，充分显示出军事及外交才能，人们都称赞他有智慧。

龟甲是古人用来占卜吉凶的工具。三国时魏国的何晏《论语注疏》，解释把大龟称为蔡，是因为蔡国盛产龟，我对这个解释存疑。何晏是曹操养子，为人虚浮不实，后来因为攀附权贵曹爽，在高平陵之变中被司马懿所杀。做人如此，做学问未必踏实。自西周早期至春秋中期，蔡国一直位于现在河南省上蔡县。中华草龟自古以来就是中国最主要的龟种，广泛分布于黄河和长江中下游地区，并非蔡地专有，何晏的说法站不住脚。不过蔡国盛产蓍（shī）草，据传人类始祖伏羲氏因蓍草生于蔡地而画卦图于蔡河之滨，遂命名其地为蔡。古人用蓍草来占卜，又因为蔡地盛产蓍草，“蔡”就有了占卜的含义，龟甲也被用来占卜，因此龟也被称为蔡。我认为这应该是蔡表示龟的字意转化过程。

中国建筑中的斗拱构造是中国古代工匠的独有发明。中国古建之美集中体现在斗拱上。建筑大师梁思成对斗拱的发明非常推崇，在他的著作《图像中国建筑史》中对历代斗拱结构做了详细的图解说明。中国古代建筑大都是木结构，经过几千年战乱、地震、洪水、火灾，现在留存下来最古老的木结构建筑是唐代的。斗拱结构是何时发明的，没有实物证明，史料中也语焉不详。不过《论语》中“山节藻棁”四个字，以文字形式证明了斗拱结构至少在公元前7世纪已经发展得非常完备了，梁思成推断至少在殷商已经出现了。

梁思成将中国古代木结构建筑风格划分为三个阶段：豪劲时期（约公元850年—1050年）、醇和时期（约公元1000年—1400年）和羁直时期（约公元1400年—1912年）。他最欣赏豪劲时期的唐代建筑，认为这一时期的建筑技术和艺术达到了高度繁荣的阶段，建筑形制中无处不显现着大国的自信，主要特点是大气恢宏，华美

天津市蓟州区独乐寺（辽）

北京太庙（明）

故宫大殿横梁

北京隆福寺藻井

但不浮华，考究并且实用。他认为自明代初叶开始，中国古建筑形制开始显出衰老羁直之象。

位于天津蓟州区的独乐寺是中国现存第二古老的木结构建筑，始建于唐贞观十年，辽统和二年（公元 984 年）重建，是国务院 1961 年首批公布的全国重点文物保护单位。传说安禄山起兵叛唐在此誓师，因为他想做皇帝，“思独乐而不与民同乐”而得寺名。明代建造的北京太庙是明清两代皇帝祭奠祖先的家庙，始建于明永乐十八年（公元 1420 年）。独乐寺是豪劲时期的建筑，太庙是羁直时期的建筑，两者建筑风格有明显区别，最主要的区别就体现在斗拱结构上。在唐代，斗拱一般是柱高的一半或三分之一，而到了明代突然缩到了五分之一。“山节”形容斗拱像山一样高大，华美而且实用性非常强，而明清建筑上的斗拱几乎成了装饰品。

藻是水草，藻棁是在建筑物的横梁上画的水藻、波浪等精美的图案和纹饰。中国古代建筑物都是用木头做的，很容易失火，在梁上画水草是取以水镇火的寓意。中国古建筑内呈穹隆状的天花就被称作藻井。

位于北京先农坛内的北京古代建筑博物馆里面有关于斗拱和藻棁的详细介绍。住在北京的读者感兴趣的话可以前去参观，周三免票。

18.2 柳下惠①为士师②，三黜（chù）③。人曰：“子未可以去乎？”曰：“直道而事人，焉往而不三黜？枉道而事人，何必去父母之邦？”

【注释】

① 柳下惠：春秋中期鲁国贤士，姓展名获，字子禽，也叫展禽。柳下是他家乡地名，

惠是他的谥号。

② 士师：刑狱官，掌管审判刑罚。

③ 黜：音处，罢免不用。

【译文】

柳下惠当刑狱官，多次被罢免。有人说："您不可以离开鲁国吗？"柳下惠说："正直地做人做事，到哪里不会被多次罢官呢？如果不正直地做人做事，为什么一定要离开祖国呢？"

【评析】

柳下惠是春秋中期鲁国非常有名的贤人，有关他的事迹散见于《左传》《国语》《论语》《战国策》《荀子》《孟子》等先秦古籍。"惠"这个谥号并不是鲁国君主赐予的，而是老百姓自发给的。这是中国古代第一个由民间给予的谥号，说明柳下惠的品德得到了世人普遍认可。

《战国策·齐策四》中《齐宣王见颜斶（chù）》记载：昔者秦攻齐，令曰："有敢去柳下季垄五十步而樵采者，死不赦。"秦国攻打齐国，中间要经过鲁国，秦军下令在柳下惠墓地五十步以内砍柴的人要处以死刑。柳下惠在各诸侯国的影响力由此可见一斑。

柳下惠最为大众所熟知的是他坐怀不乱的故事。经过是这样的：展禽年轻时候，一个深秋的晚上赶夜路。忽遇倾盆大雨，他急忙躲到一个破庙里。恰好一年轻女子也到此避雨，与他相对而坐。半夜时分，年轻女子被冻醒，便起身央求坐到柳下惠怀中，以温身驱寒。展禽推辞："荒郊野外，孤男寡女处在一起本已不妥，你若再坐我怀里，更是有伤风化。"女子说："世人都知您品德高尚，我虽坐在您怀中，您只要不生邪念，又有何妨？我若冻死，家中老母便无人服侍，您救我就是救了我母女二人。"展禽不好再推托，只好让女子坐到自己怀中，用衣服盖在她身上。暴雨如注，一夜未停。天明，雨过天晴，得救的女子不胜感激地说："大家都说展大人是正人君子，果然名不虚传。"这么绘声绘色、情节完整动人的故事肯定不是春秋时期的记载。关于柳下惠坐怀不乱的故事，先秦文献仅有片言只语，最早能够追溯到的记载来自《荀子·大略》："柳下惠与后门者同衣，而不见疑，非一日之闻也。"这就是故事原型，后来经过历代不断加工，到元代才形成今天大家见到的这个情节完整的故事。

柳下惠秉公办事，前后共四次被罢官，不止三次，"三"是表示多的意思。春秋时期人们提到柳下惠，第一印象是他直道而事人的高尚品德，三黜而不去国的坚持，而现在提到柳下惠，大部分人只知道他是一个坐怀不乱的君子。几千年下来，柳下惠身上其他信息都被洗刷掉了，只剩下这么一个香艳的故事。孔子说，“吾未见好德如好色者也”，何其然也。

15.14 子曰：“臧文仲其窃位者与！知柳下惠之贤而不与立也。”

【译文】

孔子说：“臧文仲的官位大概是偷来的吧！他明知柳下惠是个贤士，却不任用他。”

【评析】

柳下惠和臧文仲都是鲁国人，不仅同时代，还是上下级关系。柳下惠是士师，是中下级的刑狱官，臧文仲任司寇，掌管全国的刑狱工作，据史料记载两人有很多交集。

《国语·鲁语上》记载：鲁僖公二十六年（前631年）夏，齐孝公出兵讨伐鲁国，臧文仲问柳下惠如何措辞，才可以使齐国退兵。柳下惠说，听说大国如果做好小国的榜样，小国如果好好侍奉大国，这样才能防止祸乱，时下鲁国作为小国却狂妄自大，触怒大国，无异自取其祸，怎么措辞都是没有用的。柳下惠的回答是对臧文仲直言不讳的批评。

《国语》还记载了柳下惠批评臧文仲祭祀海鸟的故事。一只名为“爰居”的海鸟停留在了鲁国都城东门外好几天了，臧文仲让都城的人都去祭祀它。柳下惠说臧文仲是乱来。祭祀是国家大事，要依据圣王的祭祀原则。圣王只祭祀对人民和国家有功劳的人和事物，而不知道海鸟为什么飞来鲁国，也不见它对人民有什么功德，这样就决定祭祀它，实在不是明智之举。柳下惠猜测海鸟是为躲避灾难而来，后来消息传来，齐国发生了海啸，证明了他的猜测。

臧文仲对于柳下惠只利用，不任用。柳下惠73岁时，鲁僖公想要重用他，结果被臧文仲阻止，孔子对此非常不满。孔子为柳下惠鸣不平，除了他主张知人善任，举贤任能以外，还有一种惺惺相惜的情感在内。柳下惠在三黜之后，54岁退居柳下，招生收徒，传授文化礼仪，深受乡人爱戴。对比柳下惠和孔子，在身份、身世、成长经历、人生际遇、晚年作为方面非常相似。孔子替柳下惠打抱不平，其实也是为自己鸣冤，心有戚戚焉。

5.20 季文子①三思而后行。子闻之，曰："再，斯可矣。"

【注释】

① 季文子：季孙行父，鲁国三桓季氏第三代家主，任鲁国正卿，公元前 601 年至前 568 年执政，谥号"文"。

【译文】

季文子每件事都要思考多次后才行动。孔子听后说道："思考两次就可以了。"

【评析】

孔子不赞成三思而后行，因为思虑太多会影响执行力。三思而后行其实反映出的是一种不敢负责的态度。孔子说过，君子不忧不惧，内省不疚，夫何忧何惧。君子做事只要问心无愧，就大胆去做，不要顾虑太多。

关于季文子三思而后行还有一个故事。据《左传·文公六年》记载，季文子将要出使晋国，在准备好聘礼之后，又让属下准备办丧事用的礼仪用品一起带走。随从都不理解，季文子说老话说得好，有备无患，如果事先没做好准备，需要的时候没有就犯难了，准备过头也没有什么害处。凡事做到有备无患，这就是季文子的性格。

14.14 子曰："臧武仲①以防②求为后于鲁，虽曰不要（yāo）③君，吾不信也。"

【注释】

① 臧武仲：臧孙纥（hé），鲁国大夫，臧文仲之孙，谥"武"。

② 防：防邑。臧武仲的封邑，在今山东费县东北。

③ 要：要挟。

【译文】

孔子说："臧武仲凭借防邑请求鲁君在鲁国替臧氏立后代，虽然有人说他不是要挟君主，我不相信呀。"

【评析】

《左传·襄公二十三年》记载：臧武仲因得罪孟孙氏逃离鲁国，后来回到防邑，向鲁君提出立臧氏之后为卿大夫，换取自己离开防邑。孔子认为这是要挟君主，以下犯上，不认可别人对他的辩护。

14.11 子曰："孟公绰①为赵、魏老②则优，不可以为滕、薛大夫。"

【注释】

① 孟公绰：姬姓，孟孙氏，名绰或公绰，鲁襄公时期的大夫。

② 老：指古代大夫的家臣。

③ 滕、薛：两个小诸侯国。滕国，在今山东滕州市。薛国，在今山东滕州市东南。

【译文】

孔子说："孟公绰做晋国赵氏、魏氏的家臣，富富有余，但不能做滕、薛这样小国的大夫。"

【评析】

孟公绰，《史记·仲尼弟子列传》中把他与蘧伯玉、晏平仲、子产等人并列，说孔子很敬重他。春秋时期，世人无不追名逐利，见利忘义，孟公绰洁身自好，独守清廉，故而赢得了孔子的认可。孔子评价他"不欲"（14.12 章）。

由于孟公绰清心寡欲，所以孔子认为他"为赵、魏老则优，不可以为滕、薛大夫"。家臣与大夫的责任不同，大夫要替君主分担治理国家的重任，而家臣则不得干政。赵氏、魏氏是晋国正卿之家，位高权重，重大的事情绝不放手，因此家臣反倒清闲无忧，比较适合孟公绰这样寡欲之人。滕国、薛国是在大国夹缝中求生存的小国，危机四伏，大夫责任重大，不适合孟公绰散漫的秉性。

6.2 仲弓问子桑伯子①，子曰："可也，简。"

仲弓曰："居敬②而行简，以临其民，不亦可乎？居简而行简，无乃大（tài）③简乎？"子曰："雍之言然。"

【注释】

① 子桑伯子：春秋末期鲁国人，有学者认为是《庄子》中提到的子桑户。

② 居敬：为人严肃认真，依礼严格要求自己。

③ 行简：指推行政事简而不繁。

④ 大：同"太"。

【译文】

仲弓问子桑伯子人怎么样。孔子说："还可以，简单。"

仲弓说："态度恭敬，施政简单，这样来治理百姓，不也可以吗？而态度简单，施政简单，不会太简单了吧？”孔子说：“冉雍，这话你说得对。”

【评析】

子桑户是孔子的朋友，他的学派被称为牛马学派，主张简化一切，甚至连衣服也不穿。与此相似，古希腊有一学派叫犬儒派，代表人物是迪奥根尼。他的哲学思想也是极简主义，主张人向动物学习，倡导原生态的生活方式，认为文明文化都是虚伪的装饰品。

孔子回答林放礼之问的时候说：“礼，与其奢也，宁俭。”孔子提倡节俭，反对铺张，尤其反对贵族僭越之举。但是为了简而简，以至连基本的礼节都不顾了，孔子也不赞成。还是孔子那句话，“中庸之为德也，其至矣乎”，做事要把握好分寸。

14.43 原壤①夷俟（sì）②。子曰：“幼而不孙弟（xùn tì）③，长而无述焉，老而不死，是为贼。”以杖叩其胫。

【注释】

① 原壤：鲁国人，孔子的老朋友。

② 夷俟：“俟”音寺，等待。像夷狄那样双腿分开坐在地上等待。春秋时没有椅子和凳子，人们都是跪坐。那时人们上身着衣，下身穿裳。裳就是裙子，如果双腿分开坐的话，隐私部位很容易曝光，是极不礼貌的坐法。

③ 孙弟：同“逊悌”。孝悌之意。

【译文】

原壤叉开双腿坐着等孔子。孔子骂他说：“年幼的时候，你不讲孝悌，长大了没有值得说的成就，老而不死，真是害人虫。”说着，用手杖敲他的小腿。

【评析】

原壤是孔子的老朋友，行为不拘小节。《礼记·檀弓下》记载：原壤母亲去世了，孔子帮他清洗棺木。原壤噔噔地敲击着棺木说：“我很久没唱歌抒怀了。”于是唱道：“斑白的狸猫之首，牵着你柔软的手。”孔子装作没听见走开。弟子问：“您不阻止他唱歌吗？”孔子说：“没失去的亲人才是亲人，没失去的老朋友才是老朋友。”

孔子说过，对待朋友要“忠告而善道之，不可则止，毋自辱焉”。孔子和原壤是老朋友，孔子深知他的脾气性格，以前肯定也劝告过，但原壤不改，也就随他去了。

5.24　子曰：“孰谓微生高[①]直？或乞醯（xī）[②]焉，乞诸其邻而与之。”

【注释】

① 微生高：姓微生名高，也有写作尾生高，春秋时期鲁国人。

② 醯：音希，醋。

【译文】

孔子说：“谁说微生高这个人直率？有人向他讨点醋，他不说自己没有，却到邻居家里讨来给人家。”

【评析】

微生高是孔子同时代的人，在当时以正直守信而著称。直的道德基础是实事求是，有就是有，没有就是没有。孔子质疑微生高，没有装有，不实事求是，怎么能称为直呢？

传说微生高因为守信而死。据《庄子·盗跖》和《战国策·燕策一》记载：他和一个姑娘相约晚上在一座桥下见面，姑娘没等来河水却涨起来了。尾生信守承诺不肯走，抱着桥柱被淹死了。据此流传下来一个成语“尾生抱柱”，形容人一诺千金。不过这个故事漏洞比较多，比如，他和姑娘约会只有当事人知道，他死了姑娘也没在场，谁知道他是因为等姑娘而死；另外，人如果淹死了，还能抱着柱子不撒手吗？在《庄子·盗跖》中，这个故事是借江洋大盗盗跖的口说出来的，以讽刺儒家为了守信的虚名而死得毫无意义。不过庄子冤枉儒家了，微生高的这种守信，孔子根本看不上。

6.15　子曰：“孟之反[①]不伐[②]，奔而殿[③]，将入门，策其马，曰：‘非敢后也，马不进也。’”

【注释】

① 孟之反：名侧，鲁国三桓孟氏族人。

② 伐：夸耀。

③ 奔而殿：奔，败退；殿，殿后，为全军败退作掩护。

【译文】

孔子说：“孟之反不夸耀自己。败退的时候，他留在最后掩护全军。快进城门的时候，他鞭打着自己的马说：‘不是我敢于殿后，是马跑得不快。’”

【评析】

《左传·哀公十一年》记载，这年春，齐国攻打鲁国。孔子的弟子冉求当时是季氏家宰，他劝说三桓积极应战，并代表季氏率领左军。孟氏不愿意参战，勉强组成右军。战斗一开始，孟氏家族的右军就开始败退，齐军追赶，孟子反主动留在最后掩护败退的右军。孔子对孟子反这种勇于牺牲又不自夸的行为给予高度评价。

冉求在这场战争中创造性地以长矛兵方阵击败齐军战车，率领鲁军获得了最终胜利，季康子对他大为赞赏。冉求趁机劝说季康子在这年冬天迎孔子回鲁国。

卫国

5.15 子贡问曰："孔文子[①]何以谓之'文'也？"子曰："敏而好学，不耻下问，是以谓之'文'也。"

【注释】及【译文】

见《为学篇第四》。

【评析】

从古代谥法上来说，"文"是美谥。子贡既然这样问孔子，肯定是对孔文子被赐予"文"这个谥号有怀疑，那么孔文子干了什么让子贡怀疑其人品呢？

据《左传》记载，卫国大夫世叔齐娶了宋子朝的大女儿为妻，宋子朝把小女儿也陪嫁过来，世叔齐更爱小女儿。后来世叔齐的老丈人宋子朝叛乱逃亡国外，孔文子就让世叔齐把老婆都休了，想把自己女儿孔姞嫁给他。但世叔齐念念不忘前小妾，就偷偷把她接出来，在另外一个地方给她盖了一所豪宅，金屋藏娇。孔文子听说后大怒，要攻打他。在攻打之前向孔子讨教，孔子说祭祀的事情他还懂些，打仗的事，他没听说过，然后就要驾车离开卫国。孔文子急忙挽留，说他不是为自己，是为卫国。在孔子的劝阻下，孔文子没有攻打世叔齐，但是把自己的女儿接了回来。后来世叔齐又惹了别的风流债，被人羞辱，在卫国待不下去了，移民到宋国去了。卫国人就让他的弟弟继承了家业，娶了孔文子的女儿，也就是前嫂子。

《左传》中关于孔文子的记载就这么多，可以看出来孔文子的确是个好父亲，但他干涉别人婚姻，动辄用武力解决女婿出轨问题，实在算不上君子之举，所以子贡质疑他怎么能获得"文"的谥号。

孔子当然是抓住一切机会教育弟子，从学习态度的角度来解释，但是从统治者的角度来看，会因为大臣敏而好学、不耻下问就赐予"文"这样的美谥吗？要知道"文"

在美谥里也是数一数二的，非有治国安邦之功，或者盖世伟业，是很难被谥文的。鲁国三桓的季文子被谥文，不是因为他三思而后行，而是因为他执掌鲁国朝政 30 余年克勤克俭，政治上稳定了乱局，安定了人心，经济上实行解放生产力的社会改革，提振了鲁国国力。汉文帝刘桓被谥文，是因为他励精图治，与民休养生息，开启了“文景之治”。魏文帝曹丕被谥文，不是因为他是建安七子，而是他在以魏代汉的过程中，没有使用武力，以和平方式实现政权交接。而孔子在世的时候就被称为圣人，他学而不厌，诲人不倦，传道授业，桃李满天下，看起来最应该被谥文，但鲁哀公给他的谥号是“尼父”。汉朝罢黜百家，独尊儒术，两次追谥孔子，但都吝于谥文。一直到北魏太和十六年，才由一心汉化的北魏孝文帝拓跋宏追谥孔子“文圣”，此时距孔子去世已经过去 970 年了，而拓跋宏还是一位鲜卑族皇帝，拿孔子的话来说是夷狄之君，是不是很讽刺。

其实孔文子被谥文的真正原因并不是他好学，而是他的身份和立场。孔文子娶了卫灵公的女儿。卫灵公去世后，因太子蒯聩逃亡在外，由孙子辄继位，就是卫出公。孔文子是卫出公的姑父，在卫出公与父亲蒯聩的斗争中，孔文子支持卫出公。在孔文子去世后，蒯聩劫持了孔文子的儿子孔悝，逼他支持自己。得知表哥孔悝站在自己父亲一边后，卫出公马上就出逃鲁国。可见孔文子家的势力非常强大，可以决定君主的废立。孔文子生前支持卫出公，去世后外甥卫出公给他一个美谥是很自然的事情，这与他是否敏而好学、不耻下问没有关系。

5.21 子曰：“宁武子①，邦有道，则知；邦无道，则愚。其知可及也，其愚不可及也。”

【注释】

① 宁武子：姓宁名俞，春秋卫国文公、成公时期的大夫，“武”是他的谥号。

【译文】

孔子说：“宁武子这个人，当国家政治清明，他就显露才智，当国家政治黑暗，他就装傻。他的才智别人可以达到，他装傻别人就达不到了。”

【评析】

宁武子“邦有道则智，邦无道则愚”的处世方法与孔子的“天下有道则见，无道则隐”“用之则行，舍之则藏”的主张是一致的，因此得到孔子的赞许。

宁武子事奉过卫文公、卫成公两君。卫文公是个明君，宁武子虽然发挥了才智，但史书上没有记载，可能是因为“其知可及也”，表现不突出。《左传》记载宁武子的事迹主要是在卫成公时期。卫成公因无道被晋国讨伐，最终被晋军俘虏。宁武子不避艰险，周旋其间，最终保护卫成公回国。他曾经阻止卫成公“非其鬼而祭之”，祭祀夏朝第四代君王相。

宁武子装傻其实与鲁国有关。《左传·文公四年》记载：宁武子访问鲁国，鲁文公设宴招待，席间让乐工为宁武子演奏《湛露》《彤弓》两首诗歌。春秋时期，宴会上主宾引用《诗经》中的诗歌互相应答是礼节。不过宁武子却既不辞谢，也不回以诗赋，非常失礼。鲁文公很纳闷，派人私下询问。宁武子对来人说：“我以为乐工是在练习呢。当年诸侯朝拜周王，周王宴请大家，才赋《湛露》，表示天子象征太阳，诸侯服从听命。《彤弓》表现的是诸侯和天子同仇敌忾，诸侯向天子敬献战利品，天子赐以彤弓及箭支，计算诸侯的功劳并回报以宴乐。现在下臣前来巩固两国友谊，已承蒙鲁君赐宴，哪里还敢触犯大礼自取罪过呢？”

鲁文公演奏《湛露》《彤弓》这两首诗歌是僭越，宁武子不赞成，因此不回以诗赋。他在回答问询时候装傻，虽然言辞谦逊，但态度明确。孔子非常赞许这种装傻，既表明态度又不得罪人，因此说他的装傻水平别人达不到。可以看出，宁武子的愚其实是一种大智慧。

14.13 子问公叔文子①于公明贾②曰：“信乎，夫子③不言，不笑，不取乎？”公明贾对曰：“以告者过也，夫子时然后言，人不厌其言；乐然后笑，人不厌其笑；义然后取，人不厌其取。”子曰：“其然？岂其然乎？”

【注释】

① 公叔文子：公叔发，全谥“贞惠文”，单谥“文”，一般称他为公叔文子。

② 公明贾：姓公明字贾，卫国人。

③ 夫子：文中指公叔文子。

【译文】

孔子向公明贾问到公叔文子，说：“老先生不说、不笑、不取财利，是真的吗？”公明贾回答说：“跟您这样说的人错了。先生到应该说的时候才说，因此别人不厌恶他的话；快乐时才笑，因此别人不厌恶他的笑；应该取的财利才取，因此别人不厌恶他取。”孔子说：“是这样吗？难道真是这样吗？”

【评析】

《左传·襄公二十九年》记载：吴国公子季札访问卫国，非常欣赏蘧瑗、史狗、史鳍、公子荆、公叔发、公子朝等人，说卫国君子多，不会有祸患。鲁襄公二十九年是公元前544年，孔子生于前551年，可知这些人比孔子岁数要大得多。蘧瑗就是蘧伯玉；史鳍就是史鱼，也称祝鮀；公叔发就是公叔文子。

《左传·定公十三年》记载：当初，公叔文子要请卫灵公吃饭，遇到史鳍，跟他说了这件事。史鳍说：“你要倒霉了，你富有而国君贪婪，祸要上身了。”公叔文子问那怎么办，史鳍说：“只要你谨守臣礼就没事儿。富有而能守臣礼，必能免于难，富而无骄的人我只见过你一个。”

《礼记·檀弓下第四》记载：公叔文子去世，他儿子戍向卫灵公请求赐予谥号，卫灵公说：“当年卫国闹饥荒，夫子用粥赈灾，这不是‘惠’吗？当年卫国有难，夫子以死保卫我，这不是‘贞’吗？夫子治理卫国，改革旧制度，与邻国交好，卫国的社稷没有受辱，这不是‘文’吗？所以赐谥号‘贞惠文子’。”

虽然公叔文子声望很高，但孔子显然对公明贾的话持怀疑态度。因为能做到“时然后言”“乐然后笑”“义然后取”非常不易，已经达到中庸之道了。

14.18 公叔文子之臣大夫僎（xún）①与文子同升诸公。子闻之，曰：“可以为‘文’矣。”

【注释】

① 臣大夫僎：“僎”音旬。公叔文子的家臣僎。

② 升诸公：公，鲁国公室。由于公叔文子的推荐，僎由公叔文子的家臣提拔为鲁国大夫，与公叔文子平级。

【译文】

公叔文子的家臣僎由于文子的推荐和文子一同做了卫国大夫。孔子听说了，说：“公叔文子可以配得上‘文’的谥号了。”

【评析】

前面解释过，“文”是一个非常高的美谥。孔子评价公叔文子配得上文的谥号是因为他唯才是举，而孔子周游列国就是在寻找这样的伯乐而不得。

此章的疑点在于孔子是在公叔文子在世的时候听说这件事情，还是在他去世以后。如果是前者，孔子是在预言公叔文子会被谥文，如果是后者，孔子是在赞扬公叔文子配得上谥文。

《论语》中共有六处“子闻之”。其中三处是孔子听到别人对自己的评价，一处是听到弟子说的话，都是在当事人说话不久后就听到了。还有两处，一个是孔子听闻季文子“三思而后行”，这肯定是季文子去世以后才听说的，因为季文子在孔子出生前就去世了。本章判断起来有些难度，因为公叔文子虽然比孔子大二三十岁，但两人同时在世也有几十年，孔子很有可能在公叔文子生前就听闻此事。《左传》中记载的预言基本上都应验了，当事人似乎有未卜先知的能力，感觉不真实。从另一个角度来看，对一个事件的后续发展，可能有很多人都做出过预言，作为后来人，史官已经知道了结局，肯定只选取应验的预言载入史册。这样一来，在史书中记载的就都是得到应验的预言。这样推理的话，可能孔子预测过很多人的谥号，就只有公叔文子的说准了，被弟子记录下来编进《论语》。

13.8 子谓卫公子荆①：“善！居室②始有，曰：‘苟合③矣。’少有，曰：‘苟完矣。’富有，曰：‘苟美矣。’”

【注释】

① 卫公子荆：卫国大夫，字南楚，卫献公的儿子。

② 居室：家里的财物。

③ 苟合：差不多合适了。

【译文】

孔子谈到卫国的公子荆时说：“他人很好，家里刚有财物，他说：‘差不多合适了。’多了一些，他说：‘差不多足够了。’更富有了，他说：‘差不多完美了。’”

【评析】

卫公子荆也是鲁襄公二十九年，吴国公子札到访卫国后赞赏的人之一，孔子称赞他为人知足，不贪婪。

此章断句存在歧义，包括钱穆、杨伯峻都断句如下：子谓卫公子荆：“善居室。始有，曰：‘苟合矣。’少有，曰：‘苟完矣。’富有，曰：‘苟美矣。’”他们把“善居室”翻译成善于居家过日子，或者善于经营家业。这种断句在语法上可以接受，但是语意存在矛盾，不合逻辑。如果公子荆善于居家过日子，为什么会小富即安，家里有点财物就说够了，不能称为善于经营家业吧！另外，孔子评价一个人居家过日子的能力，格局过低，与《论语》的主旨不符。

14.25 蘧伯玉使人于孔子。孔子与之坐而问焉，曰："夫子何为？"对曰："夫子欲寡其过而未能也。"使者出。子曰："使乎！使乎！"

【译文】

蘧伯玉派使者来拜访孔子。孔子请使者坐下，然后问道："先生最近在做什么？"使者回答说："先生想要减少自己的过错，但还没能做到。"使者走了以后，孔子说："好一位使者啊！好一位使者啊！"

【评析】

从使者的回答中，我们可以看到蘧伯玉具有很强的自我反省精神，而这种反省精神是儒家推崇的。孔子称赞使者是因为使者一语中的，非常了解蘧伯玉。《淮南子·原道训》写"蘧伯玉年五十而有四十九年非"，意思是蘧伯玉活到五十岁，觉得前四十九年都做得不对。

蘧伯玉虽然年长孔子 34 岁，但与孔子是一生的挚友。二人分别就仕卫、鲁时就互派使者问候。孔子周游列国 14 年中，有 10 年在卫国，两次住在蘧伯玉家，前后达 9 年。孔子在蘧伯玉家设帐授徒，两人充分沟通交流思想。蘧伯玉的政治主张、言行、情操对孔子学说的形成有重大影响，他的言行合乎儒家学说的基本观点，为儒家学派的最终确立奠定了基础，孔子赞他是真正的君子。蘧伯玉是道家"无为而治"思想的开创者，但"无为而治"这四个字却是由孔子提出来的。可见两人思想和学说互相吸收，互相影响。

后人将蘧伯玉牌位请进孔庙，奉祀于西庑北一位。

6.16 子曰："不有祝鮀（tuó）①之佞，而有宋朝②之美，难乎免于今之世矣！"

【注释】

① 祝鮀："鮀"音驼。字子鱼，卫国大夫，也叫祝佗、史鱼。祝鮀有口才，以能言善辩受到卫灵公重用。孔子称赞祝鮀正直。

② 宋朝：宋国的公子朝，在卫国任大夫，以貌美闻名。

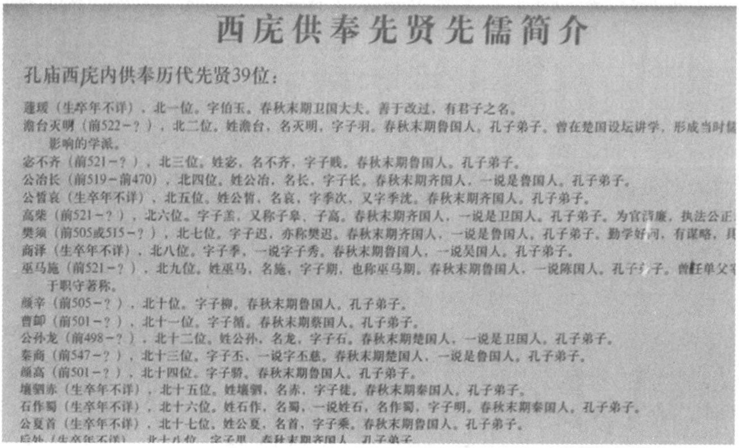

曲阜孔庙西庑供奉先贤先儒简介牌

【译文】

孔子说："如果没有祝鮀的口才，而仅有宋朝的容貌，在当今的世上难以免于灾祸。"

【评析】

《左传·定公四年》记载，刘国的齐文公乘吴王阖闾攻打楚国之机，与周朝大夫苌弘、晋国范献子谋划攻打楚国，在召陵会合18国诸侯订立盟约共同伐楚。卫国、蔡国都参加了会盟。卫国打听到会盟仪式上蔡国将在卫国之前歃血，这意味着蔡国地位高于卫国。卫灵公派祝鮀私下和苌弘见面打听情况。苌弘说因为蔡国创始人蔡叔是卫国创始人康叔的哥哥，因此把蔡国的位次排在卫国之前。祝鮀从周人尚德的角度出发，说卫国的德在蔡国之上，说服了刘文公三人同意卫灵公在蔡昭侯之前歃血。

宋朝是卫国大夫，受卫灵公的宠幸，却与卫灵公夫人南子有染。《左传·昭公二十年》，他和齐豹、北宫喜、褚师圃一同作乱，把灵公赶出卫国。后来灵公复国，宋朝逃亡到晋，卫灵公却又因为南子思念宋朝的缘故，再次把他召了回来。《左传·定公十四年》，卫国太子蒯聩出使齐国，经过宋国，宋人向他唱道："既定尔娄猪，盍归吾艾豭？"意思是说：你们那只求子的母猪（指南子）既然已经得到了满足，为什么还不归还我们那漂亮的公猪（指宋朝）？这就是成语"娄猪艾豭"的由来。蒯聩羞愤难当，因此计划刺杀南子，后来刺杀失败出逃晋国。

孔子拿两人做比喻是告诉弟子，想免受灾祸，还是要靠真本事，光有颜值是没用的。

14.19 子言卫灵公之无道也，康子曰："夫如是，奚而不丧？"孔子曰："仲叔圉（yǔ）[1]治宾客，祝鮀治宗庙，王孙贾治军旅。夫如是，奚其丧？"

【注释】

① 仲叔圉："圉"音羽。仲叔圉就是孔文子。

【译文】

孔子谈起卫灵公的无道，季康子说："既然如此，为什么没有亡国呢？"孔子说："因为有仲叔圉接待宾客，祝鮀管理宗庙祭祀，王孙贾统率军队，像这样，怎么会亡国呢？"

【评析】

卫灵公是做过不少荒唐事，他早年宠幸公子朝（宋朝）闹出乱子，晚年又宠幸南子，气得孔子大骂"吾未见好德如好色者也"。孔子骂卫灵公无道，有不见用于卫灵公的个人情绪在内，但卫灵公不能算昏君，他擅长识人，知人善任，正是他提拔的三个大臣孔圉、祝鮀、王孙贾的合作，才使卫国的国家机器运转正常。

《孔子家语·贤君第十三》记载，鲁哀公问孔子："当今之君，孰为最贤？"孔子回答："丘未之见也，抑有卫灵公乎？"冷静下来的孔子，对卫灵公的评价还是非常高的。

齐国

齐国在春秋时期最重要的历史人物是管仲，《论语》记录了孔子 4 次评价管仲，分别是 3.22 章（《礼乐篇第七》）、14.16 章（《仁智篇第八》）、14.17 章（《仁智篇第八》）和 14.9 章（《评人篇第十六》）。

5.17 子曰："晏平仲善与人交，久而敬之。"

【注释】

① 晏平仲：晏婴，字仲，谥"平"，史称"晏子"。春秋时期齐国著名政治家、思想家、外交家。

【译文】

孔子说："晏平仲擅长与人交往，相识很久了，别人仍然尊敬他。"

【评析】

晏婴是春秋时期齐国著名的贤相。他"善与人交，久而敬之"，是因为他政治上极富智慧和远见，有高超的外交才能，善于辞令，同时为人谦虚廉洁，体恤百姓，生活节俭，谦恭下士。晏婴管理国家秉公无私，从不接受礼物，大到赏邑、住房，小到车马、衣服，都被他辞绝。不仅如此，晏子还时常把自己所享的俸禄送给亲戚朋友和劳苦百姓。司马迁评价晏婴：方晏子伏庄公尸哭之，成礼然后去，岂所谓"见义不为无勇"者邪？至其谏说，犯君之颜，此所谓"进思尽忠，退思补过"者哉！假令晏子而在，余虽为之执鞭，所忻慕焉。晏婴相景公，食不重肉，妾不衣丝，齐国亦治。

晏婴是以其人格魅力赢得世人的尊重。

楚国、齐国

5.19 子张问曰："令尹子文①三仕为令尹，无喜色；三已②之，无愠色。旧令尹之政，必以告新令尹。何如？"子曰："忠矣。"曰："仁矣乎？"曰："未知。焉得仁？"

"崔子③弑齐君④，陈文子⑤有马十乘，弃而违。至于他邦，则曰：'犹吾大夫崔子也。'违之。之一邦，则又曰：'犹吾大夫崔子也。'违之。何如？"子曰："清矣。"曰："仁矣乎？"曰："未知。焉得仁？"

【注释】

① 令尹子文：斗谷于菟（dòu gǔ wū tú），芈姓，字子文（前708年—前626年）。令尹是楚国的官名，相当于宰相。令尹子文是楚国的著名宰相，对楚国的强大和北上争霸做出了杰出的贡献。《国语》中记载他三次辞去令尹的职务，家里连一天用来生活的积蓄都没有。

② 三已：三，指多次，不一定是实际次数。已，罢免。

③ 崔子：齐国大夫崔杼（zhù），崔武子。崔杼为齐国大夫，齐灵公病危时，迎前太子光，立为齐庄公。公元前548年，崔杼因庄公与其妻棠姜私通，杀死庄公，立庄公异母弟杵（chǔ）臼为君，是为景公，自己为右相。《左传·襄公二十五年》记载，齐国太

史四兄弟因为秉笔直书“崔杼弑庄公”，被崔杼杀死三个哥哥，但四弟仍然坚持如实记载，崔杼无奈接受。崔杼执政二十多年，骄横异常，先后立庄公、景公，在朝大肆杀戮，造成齐国政局动荡。

④ 齐君：被崔杼所杀的齐庄公。

⑤ 陈文子：陈国大夫，名须无。崔杼娶棠姜之前占卜吉凶。陈文子解读卦象，劝告崔杼娶棠姜会有灾祸，但崔杼不听。

【译文】

子张问孔子说：“子文几次做令尹，都没有高兴的样子，几次被免职，也没有怨恨的样子。每次被免职时，一定把自己全部的政令告诉接任的令尹。怎么样？”孔子说：“算得上忠了。”子张问：“算得上仁了吗？”孔子说：“不知道。哪里来的仁呢？”

子张又问：“崔杼杀了齐庄公，陈文子有十辆马车都不要了，逃离齐国。到了一个国家，他说，‘这里的执政者和我国的大夫崔子差不多’，就离开了。又到另一个国家，又说，‘这里的执政者和我国的大夫崔子差不多’，又离开了。怎么样？”孔子说：“可算得上清高了。”子张说：“算得上仁了吗？”孔子说：“不知道。哪里来的仁呢？”

【评析】

据《左传·庄公三十年》记载，斗谷于菟当了令尹后，他自毁其家以纾楚国之难。令尹子文在离职时，把自己的政令告诉继任的令尹，以便继任者能及时了解情况，顺利完成交接，这是一种不计较个人得失、对国家负责任的态度，因此孔子说他忠。

从史料的记载上来看，令尹子文是一位公正廉洁、律己恤民的政治家，他稳定了楚国政局，对楚国强大和北上争霸做出了重要贡献。以博施于民而能济众的标准来看，令尹子文当然是个仁者，孔子说未知其仁，我以为是孔子对楚国存在偏见，在孔子眼中楚国是蛮夷之邦，不遵守华夏礼仪，怎么会有仁者呢。

陈文子之所以每到一个地方都说“犹吾大夫崔子也”，是因为当时各诸侯国都面临着相同的局面，公室孱弱，权臣当道，政局凶险。

陈文子的四世祖陈完是陈厉公之子，为了躲避迫害逃到齐国，齐桓公任命他为国卿，他坚辞不受，齐桓公遂让他出任工正之职，掌管工程建设。陈氏客居齐国，几代人一直小心从事，避免惹祸上身，到了陈文子这代，国君齐庄公刚愎自用，国卿崔杼骄横跋扈，陈文子更加小心谨慎。

《左传·襄公二十一年》记载，齐庄公接纳晋国大臣栾盈，晏婴进行劝阻，说齐国曾答应晋国不接纳栾盈，现在接纳他是背信弃义，但齐庄公不听。晏婴跟陈文子说国君自暴自弃，不会长久了。鲁襄公二十三年，齐庄公把栾盈送回晋国制造内乱，同时趁机进攻晋国。这次就连崔杼也劝谏，齐庄公依然不听。陈文子打听情况，崔杼对他说："国君不听劝，如果让国家陷入危机，到时候谁顾得上他呢，您就别管了。"陈文子出来后对随从说："崔杼怕是要死了，国君做得过分，他比国君还过分，不会善终的。"

棠姜原是齐国棠邑大夫的妻子，棠邑大夫去世后，崔杼见棠姜长得漂亮要娶她，陈文子解读卦象以为不吉，劝崔杼不要娶，但崔杼不听。鲁襄公二十五年，崔杼受不了齐庄公给他戴绿帽子，将齐庄公骗到家中乱箭射杀，然后把齐庄公的党羽、近臣全部杀死，齐国大乱。晏婴闻知国君死讯，赶往崔杼家中伏庄公尸恸哭，顿足而出，崔杼忌惮晏婴的民望，不敢杀他。陈文子闻讯则舍弃家业出逃，他已成惊弓之鸟，每到一个国家，稍有风吹草动就再次出逃。陈氏家族对于逃跑似乎有一种路径依赖，曾祖跑完曾孙跑。

孔子说过危邦不入，乱邦不居，他能理解陈文子，称其"清"是赞许他避乱世，能做到洁身自好。那为什么说未知其仁呢，因为孔子说过"志士仁人，无求生以害仁，有杀身以成仁"，国难当头，陈文子没有奋不顾身地与犯上作乱的崔杼斗争，而是选择逃跑，当然称不上仁了。

历史和陈文子开了一个大玩笑，他四处躲避弑君者，而他的三世孙陈成子却成了弑君者，杀害了齐简公，惹得孔子坚持要讨伐他（14.21 章）。

郑国、齐国

14.9 或问子产。子曰："惠人也。"问子西①。曰："彼哉！彼哉！②"问管仲。曰："人也。夺伯氏③骈邑④三百，饭疏食，没齿无怨言。"

【注释】

① 子西：公孙夏。姬姓，名夏，字子西。郑国的卿大夫，子产的同宗兄弟。

② 彼哉！彼哉！：他呀！他呀！春秋时表示看不起的口头语。

③ 伯氏：齐国的大夫。

④ 骈邑：伯氏的食邑。

【译文】

有人问子产是个怎样的人。孔子说："可以施惠于人的人。"又问子西。孔子说："他呀！他呀！"又问管仲。孔子说："是个人才，他剥夺伯氏骈邑三百户，使伯氏终生吃稀饭，但直到死也没有怨言。"

【评析】

《左传·襄公十年》记载，郑国发生叛乱，子西的父亲子驷和子产的父亲子国都被叛乱者杀害，叛军挟持了国君郑简公逃到北宫。子西听说了，不加戒备，轻装就从家里出来了，收殓好父亲遗体就驱车追击叛兵。追到北宫无法攻入，又转回家去拿铠甲，但是由于家里没有设置警卫，家臣和奴仆多已逃散，武器装备也大多丢失，无法组织进攻。而子产听说有叛乱，安排兵士守门，召集各级官吏，关闭府库，妥善保管物资，做好防守准备，把人马排列整齐才从家里出来，共有战车十七辆。他先收殓了父亲的尸体，然后去北宫攻打叛军，很快就平定了叛乱。可以看出来子产遇事临危不乱，思路清晰，而子西就差远了，因此孔子对子西的评价就只是呵呵两声了。

伯氏应是齐国大夫，目前找不到关于他的史料，不过从孔子的话来看，伯氏对管仲没收自己的食邑毫无怨言，说明管仲赏罚分明，大家心服口报。

春秋霸主

14.15 子曰："晋文公[①]谲（jué）[②]而不正，齐桓公[③]正而不谲。"

【注释】

① 晋文公：姓姬名重耳，春秋五霸之一。公元前 636 至前 628 年在位。

② 谲：音决，欺诈，玩弄手段。

③ 齐桓公：姓姜名小白，春秋五霸之一。公元前 685 至前 643 年在位。

【译文】

孔子说："晋文公诡诈而不正派，齐桓公正派而不诡诈。"

【评析】

齐桓公和晋文公都是春秋霸主，但孔子对他们的评价截然相反。主要原因是他们在称霸过程中对周王室的态度不同。齐桓公在对外征伐中打出"尊王攘夷"的口号，孔子主张礼乐征伐自天子出，因此称赞齐桓公“正”，而晋文公在称霸后召周天子来见，在孔子看来这是大逆不道，所以他说晋文公“谲”。

贤者

14.37 子曰：“贤者辟（bì）①世，其次辟地，其次辟色，其次辟言。”子曰：“作者七人矣②。”

【注释】

① 辟：同“避”，逃避。

② 作者七人矣：作者，这样做的人；七人，即 18.8 章中的逸民七人：伯夷、叔齐、虞仲、夷逸、朱张、柳下惠、少连。

【译文】

孔子说：“贤者躲避世俗社会，次一等的逃到其他地方去，再次一等的避免别人难看的脸色，再次一等的回避别人难听的话。”孔子又说：“能做到这样的人有七个。”

【评析】

人面对世俗社会有两种选择，一种是入世，通过各种方式参与到社会生活当中；一种是避世，远离社会生活隐居起来。

孔子持积极的入世观，他想通过自己的努力来改变无道的社会状况。但对于避世的选择，孔子持尊重和理解的态度，对于避世的人，他尊为贤者，因为这样的人为了坚持自己的志向，甘愿放弃世俗生活，做出的牺牲最大。辟地、辟色、辟言的人也是贤者，虽然也在躲避，但都是入世选择，因为只有生活在社会中才能与外界产生互动，才会躲避不好的人和事，但做出的牺牲次第减少，因此是次第降低的贤者。

18.8 逸①民：伯夷、叔齐、虞仲、夷逸、朱张、柳下惠、少连②。子曰：“不降其志，不辱其身，伯夷、叔齐与！”谓：“柳下惠、少连，降志辱身矣，言中（zhòng）③伦，行中虑，其斯而已矣。”谓：“虞仲、夷逸，隐居放言，身中清，废中权。”“我则异于是，无可无不可。”

【注释】

① 逸：同“佚”，散失、遗弃。

② 虞仲、夷逸、朱张、少连：虞仲，据说就是吴泰伯的弟弟仲雍。夷逸，春秋时期人，周朝大夫夷诡诸后人，他隐居不仕，有人劝他出仕，他以牛打比方，说宁可拉着犁耕田，也不愿意披着锦绣被送入太庙宰杀做牺牲。朱张，身世和事迹都无从考证。少连，在《礼记·杂纪下》中，孔子说他是东夷人之子，在服丧方面做得很好。

③ 中：音重，表示符合的意思。言中伦，言语合乎法度；行中虑，行为经过考虑；身中清，洁身自爱；废中权，避世是权衡后的结果。

【译文】

被遗弃的人才有：伯夷、叔齐、虞仲、夷逸、朱张、柳下惠、少连。孔子说："不降低自己的志向，不屈辱自己的身份，这是伯夷、叔齐吧。"说："柳下惠、少连被迫降低自己的志向，屈辱自己的身份，但言语合乎法度，行为经过考虑，这样也算可以了。"说："虞仲、夷逸隐居不问世事，洁身自爱，他们避世是权宜之策。"孔子说自己："我却与他们不同，只要符合义，没有一定要做的，和一定不能做的事情。"

【评析】

伯夷、叔齐、虞仲、夷逸、朱张、柳下惠、少连七人就是上一章（14.37 章）孔子说的"作者七人矣"。

面对自己不满意的社会现实，人有不同的选择。伯夷、叔齐不肯降志辱身，不接受现实，饿死不食周粟，是辟世。柳下惠、少连降志辱身，虽然参与社会生活，但是坚守原则，决不同流合污，他们"言中伦，行中虑"是辟言和辟色。虞仲、夷逸隐居起来，"身中清，废中权"，是辟地。孔子说自己"无可无不可"就是"用之则行，舍之则藏""邦有道，则仕；邦无道，则卷而怀之"，根据情况变化做出调整，我以为这是最正确的处世方法。

童子

7.29 互乡①难与言，童子见，门人惑。子曰："与②其进也，不与其退也，唯何甚③？人洁已以进，与其洁也，不保其往④也。"

【注释】

① 互乡：应为鲁国地名，具体所在已无从考证。

② 与：赞许。

③ 唯何甚：何必做得太过分。

④ 不保其往：保，一说担保，一说保守。往，一说过去，一说将来。

【译文】

互乡这地方的人很难沟通，但互乡的一个童子却受到了孔子接见，学生们很纳闷。孔子说："我是肯定他的进步，不是肯定他的退步。何必做得太过分呢？人家改正了错误以求进步，我们肯定他改正错误，不要死抓住他的过去不放。"

【评析】

人是会变的，孔子不揪着过去不放、把人一棒子打死。他肯定人的进步，加以鼓励和帮助，充分体现了他"有教无类"的教育思想和"诲人不倦"的教育精神。

14.44 阙党①童子将命，或问之曰："益者与？"子曰："吾见其居于位②也，见其与先生并行③也。非求益者也，欲速成者也。"

【注释】

③ 阙党：即阙里，孔子家住的地方。

④ 居于位：按周礼，童子要站立应答，不能与长者同坐。

⑤ 与先生并行：按周礼，两人年龄相差 5 岁就不能并肩而行，年少者要以一肩之差跟随长者。童子与长辈岁数相差很大，并行不符合礼。

【译文】

阙里的一个童子来向孔子传话。有人问孔子："这是个上进的孩子吗？"孔子说："我见他坐在大人的位子上，又见他和长辈并肩而行，他不是要求上进的人，只是个急于求成的人。"

【评析】

拿现在的话来说，这个阙党童子没大没小，没有家教。一个人不懂礼貌，没有教养，自己不觉得有什么，但是别人看在眼里就会对他产生不好的印象。在没有机会展示自己能力的时候，别人会依据对你的印象对你做出判断，如果印象不好的话，连展示机会都没有。

这一章对刚步入社会的年轻人的教育意义，可能比孔子其他所有思想都重要。

五、孔子言行举止、生活习惯

言行篇第十七

《论语》旧编二十篇，每篇中的内容大都没有关联，唯有第十篇集中记载了孔子的言谈举止、衣食住行、生活习惯，颂扬孔子是个一举一动都依礼而行的君子，为人们全面了解孔子、研究孔子，提供了生动的素材。

除第十篇外其他篇也有零星对孔子言行的介绍，现在合辑为《言行篇》。

孔子行为习惯

7.18 子所雅言[①]，《诗》《书》、执礼，皆雅言也。

【注释】

① 雅言：是春秋时期周王室宫廷说话的口音，就是当时的普通话。

【译文】

孔子说雅言的场合：读《诗经》《尚书》、行礼的时候，都是说雅言。

【评析】

早在西汉，文学家、语言学家扬雄就对中国的方言进行了细致研究。在他的著作《輶（yóu）轩使者绝代语释别国方言》中对周代各地方言进行了比较研究，这是世界上第一部对方言词汇进行比较研究的专著。他把周代方言分为十三类，孔子日常闲谈时说的是齐鲁方言，而雅言是东周王室所在地河洛地区的口音。

孔子读《诗经》《尚书》时用雅言，是在教弟子们学习雅言，而在执礼时用雅言，是礼的要求。现在依然如此，大家在日常生活中说方言，但在官方场合、正式场合上要说普通话，不然就显得很随意，不正规。

7.9　子食于有丧者之侧，未尝饱也。

【译文】

孔子在有丧事的人旁边吃饭，不曾吃饱过。

7.10　子于是日哭，则不歌。

【译文】

孔子在这一天哭泣过，就不再唱歌。

7.27　子钓而不纲[①]，弋（yì）[②]不射宿[③]。

【注释】

① 纲：大绳，这里作动词用，在水面上拉一根大绳，在大绳上系许多鱼钩来钓鱼，叫作纲。

纲钓

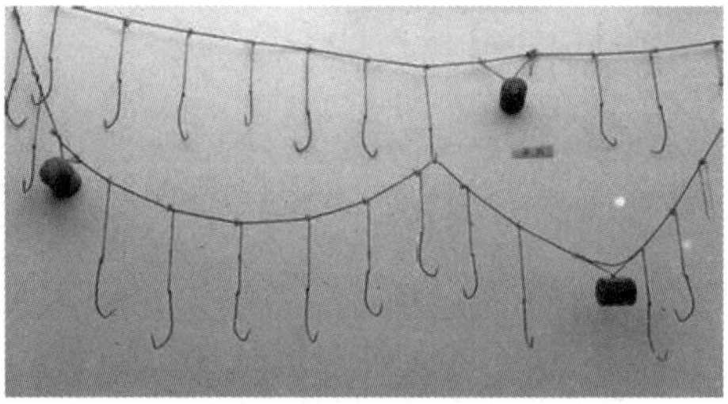

纲网

② 弋：音异，指用带丝线的箭来射鸟，射中后可以沿着丝线找到猎物。有些鸟很大，射中后可以带着箭飞，丝线可以把它们牵制住，另外，古代箭头是青铜制成，非常贵重，弋射不中，箭枝也不会丢失。

③ 宿：指归巢歇宿的鸟。

【译文】

孔子钓鱼不用纲网，只射飞鸟，不射归巢的鸟。

【评析】

用纲网钓鱼虽然打鱼多，但这是一种竭泽而渔的捕鱼方式；射归巢的鸟虽然容易，但是把鸟巢都毁了，会伤害到雏鸟、鸟蛋。

人类生存发展需要从大自然获取资源，但是不能没有限度，否则便破坏了生态平衡。孔子钓而不纲、弋不射宿是取之有度，这既体现了孔子的中庸思想，也反映了孔

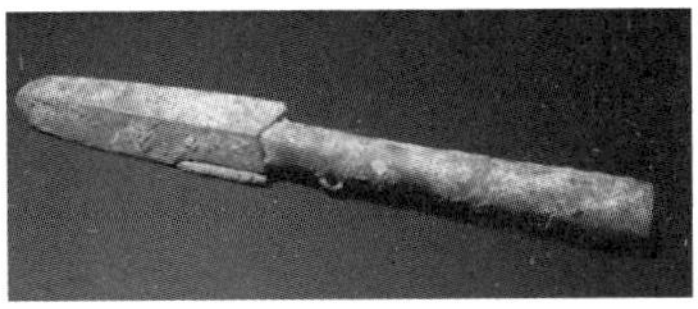

弋射的箭镞

《弋射图》

可以看到每个射手腿边都有一个线盒，里面有四个线轴

子与自然和谐共处的观念。

7.32 子与人歌而善，必使反[①]之，而后和之。

【注释】

① 反：同“返”，再唱一遍。

【译文】

孔子与别人一起唱歌，如果唱得好，一定要邀请他再唱一遍，然后和他一起唱。

【评析】

表演者歌唱得好，邀请人家再唱一遍，既是对表演者歌唱水平的认可，也是礼节。现在音乐演出依然保留着返场的传统，演员退场后，在观众的鼓掌和欢呼声中再回来加演几首，就是这种礼节的延续。

10.13 乡人饮酒[①]，杖者出，斯出矣。

【注释】

① 乡人饮酒：指当时的乡饮酒礼。

【译文】

乡饮酒礼结束后，孔子要等老年人先出去，自己这才出去。

【评析】

春秋时代是阶级社会，以身份高低确定尊卑，而不是年龄大小。孔子遇到地位高的贵族时，不管对方多年轻都会表示敬意，“子见齐衰者、冕衣裳者与瞽者，见之，虽少，必作；过之，必趋。”但乡饮酒礼是一个敬老节，在这个礼节上是根据年龄大小排定尊卑次序的，《礼纪·乡饮酒义》云“少长以齿”，所以孔子请老年人先走。

10.14 乡人傩（nuó）①，朝服而立于阼（zuò）阶①。

【注释】

① 傩：音挪。古代迎神驱鬼的仪式，后来俗称跳大神。

② 阼阶：“阼”音作。东面的台阶，主人、贵宾站立的地方。

【译文】

乡里人举行迎神驱鬼的仪式时，孔子总是穿着朝服站在东边的台阶上。

【评析】

傩是一种民间祭礼，孔子非常看重祭祀，因此穿着朝服参加表示尊重。孔子当过大夫，身份比普通百姓高贵，因此站在东面的主阶上。

10.15 问①人于他邦，再拜而送之。

【注释】

① 问：问好，问候。古代人在问候时往往要送上礼物。

【译文】

孔子托人问候在其他诸侯国的朋友，送行时向受托者拜两次。

【评析】

拜两次可能一是拜受托者，二是拜要问候的朋友。

9.10 子见齐衰（zī cuī）①者、冕（miǎn）衣裳者②与瞽（gǔ）③者，见之，虽少，必作④；过之，必趋⑤。

【注释】

① 齐衰：音咨崔，丧服，古时用麻布制成。

② 冕衣裳者：“冕”音免，古代官帽；衣，上衣；裳，下服，这里统指官服。冕衣裳

者代指贵族。

③ 瞽：音鼓，盲。

④ 作：站起身来，对人尊敬的一种表示。

⑤ 趋：身体前倾快步走，对人尊敬的一种表示。

【译文】

孔子遇见穿丧服的人、戴礼帽穿礼服的贵族和盲人时，虽然他们年轻，也一定要站起来；经过他们身边时，一定要快步走。

【评析】

孔子时刻以礼待人。贵族地位尊贵，以礼相待自不必说；家有丧事者，以礼相待是对他们家人亡故的同情；盲人，身有残疾，以礼相待是对他们自身不幸的同情。此外，古代乐官通常都是由盲人担任，而音乐是礼的表现形式之一，孔子礼待盲人就是在尊重礼。

为什么“作”和“趋”是表示尊敬呢？“作”是在坐着的场合，见到受尊敬的人来了，大家起身表示尊重。现代社会也一样，大家坐着的时候，如果有领导来了，大家都会起身致意，否则会被认为不懂规矩。“趋”是行走时的礼节，低头身体前倾，作拱手状，小步快走。低头身体前倾，作拱手状是表示尊重，小步快走是表示谨慎小心。在古代，地位低者在地位高者面前经过时都要趋行，如臣子对君主、儿子对父亲，这是必须要遵守的礼。《论语》16.13 章，孔鲤说孔子有一次站在堂上，他自己“趋而过庭”，就是如此。即便在现代社会，下级在上级面前大摇大摆地走路也是一种傲慢失礼的行为。

10.25 见齐衰者，虽狎（xiá）①，必变。见冕者与瞽者，虽亵（xiè）②，必以貌。凶服③者式④之。式负版者⑤。有盛馔（zhuàn）⑥，必变色而作。迅雷风烈，必变。

【注释】

① 狎：音侠，亲近的意思。

② 亵：音谢，常见、熟悉。

③ 凶服：丧服。

④ 式：同“轼”，古代车辆前部的横木，这里作动词用，用手扶轼。遇见值得尊敬的人时，坐在车里的人要身体前倾，手扶在横木上，以示尊重。这是一种礼节。

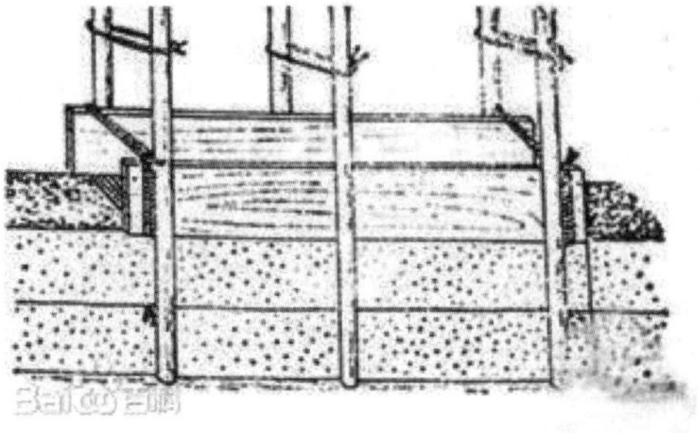

版筑工艺

⑤ 负版者：版有两种解释：一是指国家图籍，先秦没有纸，用木板来绘制地图，称为版；二是指用于版筑的木板，即筑板。版筑是我国古代修建墙体的一种技术，把土夹在两块木板中间，用杵捣坚实，就成为墙。我认为这里的负版者是背负筑板的人。

⑥ 馔：音赚，饮食。盛馔，丰盛的宴席。

【译文】

孔子看见穿丧服的人，即便是关系很亲密的，神色也严肃起来。看见穿礼服的人和盲人，即便是经常见面，也一定有礼貌。乘车时遇见穿丧服的人，俯身把手扶在车前横木上。遇见背负筑板的人，也这样做。做客时，如果主人上了丰盛的菜肴（yáo），一定神色变严肃，站起身致谢。遇见迅雷狂风，一定神色变严肃。

【评析】

孔子乘车时遇见办丧事的人行式礼好理解，为什么遇见背负筑板的人也要行式礼呢？西汉文史学家刘向所著《说苑·立节》记载：楚国攻打陈国，烧毁了都邑西门，楚兵押着陈国百姓修门，孔子经过而不行式礼。子贡问："依礼，遇见三人要下车，两个人要行式礼。现在陈国这么多修门的人，您为什么不行式礼呢？"孔子曰："国家灭亡而不知，是不智；知而不争，是不忠也；逃跑而不死战，是无勇。修门的人虽多，没有一个人能做到智忠勇，所以我不式。"由此可见，孔子通常都会对筑城工匠行式礼。《左传·襄公二十三年》记载，陈国人修筑城墙，筑板坠落，庆氏杀害了当事的工匠，结果引发全体筑城工人的暴动，把监工和庆氏杀了。百姓看似一盘散沙，但当他们集体劳动时，具有很强的组织性、凝聚力，是一股强大的社会力量。孔子少也贱，多能鄙事，他年轻时就在劳动中认识到了劳动者的智慧和力量，因此会对他们行式礼。

古代吃饭，都是落座后饭菜才端上来。主人端上丰盛的菜肴，表示对自己的尊重，孔子因此要脸色严肃以示谦逊、承受不起，同时起身表示感谢。

子不语怪力乱神。孔子虽然不信鬼神，但对于大自然展现力量的时候还是心存敬畏，也会神情严肃。

10.26 升车，必正立，执绥（suí）①。车中，不内顾，不疾言，不亲指。

【注释】

① 绥：音隋，这里指上车时用作扶手的索带。

【译文】

孔子上车时，一定先端正站好，然后拉着扶手索带上车。在车上，不回头看，不快速说话，不用手指指点点。

【评析】

以上几章记载了孔子言谈举止的规矩和习惯，他举手投足都依礼而行。这些规矩形成了中国传统文化，一直到今天依然在生活中应用。中国被称为礼仪之邦就是来源于这些具体的礼仪细节。

子于朝堂

10.1 孔子于乡党①，恂恂（xún）②如也，似不能言者。其在宗庙朝廷，便便（pián）③言，唯谨尔。

【注释】

① 乡党：古代五百户人家为一党，一万二千五百户为一乡。

② 恂恂：音旬，温和恭顺。

③ 便便：音骈，畅达。

【译文】

孔子在乡里时温和恭顺，像是不会说话的样子。但他在宗庙里、朝廷上，却很善于言辞，只是说得比较谨慎而已。

10.2 朝，与下大夫言，侃侃①如也；与上大夫言，誾誾（yín）②如也。君在，踧踖（cù jí）③如也，与与④如也。”

【注释】

① 侃侃：说话理直气壮，从容不迫的样子。

② 訚訚：音银银，正直、和颜悦色的样子。

③ 踧踖：音促急，恭敬而不安的样子。

④ 与与：小心谨慎、威仪适中的样子。

【译文】

孔子在上朝的时候，（国君还没有到来）同下大夫说话，表现出从容不迫的样子；同上大夫说话，表现出正直恭敬的样子；国君已经来了，表现出恭敬不安的样子，但又仪态适中。

【评析】

孔子跟下大夫说话自然随和，跟上大夫说话恭恭敬敬，见到国君有些局促不安。面对不同的人，孔子说话时表情也不同，这并不是谄媚或者势利，而是依礼而行，因为礼就是用来区分高低贵贱的。我们跟领导说话和跟同事说话的态度肯定也不一样。

10.3 君召使摈（bìn）①，色勃如也②，足躩（jué）③如也。揖（yī）所与立，左右手，衣前后，襜（chān）④如也。趋进，翼如也。宾退，必复命曰：“宾不顾矣。”

【注释】

① 摈：音鬓，招待宾客。

② 色勃如也：脸色立即庄重起来。

③ 足躩：“躩”音决。脚步快的样子。

④ 襜：音掺，整齐之貌。

【译文】

国君召孔子去接待外国贵宾，孔子脸色立即庄重起来，脚步也快起来。他向和他站在一起的人作揖，手向左或向右作揖，衣服前后摆动，却整齐不乱。快步走的时候，像鸟儿展翅一样。宾客走后，必定向君主回报说：“客人已经不回头张望了。”

【评析】

从这些描写中可以看出来孔子对国君交代的外事接待任务非常重视，举止得体，照顾周全，有始有终。

10.4 入公门，鞠躬如也①，如不容。立不中门，行不履阈（yù）②。过（gē）位③，色勃如也，足躩（jué）如也，其言似不足者。摄齐（zī）④升堂，鞠躬如也，屏（bǐng）气似不息者。出，降一等，逞⑤颜色，怡怡如也。没阶，趋进，翼如也。复其位，踧踖（cù jí）如也。

【注释】

① 鞠躬如也：谨慎恭敬的样子。在这里鞠躬不是曲身的意思。

② 履阈："阈"音玉，门槛。脚踩门槛。

③ 过位："过"音戈。经过国君的位，国君不在，位是空的。

④ 摄齐："齐"音咨，衣服的下摆。摄，提起。提起衣服的下摆。

⑤ 逞：舒展开，松口气。

【译文】

孔子走进朝廷的大门，表现出恭敬谨慎的样子，好像没有容身之地。站立时不站在门中间；走路时不踩门槛。经过国君的座位时，脸色庄重起来，脚步加快起来，说话也好像中气不足。提起衣服下摆向堂上走的时候，表现出恭敬谨慎的样子，憋住气好像不呼吸一样。退出来，走下一级台阶，脸色便舒展开了，表现出怡然自得的样子。下完台阶，快步向前走，像鸟儿展翅一样。回到自己的位子上，又是恭敬不安的样子。

【评析】

此章描写孔子走进宫门，进入内庭，经过国君位子，升堂，下台阶，回到座位上，整个过程中表情和举止变化具体而生动，好像有摄影机在跟拍一样。

10.5 执圭①，鞠躬如也，如不胜。上如揖，下如授。勃如战色②，足蹜（sù）蹜③如有循④。享礼⑤，有容色。私觌（dí）⑥，愉愉如也。

【注释】

① 圭：一种上圆下方的玉器。出使邻国，大夫拿着圭作为代表君主的凭信。

② 战色：战战兢兢的样子。

③ 蹜蹜：音素素，小步走路的样子。

④ 如有循：循，沿着。好像沿着一条直线往前走一样。

⑤ 享礼：享，献上。指向对方贡献礼物的仪式。使者受到接见后，接着举行献礼仪式。

⑥ 觌：音敌，相见。

【译文】

孔子出使诸侯国，举行典礼，拿着圭，恭敬谨慎，好像举不起来圭一样。上举时像在作揖，拿在下面像在递东西。脸色战战兢兢，脚步紧凑，好像沿着一条直线在走。

在敬献礼物时，颜色和悦。和外国君臣私下会见时，轻松愉快。

【评析】

孔子代表国家出使，典礼上诚惶诚恐，私下见面才放松。

【综述】

以上五章详细生动地记述了孔子在朝堂上的举止，给人留下深刻的印象。孔子恭敬谨慎，一举一动都小心翼翼地近乎诚惶诚恐，能看出来他非常重视和珍惜从政的机会。

服饰

10.6 君子不以绀（gàn）緅（zōu）饰①。红紫不以为亵（xiè）服②。

当暑，袗（zhěn）絺（chī）绤（xì）③，必表而出之④。

缁（zī）衣⑤，羔裘⑥；素衣，麑（ní）⑦裘；黄衣，狐裘。

亵（xiè）裘长，短右袂（mèi）⑧。

必有寝衣⑨，长一身有半。

狐貉（hé）之厚以居⑩。

去丧，无所不佩。

非帷裳⑪，必杀（shài）之⑫。

羔裘玄冠不以吊⑬。

吉月⑭，必朝服而朝。

【注释】

① 不以绀緅饰："绀"音赣，深青透红的颜色。"緅"音邹，黑中透红的颜色。黑色是正式礼服的颜色，这两种颜色都近于黑，所以不以这两种颜色来给礼服镶边。

② 红紫不以为亵服：红色和紫色都是很庄重的颜色，不宜用于家里穿的衣服。

③ 袗絺绤："袗"音诊，单衣。"絺"音吃，细葛布。"绤"音细，粗葛布。穿粗或细的葛布单衣。

④ 必表而出之：把麻布单衣穿在外面，里面还要衬有内衣。

⑤ 缁衣：黑色的衣服。

⑥ 羔裘：黑色羔皮大衣，毛皮向外。

⑦ 麑：音尼，白色小鹿。

⑧ 短右袂："袂"音妹，袖子。右袖短一点，便于做事。

⑨ 寝衣：贴身盖的被子。

⑩ 狐貉之厚以居：狐貉之厚，厚毛的狐貉皮。居，坐。

⑪ 帷裳：上朝和祭祀时穿的礼服，用整幅布制作，不加以裁剪。多余的布折叠缝上。

⑫ 必杀之："杀"音晒，裁去。一定要裁去多余的布。

⑬ 羔裘玄冠不以吊：玄冠，黑色礼帽。黑色用于吉服，因此不能着羔裘玄冠去吊丧。

⑭ 吉月：正月初一。

【译文】

君子不用深青透红或黑中透红的布给衣服镶边，不用红色或紫色的布做家居服。

夏天穿粗或细的葛布单衣，但一定要套在内衣外面。

穿黑色羔羊皮袍时，外配黑色罩衣。穿白色鹿皮袍时，外配白色的罩衣。穿黄色的狐皮袍时，外配黄色的罩衣。

在家穿的皮袍做得长一些，右边的要袖子短一些。

睡觉一定要有贴身小被，要有一身半长。

用狐貉的厚毛皮做坐垫。

丧服期满脱下丧服后，便要佩带上所有的佩饰品。

如果不是上朝和祭祀时穿的礼服，一定要加以剪裁。

不穿黑色的羔羊皮袍，也不戴着黑色的帽子去吊丧。

每年初一，一定要穿着礼服去朝拜君主。

【评析】

这是春秋时期贵族服饰和穿戴的礼仪规范，非常讲究。仔细研究的话，会发现重点是颜色的选用和搭配。颜色的等级也体现了礼的等级，黑色和近于黑的颜色都是尊贵的颜色，吉色，不能用于丧事，也不能给别的颜色作陪衬。黑色用于丧事始于晋国，公元前 627 年秦晋"殽之战"是在晋文公的国丧期间发生的，晋文公的儿子晋襄公染黑孝服指挥战斗，取得胜利后，大家穿着黑衣安葬晋文公，晋国从此后就以黑色为丧事颜色。

我认为此章不一定是孔子实际穿着情况的记录。孔子中年以后长期颠沛流离于诸侯国之间，居无定所，应该没有条件这么讲究。孔子晚年回到鲁国后生活条件有所改善，

日本明仁天皇身着黄栌染御袍

但从《论语》中记载孔鲤去世有棺无椁来看，生活还是比较拮据，没有条件这么奢侈。此章应该是孔子给弟子们传授的关于服饰礼仪的内容。

东汉末年的儒家学者、经学大师郑玄注解《论语》，说帷裳是上朝和祭祀时穿的礼服，用整幅布制作，不加以裁剪，多余的布折叠缝上。满清入后关后实行残酷的剃发易服政策，汉服在中国已经绝迹了300多年，这种用整幅布制作的帷裳，由于没有实物可循，也没有历史资料保存下来，很难想象。现在保留中国古代服饰传统最多的国家是日本，和服源自中国，虽然有所变化，但整体上依然是中国汉唐服装风格。黄栌染御袍是日本天皇最高等级的礼服，源于唐朝时期的襕袍，看起来非常宽大臃肿，极不合身，袖口没有裁剪，下摆折叠起来。我认为帷裳可能就是这种风格，虽然不修身，但是威严肃穆，让平民百姓望而生畏，这就是它要达到的区别贵贱的效果。

斋祭

10.7 齐（zhāi）①，必有明衣②，布。齐必变食③，居必迁坐④。

【注释】

① 齐：同斋。

② 明衣：斋前沐浴后穿的浴衣。

③ 变食：改变平常的饮食。指不饮酒，不吃葱、蒜等有刺激味的东西。

④ 居必迁坐：指从内室迁到外室居住，不和妻妾同房。

【译文】

斋戒沐浴的时候，一定要有浴衣，用布做的。斋戒的时候，一定要改变平常的饮食，居住也一定搬移地方。

【评析】

子之所慎：齐、战、疾。斋戒是为祭祀做准备，祭祀是要与祖先和神明沟通，以洁净的身心去面对祖先和神明才是对他们的尊重，才符合礼。

3.12 祭如在，祭神如神在。子曰：“吾不与祭，如不祭。”

【译文】

孔子祭祀祖先就像祖先真在面前一样，祭神就像神真在面前一样。孔子说：“我如果没有全身心投入祭祀，那就和没有举行祭祀一样。”

【评析】

孔子祭祀是出于礼，而不是宗教目的。孔子祭如在，祭神如神在，并非相信鬼神真的存在，他敬鬼神而远之，对于鬼神采取存而不论的态度。

饮食

10.8 食不厌精，脍（kuài）①不厌细。

食饐（yì）②而餲（ài）③，鱼馁（něi）④而肉败⑤，不食。色恶，不食。臭恶，不食。失饪（rèn）⑥，不食。不时⑦，不食。割不正⑧，不食。不得其酱，不食。

肉虽多，不使胜食气⑨。

惟酒无量，不及乱⑩。

沽酒市脯（fǔ）⑪不食。

不撤姜食，不多食。

【注释】

① 脍：音快，切细的鱼、肉。

② 饐：音异，陈旧。食物放的时间长了。

③ 餲：音艾，变味了。

④ 馁：音 něi，鱼腐烂，这里指鱼不新鲜。

⑤ 败：肉腐烂，这里指肉不新鲜。

⑥ 饪：烹调制作饭菜。

⑦ 不时：不是当季产出的食物。

⑧ 割不正：肉切割的方法不正确。

⑨ 气：同“饩”（xì），即粮食。

⑩ 不及乱：乱，指酒醉。没到喝醉。

⑪ 脯：音辅，熟肉干。

【译文】

粮食不嫌磨得精，鱼和肉不嫌切得细。

粮食陈旧变味了，鱼和肉不新鲜了，都不吃。食物颜色变了，不吃。气味变了，不吃。烹调不当，不吃。不是当季产出的，不吃。割肉方式不对，不吃。没有合适的酱料，不吃。

席上的肉虽多，但吃的量不超过吃主食的量。

只有酒没有限制，但不喝醉。

从市场上买来的肉干和酒，不吃。

每餐必须有姜，但也不多吃。

【评析】

本章能看出较强的个人饮食习惯，如每餐必有姜食。应该记载的是孔子晚年回到鲁国的饮食情况。从这些记载可以看出来，饮食方面要遵守的礼节主要有四点：一是精细；二是安全；三是合礼；四是适量。

食物精细，吃的时候就不会狼吞虎咽了，不仅吃相好看，也有利于消化。食物腐败，变味变色了，就不安全了。食物的烹调方法、生产时间、切割方式、搭配的酱料不正确，就不合礼。适量是中庸之道的体现。贵族有条件吃肉，但也不能过量，上限是不超过吃的主食的量。不同的人酒量不同，没法给出一个统一的量，适量的原则是自己不醉。街上买来的食品，安全不能保证，也不吃。喜欢吃姜，可以每餐都吃，但也要控制量。

这样的饮食礼节只有贵族有条件做到。以颜回“一箪食，一瓢饮，在陋巷”的经济条件是无法实践饮食之礼的。

10.9 祭于公，不宿肉①。祭肉不出三日。出三日，不食之矣。

【注释】

① 不宿肉：不使肉过夜。古代大夫参加国君祭祀以后，可以得到国君赐的祭肉。但祭祀活动一般要持续两三天，所以这些肉就已经不新鲜，不能再过夜了。

【译文】

孔子参加国君祭祀典礼时分到的肉，不能留到第二天。祭祀用过的肉不超过三天。超过三天，就不吃了。

【评析】

祭肉出三日不食，还是出于食品安全的考虑。古代没有冰箱，食物保存条件差，肉里面细菌多，过期后食用极易导致食物中毒。古代医疗水平有限，食物中毒的结果可能就是暴卒。

10.11 虽疏食菜羹，必祭，必齐如也。

【译文】

即使吃的是糙饭和菜汤，吃饭前也要取出一些用来祭祖，而且要像斋戒时那样严肃恭敬。

【评析】

古人在吃饭前，把席上各种食品分出少许，放在食具之间，祭祀最初发明饮食的人，《左传》里管这叫泛祭。孔子吃饭时不管食物丰盛与否，都不失礼。吃饭时行泛祭之礼在下一章里面也提到了。

10.18 君赐食，必正席先尝之。君赐腥①，必熟而荐②之。君赐生，必畜之。侍食于君，君祭，先饭。

【注释】

① 腥：生肉。

② 荐：供奉。

【译文】

国君赐给熟食，孔子一定正席而座，然后先尝一下。国君赐给生肉，一定煮熟了，先给祖宗上供。国君赐给活物，一定要饲养起来。陪国君吃饭，在国君泛祭的时候，孔子先试吃一下。

【评析】

古时候君主吃饭前，都要有下人先尝一尝，以防有人下毒或者食物不卫生。尝后没问题，君主才吃。孔子与国君吃饭时，趁君主泛祭的时候先尝一下，就是在尽臣子之礼。西方人聚会喝酒前，服务员会把酒打开，由一个人先尝一下，这个人说没问题，服务员再给大家倒酒，就是这种礼的延续。

中国也有尝酒的习惯，但和西方不太一样。以我的观察，中国一般是由席中地位最高的人尝酒，看酒是否符合他的口味，西方是由座中地位第二高的人品尝，看酒是否变质，能否饮用。文化背景不同，各有各的理由。

10.23　朋友之馈，虽车马，非祭肉，不拜。

【译文】

朋友馈赠的礼物，即便是车马，因为不是祭肉，孔子接受的时候也不行拜礼。

【评析】

接受朋友的礼物孔子肯定会致谢，但拜是很大的礼，不是行拜礼的场合不能使用。孔子拜祭肉而不拜车马是因为祭肉关系到礼，用肉祭祀祖先之后，肉就不仅仅是食物，还是对祖先尽孝的一个载体，成为礼的象征。孔子拜礼而不拜财。

起居

7.4　子之燕居①，申申②如也，夭夭③如也。

【注释】

① 燕居：在家闲居。

② 申申：整齐。

③ 夭夭：舒缓。

【译文】

孔子在家闲居的时候，穿戴也很整齐，举止舒缓，悠闲自在。

10.12　席①不正，不坐。

【注释】

① 席：中国到宋代椅子才正式出现并流行开来，之前没有椅子和凳子，大家都是坐在铺于地面的席子上。成语“席地而坐”意思就是把地当作席子，直接坐在地上。

【译文】

席子摆放得不合礼制，不坐。

【评析】

古代席子的摆放要合礼制，如方位、朝向等，席子摆得不合礼制，就叫不正。

10.10 食不语，寝不言。

【译文】

吃饭的时候不交谈，睡觉的时候不说话。

10.24 寝不尸，居不客。

【译文】

孔子睡觉时不直挺挺地躺着，在家时不像有客人那样正襟危坐。

【评析】

“居不客”，有的《论语》版本中是“居不容”。中国古代印刷术是唐代发明的，在此之前，书籍和文献的流传都是用手抄写。“客”和“容”字形相近，应该是传抄过程中出现的笔误。“居不容”的意思是在家就不那么注意仪容了，我认为不符合孔子作风，因此不取此本。

10.16 康子馈（kuì）药，拜而受之。曰：“丘未达，不敢尝。”

【译文】

季康子给孔子赠送药品，孔子拜谢之后接受了，然后说：“我对药性不了解，不敢尝。”

【评析】

季康子是当时实际执掌鲁国的贵族，他送的药品孔子依照礼节不能拒绝，并且还要拜谢。子之所慎：齐、战、疾。生病是孔子最重视的三件事之一，虽然是季康子送的药，但药毕竟是关乎生命安全的，在不了解药性的情况下不能轻易吃，如果吃坏了自己，有违天命，也会让送药人陷于不义，因此孔子受谢而不吃。

这件事启示我们，别人病了，不要轻易送人药或者推荐药，否则病人吃了病情不见好转，甚至恶化，自己也难辞其咎。

10.17 厩（jiù）焚。子退朝，曰：“伤人乎？”不问马。

【译文】

孔子家马棚失火了。孔子退朝回来，说：“伤人了吗？”不问马怎么样。

【评析】

人遇到紧急事情，孔子首先问的是他最关心的事情。孔子最关心的是人，他以人为本的仁爱精神是中国人道主义思想的起源。

10.22 朋友[①]死，无所归，曰："于我殡（bìn）[②]。"

【注释】

① 朋友：虽然《论语》中没有说孔子这个朋友是谁，但应该是子桑户，就是"无乃大简乎"的子桑伯子（6.2 章）。能称得上是孔子朋友，又穷得死无所归的人其实并不多。《庄子》中记载子桑户死后，孔子派子贡前去料理他的后事。

② 殡：停放灵柩和埋葬都可以叫殡，这里泛指丧葬事务。

【译文】

孔子的朋友死了，没有人负责殓埋，孔子说："丧事由我来办吧。"

【评析】

这是孔子对亡友的情谊，也体现了他见义而为的人道主义精神。

10.19 疾，君视之。东首[①]，加朝服，拖绅[②]。

【注释】

① 东首：头朝东。东阶即阼阶（10.14 章），是主人走的地方。国君是一国的主人，即便去臣子家中也走东阶。国君从东来，不能让国君先看到脚，所以要头朝东。

② 绅：为古人礼服用大带束腰后，垂下的带头部分。

【译文】

孔子病了，国君来探望。他头朝东躺着，身上盖上朝服，拖着大带子。

【评析】

孔子即使在病榻上，也不失礼于国君。

10.20 君命召，不俟（sì）[①]驾，行矣。

【注释】

① 俟：等待。

【译文】

国君召见，孔子不等车马准备好就先步行走了。

3.15 子入太庙①，每事问。或曰："孰谓鄹（zōu）②人之子知礼乎？入太庙，每事问。"子闻之，曰："是礼也。"

【注释】

① 太庙：君主的祖庙。鲁国太庙，即周公旦的庙，供奉鲁国的周公。

② 鄹：音邹，春秋时鲁国地名，又写作"陬"，在今山东曲阜东南。孔子的父亲叔梁纥（hé）当过鄹地大夫，"鄹人之子"指孔子。

【译文】

孔子到了太庙，每件事都要问。有人说："谁说孔子懂得礼仪呀，他到了太庙里，什么事都要问别人。"孔子听到此话后说："这就是礼呀！"

【评析】

此事应该发生在孔子30岁前。孔子早年立志学习，虽然小有名气，但只在季氏家做个小官，别人这么讲他是很正常的。孔子中年后名望隆盛，不会再有人这么评论他。孔子早年就对周礼很有研究，他"入太庙，每事问"既不是明知故问，也不是不耻下问，而是礼。因为当你在别人的领域里时，尊重别人在这个领域的专长就是礼貌。即使你什么都知道，也不能夸夸其谈，显得自己无所不知，这是不礼貌的。小学生经常犯的错误就是在老师讲课的时候，没等老师发问就迫不及待地发言。

其实在这件事情上应该吸取教训的是那个"或"。不管这个"或"是不是孔子"每事问"的对象，一个人请教问题，不一定是不懂，可能只是礼貌，不要因为别人请教问题就看不起别人。

10.21 入太庙，每事问。

与上一章（3.15章）重复。

六、孔子个人经历

仕途篇第十八

孔子一直希望通过参与政治恢复周礼，改变各诸侯国礼崩乐坏的状况，我们看一下孔子在从政道路上发生了哪些事情。

18.3 齐景公待孔子曰：“若季氏，则吾不能；以季、孟之间待之。”曰：“吾老矣，不能用也。”孔子行。

【译文】

齐景公谈到给孔子的待遇时说：“像鲁君对待季孙氏那样，我做不到，我用低于季孙氏、高于孟孙氏的待遇对待他。”不久又说：“我老了，不能用你了。”孔子离开了齐国。

【评析】

据《史记》记载，这是孔子在齐国给齐国大夫高昭子当家臣时发生的事情。孔子当时不到40岁，齐景公经常向孔子请教问题，很欣赏孔子，于是想提拔他为齐国大夫。季孙氏一直占据鲁国上卿的职位，掌握着鲁国的实权，孟孙氏也是世袭卿位，仅次于季孙氏。齐景公是借用鲁国的情况比照准备给予孔子的待遇，但后来为什么又放弃了呢？

当时齐景公最信任的大臣是晏婴，就是小学语文课本里出使楚国不辱使命的晏子。据《史记》记载，齐景公本来想把尼溪这块地封给孔子，让他在齐国做大夫，但是晏婴在齐景公面前说了孔子很多坏话。他说儒生能言善辩，自以为是，不服管教，孔子倡导的礼节烦琐复杂，几代人都学不完，不适合齐国国情，总之就是孔子中看不中用。

齐景公在晏婴的劝说下放弃了分封孔子。很多人会奇怪，一向以正面形象示人的晏子为什么会反对分封孔子，其实是非背后都是利益之争，齐景公重用孔子肯定会影响包括晏子在内的齐国大夫的利益，所以他们要反对。果然后来孔子得到消息有齐国大夫要谋害他，齐景公也知道了，为了保护孔子就下了逐客令。

不过《史记》的记载有一个漏洞，孔子给高昭子当家臣是在35到40岁的时候，身份只是一个士，从来没有做过大夫，没有治理国家的经验和业绩，齐景公怎么会用三桓那么高的级别来任用孔子呢？因此这应该是孔子周游列国时的事情，孔子离开鲁国时担任大司寇还代理国相，有这个基础，齐景公才可能开出这样的条件。不过由于齐国贵族一致反对，齐景公只好作罢。

9.13 子贡曰："有美玉于斯，韫（yùn）椟（dú）①而藏诸？求善贾（gǔ）②而沽（gū）③诸？"子曰："沽之哉！沽之哉！我待贾者也。"

【注释】

① 韫椟：韫，收藏；椟，木匣子、木柜子。收藏物件的柜子。

② 善贾：识货的商人。

③ 沽：卖出去。

【译文】

子贡说："这里有一块美玉，是把它收藏在柜子里呢？还是找一个识货的商人卖掉呢？"孔子说："卖掉吧，卖掉吧！我正在等着识货的人呢。"

【评析】

孔子称他在等识货的人，反映了他急于入仕的内心想法，其实子贡问这个问题就是在试探老师对于出仕的态度。成语"待贾而沽"就是出自此章，也可写作"待价而沽"。

17.1 阳货①欲见孔子，孔子不见，归（kuì）孔子豚②。

孔子时其亡③也，而往拜之。遇诸途。

谓孔子曰："来！予与尔言。"曰："怀其宝而迷其邦④，可谓仁乎？"

曰："不可。"

"好从事而亟（qì）⑤失时，可谓知乎？"

曰："不可。"

“日月逝矣，岁不我与。”

孔子曰：“诺，吾将仕矣。”

【注释】

① 阳货：又叫阳虎，当时是季氏的家宰。

② 归孔子豚：归同“馈”，赠送；豚，小猪。赠给孔子一只做熟的小猪。

③ 时其亡：等他外出不在家的时候。

④ 迷其邦：听任国家迷乱。

⑤ 亟：音气，屡次。

【译文】

阳货想见孔子，孔子不见，他便赠送给孔子一只熟小猪，想要孔子去他家拜谢。

孔子故意趁阳货不在家时去拜谢，却在半路上遇见阳货。

阳货对孔子说 ：“来，我有话要跟你说。”孔子走过去。阳货说：“把自己的本领藏起来而听任国家迷乱，这可以叫作仁吗？”

孔子说：“不可以。”

阳货接着说：“喜欢参与政事而又屡次错过机会，这可以说是智吗？”

孔子说：“不可以。”

阳货最后说：“光阴流逝，时间不等人啊。”

孔子说：“好吧，我要出来做官了。”

【评析】

阳虎是春秋末期鲁国政坛一个重要人物，虽然只是季氏的家宰，但是由于掌控了季氏的权力，进而间接篡夺了鲁国政权，后来还造成鲁国内乱。孔子说陪臣执国命，指的就是阳虎执掌鲁国政权。

孔子和阳虎之间有多年宿怨。《史记》记载，孔子 17 岁时季氏家主季平子举行宴会招待鲁国士人，孔子去参加。阳虎在门口迎接客人，见到孔子把他拦住说：“季氏招待名士，可不敢请您啊。”孔子灰溜溜地退了回来。几十年后，孔子办学，桃李满天下，阳虎没有想到当年自己没上看眼的毛头小子如今成了这么有影响力的人物，估计心里也老后悔了。阳虎虽然事实上把持了鲁国政权，但毕竟名不正言不顺，因此想拉拢孔子，利用孔子的影响力巩固自己的权力。于是找个送礼的机会来劝说孔子出来做官。阳虎陪臣执国命，孔子极为不满。孔子这年 48 岁，虽然答应了阳虎要出仕，但实际上并没有出仕。这就是孔子说的君子“邦有道，则仕；邦无道，则可卷而怀之”。虽然孔子从政的愿望非常强烈，但他决不违反自己的原则为无道的政权效力。

17.5 公山弗扰①以费（bì）②畔③，召，子欲往。

子路不说，曰：“末之也，已④，何必公山氏之之也⑤？”

子曰：“夫召我者，而岂徒哉？如有用我者，吾其为东周乎⑥！”

【注释】

① 公山弗扰：季氏的家臣，又名公山不狃，当时为费宰。

② 费：表示季氏封邑时，音毕。《左传·僖公元年》（公元前659年）记载，鲁僖公将费地赐给季友。季友给“费”字加了一个“阝”，变成了“鄪”，表示费地成为一个“邑”（“阝”的本义就是邑）。他这样做，是因为鲁国还有一个费（fèi）邑，旧址在今山东鱼台县西南的费亭。季友为了使自己的私邑与费邑区别开来，就把“费”字改成了“鄪”字，连读音也由fèi改成了bì。

③ 畔：同“叛”。

④ 末之也，已：末，无。之，到、往。末之，无处去。已，止、算了。

⑤ 之之也：第一个“之”字是助词，后一个“之”字是动词，去、到的意思。

⑥ 为东周乎：建造一个东方的周王朝，在东方复兴周礼。鲁国在周王室的东方，费又在鲁国首都曲阜的东方。

【译文】

公山弗扰占据费邑反叛季氏，请孔子前去相助，孔子准备前去。

子路不高兴地说：“没有地方去就算了，为什么一定要去公山弗扰那里呢？”

孔子说：“他找我去，难道是白找我不做事吗？如果有人用我，我就要为他建设一个东方的周朝。”

【评析】

这段记载在史学界一直存有争议，史学家们怀疑其有伪。他们觉得孔子这样的圣人，怎会欲应公山弗扰一个邑宰之召呢？我以为史学家们多虑了，孔子说过“四十、五十而无闻焉，斯亦不足畏也已”，公山弗扰召孔子是鲁定公九年的事情，孔子这年已经五十岁了，他的政治抱负一直无法施展，公山弗扰给了他一个施政的机会，他愿意前往也在情理之中。何况公山弗扰反叛的是季氏，而非鲁君，孔子去了反而是支持鲁君。史学家们没有必要为圣人讳言。另外从逻辑角度来看，越是看起来不合理反而是真实的。现实往往比电视剧更富戏剧性，因为编剧在写剧本时，剧情发展要符合逻辑，而现实生活并不会按逻辑来发展。正是孔子欲应叛臣之召看起来不合理，反而证明这是真实的，因为这样的事情发生了不止一次。不过孔子最后并没有成行。

17.7 佛（bì）肸（xī）①召，子欲往。

子路曰："昔者由也闻诸夫子曰：'亲于其身为不善者，君子不入也。'佛肸以中牟（mù）②畔，子之往也，如之何？"

子曰："然，有是言也。不曰坚乎，磨而不磷（lìn）③；不曰白乎，涅（niè）④而不缁（zī）⑤。吾岂匏（páo）瓜⑥也哉？焉能系而不食？"

【注释】

① 佛肸：音闭息，晋国大夫范氏家臣，是中牟城宰。

② 中牟：古地名，在晋国，约在今河北邢台与邯郸之间，与现在河南的中牟无关。

③ 磷：损伤。

④ 涅：一种矿物质，可用作黑色颜料染衣服。

⑤ 缁：音咨，黑色。

⑥ 匏瓜：葫芦中的一种，味苦不能吃。

【译文】

佛肸召孔子，孔子打算去。

子路说："从前我听先生说过：'亲自做坏事的人那里，君子是不去的。'现在佛肸占据中牟反叛，您却要去，这如何解释呢？"

孔子说："是的，我有过这话。不是说坚硬的东西，磨也磨不坏吗？不是说洁白的东西，染也染不黑吗？我难道是个匏瓜吗？哪能只挂在那里而不给人吃呢？"

【评析】

孔子还是欲应叛臣之邀从政，虽然辩解自己意志坚定，亲不善也不会变坏，但这次要去的理由更加直白，就是为了能够从政，几乎是迫不及待了，当然最后也没有走成。

18.4 齐人归（kuì）①女乐，季桓子②受之，三日不朝，孔子行。

【注释】

① 归：同“馈”，赠送。

② 季桓子：三桓中季氏当时的家主，鲁国宰相季孙斯。

【译文】

齐国赠送了许多歌姬舞女给鲁国，季桓子接受了，三天不上朝处理政事，孔子就离开鲁国了。

【评析】

给鲁国赠送女乐是齐国的美人计和离间计，一箭双雕。当时孔子在鲁国任大司寇，终于如愿以偿从政了。据《史记》记载，孔子参与治国理政仅三个月，鲁国面貌就大为改观，物价稳定，民风归厚，路不拾遗，宾至如归，秩序井然。齐国担心鲁国强大起来会吞并自己，大夫黎鉏（chú）出主意给鲁国送去 80 名美女，穿上华丽的衣服跳舞，还有 120 匹骏马，用享乐引诱鲁国。果然鲁国的当权者季桓子中了圈套，沉湎其中不理朝政。孔子说过，道不同不相为谋，对于季桓子这样耽于享乐的猪队友非常失望，认为鲁国已经没有希望了，于是离开鲁国周游列国，另寻出路去了。

6.28 子见南子①，子路不说（yuè）②。夫子矢（shǐ）③之曰：“予所否者，天厌之！天厌之！”

【注释】

① 南子：卫国灵公的夫人。

② 说：同“悦”。

③ 矢：同“誓”，发誓。

【译文】

孔子去见南子，子路不高兴。孔子发誓说：“我如果做了什么不正当的事，上天厌弃我！上天厌弃我！”

【评析】

南子是卫灵公的夫人，长得很漂亮，深受卫灵公宠爱，在卫国政坛有很大影响力。前边介绍过，南子行为放荡，名声很差。在孔子见南子的两年前，卫灵公的太子蒯聩因为受不了别人对南子放荡行为的讥讽而行刺她。没有史料记载蒯聩是否为南子的儿子，从两人年龄差距和蒯聩刺杀行动上看不是，但亦可见南子名声之劣。

据《史记》记载，孔子周游列国第二次到卫国时南子召见孔子。南子名声恶劣，孔子见她会影响自己的声誉。但是孔子为了能在卫国从政，甘愿冒声誉受损的风险去见南子。此举连弟子都不理解，可见孔子为了从政甘愿付出的牺牲有多大。

15.1 卫灵公问陈（zhèn）①于孔子。孔子对曰："俎（zǔ）豆②之事，则尝闻之矣；军旅之事，未之学也。"明日遂行。

【注释】

① 陈：同"阵"，军队作战时，布列的阵势。

② 俎豆："俎"音祖。俎豆是古代盛食物的器皿，被用作祭祀时的礼器。

【译文】

卫灵公向孔子请教军队列阵之法。孔子回答说："祭祀礼仪方面的事情，我还听说过；用兵打仗的事，从来没学过。"第二天，孔子便离开了卫国。

【评析】

孔子弟子说"子之所慎：齐、战、疾"，既然孔子重视战争，就不可能不懂军事。几年后担任季氏家臣的冉求打败了入侵的齐军，季康子很惊喜，问他军事才能是天生的还是学来的。冉求回答是跟孔子学的，然后趁机向季康子请求把孔子迎奉回鲁国，这才有孔子周游列国十四年后的回归。

卫灵公向孔子问阵是在卫灵公去世那年，可见这是他最关心的问题。卫国地处中原，北有晋国、东有齐鲁、南有宋国、西有郑国，可以说是四战之地。卫国曾被狄人灭国，后来迁都复国，始终面临着严峻的外部军事压力。卫灵公在位几十年，四处征战，希望孔子能够帮助卫国提高军队战斗力。然而孔子却假装不懂，他说略懂一些祭祀方面的事情，实际上是给出了一个以礼治国的解决方案，而这个方案卫灵公显然是不满意的，远水解不了近渴。

孔子第二天就离开了卫国，似乎是话不投机半句多，拂袖而去。但是孔子真有这么愤青吗？《史记》也记载了此事，在《史记》里卫灵公和孔子第二天还见过面。只是这次见面卫灵公就心不在焉了，两人谈话时有雁群从天上飞过，卫灵公抬头看雁群，不理会孔子，孔子这才识趣地离开卫国。我以为《史记》的记载较《论语》合理，孔子是去向卫灵公求职的，一言不合就愤然离席，不合常理。由此我们可以看到儒生的本领，通过材料的取舍，把一件没面子的事情改得充满正能量。

其实卫灵公和孔子关系很好，孔子周游列国第一站就是卫国，卫灵公热情接待。孔子周游列国十四年，在卫国的时间超过十年，孔子说危邦不入，乱邦不居，如果卫国政治环境很恶劣，孔子不会住这么久。卫灵公是知道孔子懂军事才问他的，没想到却碰了个软钉子，心理一定想我拿你当哥们儿，你却唬我，求卫灵公的心理阴影面积。

孔子坚持以礼治国的原则，不肯为了入仕而迁就卫灵公，驳了老朋友面子，又失去了一次从政的机会。

1.10 子禽问于子贡曰："夫子至于是邦也，必闻其政，求之与？抑与之与？"子贡曰："夫子温、良、恭、俭、让以得之。夫子之求之也，其诸异乎人之求之与？"

【注释】及【译文】

见《人评篇第一》。

【评析】

孔子至于是邦，必闻其政，说明他对各国政治情况高度关注，一直在为从政做信息和资源积累。

7.19 叶公问孔子于子路，子路不对。子曰："女奚不曰：其为人也，发愤忘食，乐以忘忧，不知老之将至云尔。"

【译文】

见《自评篇第二》。

【评析】

孔子想在楚国从政，非常遗憾子路没有抓住这么好的一个介绍和宣传自己的机会，便亲自教子路话该怎么说，可见他急于入仕的心情。

叶公没有用孔子，其实不是子路关键时刻掉链子。子路的口才本来就不好，如果叶公问的是子贡，子贡肯定会把老师美美地夸上一番，但即便子路有子贡的口才，最后的结果还是一样。叶公不用孔子的原因在于双方政治理念差距太大。楚国是诸侯国中最追求实效的国家，叶公就是一个实干家，治国理政，怎么能快速达成目标怎么来，所以对孔子那套以礼治国的理论不认可。叶公向孔子问政，孔子说："近者说，远者来"，《论语》没有记载叶公的反应，可以想见不是很满意。叶公向子路问孔子就说明他在犹豫，不确定能否用孔子，才侧面再了解一下。

从孔子这方面来看，孔子是去面试的，但在和叶公交流的时候，没有为了给叶公留下好印象而讨好叶公、掩饰自己和叶公在“直”认识上的差别。孔子没有为了入仕而放弃自己的立场和主张，面试失败也不会有什么遗憾。为孔子抱不平的后世儒生编出“叶公好龙”的故事嘲讽叶公，只能说明他们不懂孔子。

用作礼器的青铜豆

冷晋2019年12月28日摄于首都博物馆“燕地青铜艺术精品展”

13.14 冉子退朝。子曰：“何晏（yàn）[1]也？”对曰：“有政。”子曰：“其事也。如有政，虽不吾以，吾其与（yù）闻之。”

【注释】

① 晏：迟、晚。

【译文】

冉求退朝回来，孔子说：“为什么回来得这么晚呀？”冉求说：“有政事。”孔子说：“只是一般的事务吧？如果有政事，即使国君不用我了，我也会知道的。”

【评析】

孔子晚年回到鲁国时已经67岁了，虽然不是鲁国大夫，但依然密切关注鲁国政治情况，随时准备参政。

14.21 陈成子[1]弑（shì）简公[2]。孔子沐浴而朝，告于哀公曰：“陈恒弑其君，请讨之。”公曰：“告夫三子！”孔子曰：“以吾从大夫之后[3]，不敢不告也。君曰‘告夫三子’者！”之三子告，不可。孔子曰：“以吾从大夫之后，不敢不告也。”

【注释】

① 陈成子：齐国大夫，本名田恒，因其家族出自陈国，又称为陈恒，“成”是他的谥号，又叫田成子。

② 简公：齐简公，姓姜名壬。公元前 484 至 481 年在位。

③ 从大夫之后：跟随在大夫们的后面上朝，就是做过大夫的意思。

【译文】

陈成子杀了齐简公。孔子沐浴后上朝去见鲁哀公，报告说："陈恒把他的君主杀了，请您出兵讨伐他。"哀公说："你去报告那三位大夫吧。"孔子退出来说："因为我曾经做过鲁国大夫，所以不敢不来报告，君主说'你去告诉那三位大夫吧'！"

孔子去向三桓报告，三桓不愿出兵。孔子说："因为我曾经做过大夫，所以不敢不来报告呀！"

【评析】

陈成子杀死齐简公，以下犯上，对于孔子来说是非讨伐不可的大事。这时他周游列国回到鲁国三年，尽管已经不当大夫了，自己也说过不在其位不谋其政，但还是郑重其事地报告国君请求出兵。鲁哀公没有实力，也不想管这事儿，推给三桓，三桓也不管，孔子白忙活一场，只好给自己找台阶，以做过大夫进行辩解。

陈成子是陈文子的三世孙。陈成子弑简公是春秋末期的大事，为田氏代齐做了铺垫。庄子指责他为诸侯大盗，"窃钩者诛，窃国者侯"就是由此而来。

11.8 颜渊死，颜路①请子之车以为之椁（guǒ）②。子曰："才不才，亦各言其子也。鲤③也死，有棺而无椁。吾不徒行以为之椁。以吾从大夫之后，不可徒行也。"

【注释】

① 颜路：颜无繇（yóu），字路，颜渊的父亲，也是孔子的学生。

② 椁：音果。士以上的人去世后用两层棺木，里面一层是棺，外面一层是椁。

③ 鲤：孔鲤，孔子的儿子。死时 50 岁，当时孔子 70 岁。

【译文】

颜渊死了，他父亲颜路请求孔子卖掉车子，给颜渊置办个外椁。孔子说："不管有才没才，但总是自己的儿子。孔鲤去年死的时候，也是有棺无椁。我没有卖掉自己的车子步行而给他买椁。因为我当过大夫，是不可以步行的。"

【评析】

颜渊是孔子的得意门生，孔鲤是孔子的唯一的儿子。他们去世，尽管孔子十分悲痛，但他也不肯卖掉车子步行，因为孔子始终不能舍弃自己曾经的大夫的身份。

孔鲤死于孔子70岁时，颜回一年后去世，白发人送黑发人，给了孔子沉重的打击。没想到不久后子路又死于卫国内乱，接连的打击之下，孔子终于支撑不下去了，一年后去世。

伧父曰：

据《左传》《史记》载，孔子仕途年表如下：

鲁定公九年（前501年）孔子51岁，为中都宰，卓有政绩，四方则之。

鲁定公十年（前500年）孔子52岁，由中都宰升司空，后升大司寇。夏，随鲁定公会齐景公于夹谷。齐人欲使莱人以兵劫定公，孔子以公退，士兵之，斥齐人愆义失礼。孔子以盟要齐人归所侵鲁之郓、灌、龟阴之田。

鲁定公十二（前498年）孔子54岁，使仲由为季氏宰，将堕三都。先堕叔孙氏郈邑，后堕季孙氏费邑，将堕孟孙氏成邑，孟孙宰公敛处父弗堕，定公围成，弗克。

鲁定公十四（前496年）孔子56岁，由大司寇行摄相事，与闻国政三月，鲁国大治。齐人闻而惧，归女乐，季桓子受之，三日不朝，孔子行。

生平篇第十九

《论语》中弟子们记述了孔子很多生平故事，生动有趣。通过这些故事可以了解孔子的性格特点、处世风格、思想观念以及人生志向。

3.13 王孙贾（gǔ）①问曰："与其媚②于奥③，宁媚于灶④，何谓也？"子曰："不然。获罪于天，无所祷也。"

【注释】

① 王孙贾：卫国司马。在《论语》14.19 章中，孔子赞扬他治军有方。

② 媚：谄媚、巴结、奉承。

③ 奥：奥神，屋内位居西南角的神。

④ 灶：灶神，掌管烹饪做饭的神。

【译文】

王孙贾问道："俗话说：与其巴结奥神，不如巴结灶神。这话是什么意思？"孔子说："不是这样的。如果得罪了天，那就没有地方可以祷告了。"

【评析】

"与其媚于奥，宁媚于灶"是春秋俗语，"奥""灶"押韵，意思与现代俗语"县官不如现管"一样，指有事儿找领导，不如找直接管事儿的人更有用。王孙贾是卫国司马，不可能不知道这句话的意思，他在明知故问，言下之意是：别看卫灵公看重你，但我才是直接管你的人，你要想在卫国混好就要巴结我。孔子很清楚他的用意，表明自己的立场，拒绝向他行贿。

这是孔子周游列国第一站，到卫国后发生的事情。据《史记》记载，孔子到卫国后，卫灵公很欣赏孔子，比照孔子在鲁国任大司寇的薪酬给孔子发薪水，年薪 6 万斗粟，约合现在的 12 万升小米。卫灵公虽然给孔子很高的薪水，但并没有任命他实际官职，孔子在卫国只是类似中央顾问一样的角色，没有实权。孔子的高薪，王孙贾看着眼红，于是来向孔子索贿。

《史记》记载，孔子到卫国不久，有人向卫灵公说孔子坏话，卫灵公就派人带兵在孔子驻地附近监视孔子，孔子担心获罪，在卫国待了十个月就离开了。向卫灵公说孔子坏话的大概就是王孙贾，索贿不成就报复孔子。《史记》中记载是公孙余假带兵监视孔子，而《论语》记载卫灵公时是王孙贾掌管军队，公孙余假和王孙贾可能是同一人。

17.20 孺悲①欲见孔子，孔子辞以疾。将命者出户，取瑟而歌，使之闻之。

【注释】

① 孺悲：鲁国人，鲁哀公曾派他向孔子学礼。《礼记・杂记下》记载：“恤由之丧，哀公使孺悲之孔子学《士丧礼》，《士丧礼》于是乎书。”

【译文】

孺悲求见孔子，孔子以有病为由推辞不见。传话的人刚出门，孔子便取来瑟边弹边唱，有意让孺悲听到。

【评析】

孔子以生病为由不见孺悲，却又故意让他听到自己弹瑟唱歌，就是要让孺悲知道自己对他不满。至于孺悲哪里惹夫子不快，有古代学者认为是孺悲见孔子时没有遵守礼节。

根据《仪礼・士相见礼》，士初次见面的礼节如下：

士相见的礼物，冬天用野鸡，夏天用鸡肉干。宾客双手横捧野鸡，鸡头向左，说：“在下久欲拜见先生，但无人相通。今某某先生转达先生意旨，命在下前来拜见。”主人回答：“某某先生命在下前往拜会，但先生却屈尊驾临。请先生返家，在下将前往拜见。”

宾客说：“先生所言，在下实不敢当，还请先生赐见。”主人回答：“在下不敢当此威仪，再一次请先生还家，在下将前去拜会。”

宾客说：“在下不敢摆此威仪，最终还是请先生赐见。”主人回答：“在下一再推辞，得不到先生的准许，将出去迎见先生。听说先生携带礼物，冒昧辞谢。”

宾客说：“在下不用此礼物，不敢来拜会先生。”主人回答：“在下不敢当此崇高的礼仪，冒昧再次辞谢。”

宾客说：“在下不凭此礼，不敢求见先生，固请先生笑纳。”主人回答：“在下一再辞谢，得不到先生许可，不敢不敬从！”

主人到大门外迎接，两拜。宾客回两拜。主人对宾客一揖，从门右侧入内。宾客双手捧礼物，从门左侧入内。

从现代人视角来看，古人见面的礼节实在烦琐，但这才是贵族区别于平民百姓的地方。有古代学者认为，可能孺悲自恃是国君介绍而来，所以没有遵守这些礼节，惹得孔子不快。

孔子辞以疾，却又取瑟而歌，这种委婉地表达不满的方式，值得我们学习。

5.26 颜渊、季路侍①。子曰：“盍各言尔志？”

子路曰：“愿车马衣轻裘②与朋友共，敝之而无憾。”

颜渊曰：“愿无伐善③，无施劳④。”

子路曰：“愿闻子之志。”

子曰：“老者安之，朋友信之，少者怀之。”

【注释】

① 侍：站在尊者旁边陪着。

② 衣轻裘：“轻”字在唐朝之前的版本中没有，是后加上去的，应该是传抄者受6.4章“赤之适齐也，乘肥马，衣轻裘”一句的影响加上去的。

③ 伐善：伐，夸耀。夸耀自己长处。

④ 施劳：施，表白；劳，功劳。表白自己的功劳。

【译文】

颜渊、子路侍立在孔子身边。孔子说：“何不各说一下自己的志向？”

子路说：“愿意把我的车马、皮袍同朋友分享，用坏了也不遗憾。”

颜渊说：“愿意不夸耀自己的长处，不表白自己的功劳。”

子路向孔子说：“希望听听您的志向。”

孔子说：“我的志向是让老年人安逸，让朋友彼此信任，让年轻人得到关怀。”

【评析】

子路和颜回的志向都很具体，而孔子的志向，拿现在的话来说，是一幅国家实现仁政的愿景。

11.26 子路、曾晳①、冉有、公西华侍坐。子曰：“以吾一日长乎尔，毋吾以也。居②则曰：‘不吾知也！’如或知尔，则何以哉？”

子路率尔而对曰：“千乘之国，摄③乎大国之间，加之以师旅，因之以饥馑；由也为之，比（bì）及④三年，可使有勇，且知方也。”

夫子哂（shěn）⑤之。“求！尔何如？”对曰：“方六七十⑥，如⑦五六十，求也为之，比及三年，可使足民。如其礼乐，以俟君子。”

“赤！尔何如？”对曰：“非曰能之，愿学焉。宗庙之事，如会同⑧，端章甫⑨，愿为小相⑩焉。”

“点！尔何如？”鼓瑟希⑪，铿尔⑫，舍瑟而作⑬，对曰：“异乎三子者之撰（zhuàn）⑭。”

子曰：“何伤乎？亦各言其志也。”曰：“莫⑮春者，春服既成，冠者⑯五六人，童子六七人，浴乎沂⑰，风乎舞雩⑱，咏而归。”

夫子喟然叹曰：“吾与点也！”

三子者出，曾晳后。曾晳曰：“夫三子者之言何如？”子曰：“亦各言其志也已矣。”

曰：“夫子何哂由也？”曰：“为国以礼，其言不让，是故哂之。”

“唯⑲求则非邦也与？”“安见方六七十如五六十而非邦也者？”

“唯赤则非邦也与？”“宗庙会同，非诸侯而何？赤也为之小，孰能为之大？”

【注释】

① 曾晳：名点，字子晳，曾参的父亲，也是孔子的学生，孔门七十二贤之一。

② 居：平日里。

③ 摄：迫于、夹于。

④ 比及：“比”音毕。等到。

⑤ 哂：音沈，微笑。

⑥ 方六七十：纵横各六七十里。

⑦ 如：或者。

⑧ 会同：诸侯会见。

⑨ 瑞章甫：端，古代礼服的名称；章甫，古代礼帽的名称。

⑩ 相：赞礼人，司仪。

⑪ 希：同“稀”，指弹瑟的速度放慢，节奏逐渐稀疏。

⑫ 铿尔：“铿”是象声词。“铿”的一声，手抚住弦，瑟声停止。

⑬ 作：站起来。

⑭ 撰：音转，可理解为才能，或者前面三人所说的话。

⑮ 莫：同“暮”。暮春是三月末。

⑯ 冠者：成年人。按周制，男子到 20 岁时行冠礼，表示成年。

⑰ 浴乎沂：沂，沂水。在沂水里洗澡。

⑱ 风乎舞雩：在舞雩台上吹风。舞雩台是鲁国的求雨坛，樊迟曾陪孔子在此游玩。

⑲ 唯：语首词，没有什么意义。

【译文】

子路、曾皙、冉有、公西华陪坐在孔子周围。孔子说：“我年龄比你们大一些，不要因此而不敢说话。你们平时总说：‘没有人了解我呀！’如果有人要了解你们，那你们要怎样去做呢？”

子路赶忙回答：“一个拥有一千辆兵车的国家，夹在大国中间，受到别国侵犯，国内又闹饥荒，让我去治理，三年以后，可以使人民有勇气，而且懂得道理。”

孔子微微一笑，问道：“冉求，你怎么样呢？”冉求答道：“纵横六七十里或五六十里的国家，让我去治理，三年以后，就可以使百姓富足。至于这个国家的礼乐，就要等君子来施行了。”

孔子又问：“公西赤，你怎么样？”公西赤答道：“我不敢说能做到，而是愿意学习。宗庙祭祀，或同别国的会盟中，我希望能穿着礼服，戴着礼帽，做个小司仪。”

孔子又问：“曾点，你怎么样呢？”曾点弹瑟的声音逐渐稀疏，“铿”的一声，曾点按住弦，然后放下瑟站起来回答说：“我和他们三位所说的不一样。”

孔子说：“那有什么关系呢？也就是各人谈谈自己的志向而已。”曾皙说：“我希望在暮春三月，穿上春装，和五六位成年人，六七个少年，去沂河里洗洗澡，在舞雩台上吹吹风，一路唱着歌走回来。”

孔子长叹一声说："我赞成曾皙的想法。"

子路、冉有、公西华三人出去了，曾皙留在后面。曾皙问："他们三人的话怎么样？"孔子说："也就是各自谈谈自己的志向罢了。"

曾皙问："老师为什么要笑仲由呢？"孔子说："治理国家要讲礼让，可是他一点也不谦让，所以我笑他。"

曾皙又问："冉求讲的不是治理国家吧？"孔子说："哪里见得纵横六七十里或五六十里的地方就不是国家呢？"

曾皙又问："公西赤讲的不是治理国家吧？"孔子说："宗庙祭祀和诸侯会盟，这不是诸侯的事又是什么？如果公西赤只能做小司仪，那谁又能做正司仪呢？"

【评析】

孔子赞成曾皙，是因为曾皙形象地描绘了一幅儒家弟子怡然自得的生活场景，这是实行仁政，为国以礼后才能达到的安乐状态。明代思想家王阳明对这幅场景艳羡不已，在诗作《月夜二首（与诸生歌于天泉桥）其二》中写道："铿然舍瑟春风里，点也虽狂得我情。"

7.35 子疾病①，子路请祷②。子曰："有诸③？"子路对曰："有之。《诔（lěi）》④曰：'祷尔于上下神祇（qí）⑤。'"子曰："丘之祷久矣。"

【注释】

① 疾病：疾是名词，指小病，病是动词，疾病指病情加重。

② 请祷：向鬼神请求和祷告，即祈祷。

③ 有诸：诸，"之乎"的合音。有这样的事吗。

④《诔》：音磊，哀悼亡者的文章，即悼词。

⑤ 神祇："祇"音齐，古代称天神为神，地神为祇。祇和祗（zhī）极易混淆，很多人把神祇误写成神祗。祇是多音多义字，有一个用法是"只"的繁体字，读 zhǐ，如韩愈的《马说》中：故虽有名马，祇辱于奴隶人之手。祗的意思是恭敬，如祗回，祗奉，祗候，没有神祗这个词语。

【译文】

孔子病情加重，子路向鬼神祈祷。孔子问："有这回事吗？"子路回答说："有的。《诔》文上说：'为你向天神地神祈祷。'"孔子说："我已经祈祷很久了。"

【评析】

孔子敬鬼神而远之，采取存而不论的态度，并不是彻底否定鬼神的存在。当他久病不愈时向鬼神祈祷，寻求心理安慰，也是一种自我救济手段。他说自己祈祷很久了病情却未好转，表明他对向鬼神祈祷的效果持怀疑态度。

9.12 子疾病，子路使门人为臣①。病间②。曰："久矣哉，由之行诈也！无臣而为有臣。吾谁欺？欺天乎？且予与其死于臣之手也，无宁③死于二三子之手乎？且予纵不得大葬④，予死于道路乎？"

【注释】

① 为臣：臣，指家臣，总管。孔子当时已经不是大夫，没有家臣，但子路叫门人充当孔子的家臣，准备孔子的后事。

② 病间：病情减轻。

③ 无宁：宁可。"无"是发语词，没有意义。

④ 大葬：指大夫的葬礼。

【译文】

孔子病重，子路安排孔子的门生当孔子的家臣，准备后事。后来孔子病好些了，他说："仲由干这种弄虚作假的事情很久了。我明明没有家臣，却偏偏要装作有家臣，我骗谁呢？我骗天吧？我与其在家臣的侍候下死去，宁可在学生们的侍候下死去。即使我不能以大夫之礼来安葬，难道就会被丢在路边没人埋吗？"

【评析】

不知道孔子这次生病和上次向天神地神祈祷那次是否为同一次，不管怎么说，孔子这两次重病后来都好了，因为子路比孔子去世还早。

孔子不是大夫了，当然也就没有家臣了，子路使门人为臣是违礼之举，所以孔子很生气。尽管这种做法抬高了孔子的身份，但孔子也不肯接受。

10.27 色斯举矣①，翔而后集②。曰："山梁雌雉③，时哉时哉④！"子路共之⑤，三嗅而作⑥。

【注释】

① 色斯举矣：色，脸色。举，鸟飞起来。

② 翔而后集：飞翔一阵，然后落到树上。鸟群停在树上叫“集”。

③ 山梁雌雉：聚集在山梁上的雌野鸡。

④ 时哉时哉：得其时呀！得其时呀！这是说野鸡时运好，能自由飞翔，自由落下。

⑤ 共：同“拱”。

⑥ 三嗅而作：嗅应为“狊（jú）”字，指鸟张开两翅。野鸡扑棱几下翅膀飞走了。

【译文】

孔子在山谷中行走，看见一群野鸡，孔子神色一动，野鸡飞翔了一阵落在树上。孔子说：“这些山梁上的雌野鸡，得其时呀！得其时呀！”子路向它们拱拱手，野鸡扑棱几下翅膀飞走了。

【评析】

这是《论语》中唯一有景物描写的篇章。这段文字自古就很费解，开头断章缺句，孔子似乎是在游览山景，当他看到野鸡起起落落，不由得发出“得其时哉”的感叹，因为野鸡尚能自由飞翔降落，而他却不得其时，东奔西走，主张没有人响应。

隐者

14.39 子击磬（qìng）于卫，有荷蒉（kuì）而过孔氏之门者，曰：“有心哉，击磬乎！”既而曰：“鄙哉！硁硁（kēng）乎！莫己知也，斯己而已矣，深则厉，浅则揭（qì）[①]。”

子曰：“果哉！末之难[②]矣。”

【注释】

① 深则厉，浅则揭：这是《诗经·卫风·匏有苦叶》中的诗句，“揭”音气。河水深就穿着衣服，腰里绑着葫芦渡河，河水浅就撩起衣服过河。

② 难：责难、批评。

【译文】

孔子在卫国，一天正在击磬。有一个背负草筐的人从门前经过说：“这个敲磬人有心事呀！”一会儿又说：“声音硁硁的，令人看不起啊！没人知道自己，就自己一个人罢了。好像过河一样，水深就穿着衣服游过去，水浅就撩起衣服趟过去。”

孔子说：“真果断，挑不出什么错呀。”

【评析】

这个荷蒉者是一个隐士，他可以从磬声中听出来孔子的思想，同时能熟练运用《诗经》，说明他有很深的文化修养，同时他又背着草筐，表明了他隐居的状态。

荷蒉者从磬声中听出孔子主张得不到认可的彷徨，对此不以为然。“鄙哉！硁硁乎！”是对孔子毫不客气的批评。“硁硁”是敲击石头的声音，形容人顽固不化，是个贬义词，孔子说最次等的士就是“硁硁然小人哉”。荷蒉者给孔子的解决方案是：得不到别人认同，自己独处就罢了，就像过河一样，水深，水浅各有各的过法。荷蒉者是隐者，给出的建议也是隐居。虽然荷蒉者主张与孔子不同，但孔子也说不出来什么。

乍看此章，神乎其神，有人能从磬声中听出来别人的思想，但我以为未必。孔子周游列国在卫国时间最长，孔子名声这么大，荷蒉者肯定知道孔子，也知道孔子的主张和际遇。我认为荷蒉者是有意经过孔子门口，想要劝劝孔子，他也不一定听懂了孔子的磬声，只要把自己的主张借机说出来就可以了。

18.5 楚狂接舆①歌而过孔子曰：“凤②兮凤兮！何德之衰？往者不可谏，来者犹可追。已而！已而！今之从政者殆而！”孔子下，欲与之言。趋而辟（bì）之，不得与之言。

【注释】

① 楚狂接舆：楚国的狂人接舆。《论语》中的隐士都用事来命名，并不是本人真实姓名。楚国的狂人接近孔子的车，所以管他叫“接舆”。还有卫国边防长官“仪封人”，鲁国曲阜看门的“晨门”，耕地的“长沮”“桀溺”等。

② 凤：凤鸟，古代传说中的一种神鸟。

【译文】

楚国的狂人接舆唱着歌从孔子的车旁走过，他唱道：“凤鸟啊，凤鸟啊，为什么你德运如此衰败？过去的无可挽回，将来的还来得及改正。算了吧，算了吧。当今的执政者危险啊！”孔子下车，想同他谈谈。他却快步避开，孔子没能和他交谈。

【评析】

如同荷蒉者一样，楚狂接舆也是借接近孔子的机会对他进行劝告。传说凤鸟只有在圣王的世道才出现，“凤兮凤兮！何德之衰”是告诉孔子当今世道不好；“往者不可谏，来者犹可追”是说孔子以前到处游说就算了，今后别再这么做了；“今之从政者殆而”是告诫孔子当今统治者很危险，不要再与他们打交道了，那么今后应该怎么办呢，就只有隐居这一条路了。

18.6 长沮、桀溺①耦而耕②，孔子过之，使子路问津③焉。

长沮曰：“夫执舆者为谁？”

子路曰：“为孔丘。”

曰：“是鲁孔丘与？”

曰：“是也。”

曰：“是知津矣。”

问于桀溺。

桀溺曰：“子为谁？”

曰：“为仲由”。

曰：“是鲁孔丘之徒与？”

对曰：“然。”

曰：“滔滔者④天下皆是也，而谁以易之？且而与其从辟（bì）人之士也，岂若从辟世之士哉？”耰（yōu）⑤而不辍。

子路行以告。

夫子怃（wǔ）然⑥曰：“鸟兽不可与同群，吾非斯人之徒与而谁与？天下有道，丘不与易也。”

【注释】

① 长沮、桀溺：两位隐士，真实姓名不详。桀同“杰”，长、桀，都形容高大。沮，指低湿的洼地；溺，指浸在水洼中。两个在水洼里劳动的高大魁梧的人。

② 耦而耕：两个人合力耕作。

③ 问津：津，渡口。寻问渡口在哪儿。

④ 滔滔者：多得像洪水一样的坏人。

⑤ 耰：音优，用土覆盖种子。

⑥ 怃然：“怃”音舞。怅然若失的样子。

【译文】

长沮、桀溺在一起耕种，孔子路过，让子路去询问渡口在哪里。

长沮问子路："那个驾车的是谁？"

子路说："是孔丘。"

长沮说："是鲁国的孔丘吗？"

子路说："是的。"

长沮说："那他知道渡口的位置了。"

子路再去问桀溺。

桀溺说："你是谁？"

子路说："我是仲由。"

桀溺说："你是鲁国孔丘的弟子吗？"

子路说："是的。"

桀溺说："像洪水一样多的坏人到处都是，谁能改变呢？而且你与其跟随躲避人的人，为什么不跟随躲避社会的人呢？"说完，接着做地里的农活。

子路回来把情况告诉孔子。

孔子失望地说："人是不能与飞禽走兽合群共处的，如果不同世上的人打交道还跟谁打交道呢？如果天下太平，我就不会与你们一起去进行变革了。"

【评析】

孔子不赞成避世，正因为天下无道，社会动乱，他才主张恢复周礼，对不符合周礼的社会现实进行变革。他与弟子们不知疲倦地四处奔走，宣传儒家的主张，孔子认为这就是自己的天命。这是一种可贵的忧患意识和历史责任感。在孔子去世十年后出生的西方最伟大的哲学家，古希腊的苏格拉底说过同样的话："我的朋友不是城外的树木，而是城内的居民，你可以在城外研究天象，观察自然界，但你再怎样都不能忽略人有他实际的生命，有他必须寻找的规划来安排他的生活。"

此章涉及的一个农业生产技术问题，我一直没有弄明白。长沮、桀溺从名字来看，应该是在水田里劳动，耰是用土覆盖种子使之不被鸟啄食，那么在水田怎么用土覆盖种子呢？水田里肯定是种水稻，在现代农业，水稻的秧苗都是旱种出来的，然后再插秧到水田里，不知道古代水稻种植方式是否与现代不同。

18.7 子路从而后，遇丈人，以杖荷蓧（diào）①。

子路问曰："子见夫子乎？"

丈人曰："四体不勤，五谷不分[②]，孰为夫子？"植其杖而芸。

子路拱而立。

止子路宿，杀鸡为黍（shǔ）[③]而食（sì）[④]之，见其二子焉。

明日，子路行以告。

子曰："隐者也。"使子路反见之。至，则行矣。

子路曰："不仕无义。长幼之节，不可废也；君臣之义，如之何其废之？欲洁其身，而乱大伦。君子之仕也，行其义也。道之不行，已知之矣。"[⑤]

【注释】

① 蓧：音吊，古代耘田所用的竹器。

② 四体不勤，五谷不分：丈人责备子路和孔子，说他们手脚不勤，五谷不分。还有一种解释说这是丈人指自己忙于播种五谷，没有闲暇管谁是子路的老师。有人认为，子路与丈人刚说了一句话，丈人不知道子路和孔子是否四体不勤，五谷不分，不可能说出这样的话。其实不然，孔子和弟子都是士人，服装与老百姓有明显区别，丈人很清楚他们的身份。古代士人不参与农业劳动，比如樊迟要向孔子学种庄稼，孔子就很生气。因此丈人看到子路就说他们四体不勤、五谷不分很正常，并且孔子也是因为丈人的评论才意识到他是一位隐者。

③ 黍：音鼠，黏小米。

④ 食：音寺，拿东西给人吃。

⑤ 子路曰："不仕无义……已知之矣"：我认为这段话是孔子说的，《论语》中子路从未说过这么高水平的话，本章前面故事的主角是子路，应该是后世在传抄《论语》过程中错把"子曰"写成了"子路曰"。我在译文中改为了孔子说。

【译文】

子路随孔子出行，落在后面，遇到一个老丈，用拐杖挑着蓧。

子路问道："您看到我的老师了吗？"

老丈说："手脚不勤快，分不清五谷，谁是你的老师？"说完，扶着拐杖去除草。

子路拱着手恭敬地站在一旁。

老丈留子路到家住，杀鸡做饭给他吃，又叫两个儿子出来与子路见面。

第二天，子路赶上孔子，把这件事告诉他。孔子说："这是个隐士啊。"叫子路回去再看看他。子路到了那里，老丈已经走了。

孔子说："该做官时不做官是不义的。长幼关系是不能废弃的；君臣关系怎么能废弃呢？想要保持自身清白，却破坏了根本的君臣关系。君子做官，只是为了尽君臣之义。至于道义行不行得通，早就知道了。"

【评析】

儒家把人与人之间的伦理关系分为五种：君臣、父子、夫妻、兄弟、朋友。孔子认为丈人和儿子隐居，虽然保存了父子之节，但却抛弃了君臣之义，而君臣之义才是大伦。不管出仕是否有助于改变社会，君子为了君臣之义也应该出仕，这是孔子反对隐居的理论基础。

四次遇险

9.5 子畏于匡，曰："文王既没，文不在兹乎？天之将丧斯文也，后死者不得与于斯文也；天之未丧斯文也，匡人其如予何？"

【注释】及【译文】

见《自评篇第二》。

【评析】

孔子周游列国四次遇险，畏于匡是第一次。鲁定公十四年（前496年），孔子在卫国受到猜疑，卫灵公派公孙余假监视他，孔子担心惹祸上身于是离开卫国去陈国。途经卫国匡邑时，弟子颜刻驾车，拿着鞭子指着匡邑城墙上的一个缺口说当年我就是从这个缺口进去的。匡人听到了，以为阳虎又来了，阳虎曾经攻打过匡邑，烧杀抢掠无恶不作。孔子与阳虎长得很像，口音又相同，匡人错把孔子当成阳虎，围攻他们，孔子一行被困五日才逃出来。危急时刻，孔子坚信自己身负历史使命，使命未成，命不该绝。孔子的自信表明了他坚定的天命观。

7.23 子曰："天生德于予，桓魋（tuí）其如予何？"

【注释】及【译文】

见《自评篇第二》。

【评析】

鲁哀公二年（前493年），孔子从曹国去宋国见宋景公。桓魋怕宋景公重用孔子会影响自己的地位，派兵加害孔子。当时孔子正与弟子们在大树下演习周礼，士兵们砍倒大树，孔子在学生们的保护下，逃离宋国。这是第二次遇险，逃跑途中弟子催促孔子快跑，孔子说了这句话。与上次畏于匡一样，孔子坚信自己有天命在身，不会有事。

孔子第三次遇险

孔子周游列国四次遇险，《论语》中记载了三次，《史记》中多记了一次，是孔子第三次遇验。

《史记》没有写这次遇险的时间，我推算下来应该是在鲁哀公四年（前 491 年）。孔子从陈国去卫国，到了卫国蒲邑时赶上邑宰公叔氏叛变。公叔氏知道孔子是卫灵公座上宾，就把孔子一行扣下来。孔子弟子里有一个叫公良孺的，带着自己的五辆车跟随孔子。公良孺身材高大，很勇敢，他对孔子说："我以前跟着您在匡地遇险，如今在这儿又遇上危险，这是命吧！我和老师一再遭难，宁愿跟他们战斗到死。"公良孺率领众弟子以命相搏，蒲人害怕了，对孔子说"只要你们不去卫都就放你们走"，孔子答应了。蒲人让孔子跟他们盟誓，然后放孔子一行从东门走了。孔子离开蒲邑后却直奔卫国都城，子贡问誓言可以违背吗？孔子说在要挟下发的誓神是不认的。卫灵公听说孔子来了很高兴，亲自到郊外迎接。卫灵公问，可以讨伐蒲邑吗？孔子说可以，但卫灵公担心讨伐蒲邑会逼蒲邑倒向晋国，对卫国更不利，最终没有采取行动。

15.2 在陈绝粮，从者病，莫能兴。子路愠见曰："君子亦有穷乎？"子曰："君子固穷，小人穷斯滥矣。"

【注释】及【译文】

见《君子小人篇第十》。

【评析】

这是孔子第四次遇险。

《左传》记载，鲁哀公六年（前 489 年），吴国进攻陈国，陈国是楚国附庸，楚昭王亲自率军前来救援，军队驻扎在城父（古地名，在今河南平顶山西北）。《史记》记载，楚昭王听说孔子住在陈、蔡两国的边境上，就派人来请孔子。孔子要去见楚昭王，蔡国是吴国的附庸，蔡国的大夫担心孔子到了楚国对蔡国不利，于是派人在陈国野外追上孔子，把孔子团队围困了七天，动弹不得。孔子团队粮食吃光了，很多弟子病饿得站不起来，孔子却照样讲学，朗诵诗书，弹琴唱歌。子路很不高兴地来见孔子，说道："君子也有陷入绝境的时候吗？"孔子说："君子在困境中也能固守节操，小人陷入困境就什么事都做得出来了。"

孔子想了解弟子们的思想动态，于是召子路来问："《诗经》上说：'不是犀牛不是老虎，为什么穿行在旷野？'是我的道理有什么不对吗？为什么会落到这个地步？"子路说："想必是我们仁德不够吧？所以人家不信任我们；想必是我们智慧不足吧？所以人家不让我们通行。"孔子说："是这样吗？仲由，假如有仁德就能让人家信任，哪里会有饿死在首阳山的伯夷、叔齐呢？假如有智慧就能通行无阻，哪里会有被纣王剖心的王子比干呢？"

子路走后，子贡来见，孔子问了相同的问题。子贡说："老师的道大到极点，所以天下不能接受。老师何不稍微迁就一下世人！"孔子说："赐呀，好农夫虽然善于耕种，却不一定有好收成；好工匠手艺精巧，做的东西却不一定合人心意；君子修道，专注于逻辑和条理，不是为了能容合于世，现在你不去修道，反而追求被人接受，赐呀，你的志向不远大啊！"

子贡出去了，颜回来见，孔子也同样问他。颜回说："老师的道大到极点，所以天下不能容。虽然如此，老师坚持推行自己的主张，不被接受又有什么关系？不被接受才说明老师是真正的君子！我们不修道，是我们的耻辱，我们修成大道而不被用，那是执政者的耻辱。不被接受又有什么关系？不被接受才说明老师是真正的君子！"孔子听了乐得合不拢嘴，说道："是这样吗，颜家子？你赶紧发财吧，我去给你打工。"

后来孔子派子贡找到楚昭王，楚昭王发兵来迎接孔子，孔子才躲过这一劫。

需要说明一点，在《史记》中记载，围困孔子是陈、蔡两国大夫的合谋。但是据清代著名学者全祖望分析，陈国和蔡国分属不同阵营，没有共同利益，两国大夫不可能在此事上合谋。我赞成全祖望的观点，我认为孔子说有陈国大夫参与可能因为是在陈国野外把孔子围住，所以认为陈国大夫也参与其中。但是春秋时代，地广人稀，蔡国人在陈国野外围困孔子，陈国不一定知道此事，并且陈国当时正全力抵抗吴国的进攻，应该也没心思管这事儿。

晚年

7.5　子曰："甚矣吾衰也！久矣吾不复梦见周公。"

【译文】

孔子说："我衰老得很厉害了，我好久没有梦见周公了。"

【评析】

孔子年轻时壮怀激烈，欲行周公之道于天下，所以时常梦到周公，醒来时以此激励自己。如今年老体衰，大道仍未成行，不知何时圆梦，这是孔子对理想未曾实现的感慨。

9.9　子曰："凤鸟①不至，河不出图②，吾已矣夫！"

【注释】

① 凤鸟：古代传说中的一种神鸟。传说凤鸟在舜和周文王时代都出现过，它的出现象征着"圣王"将要出世。

② 河不出图：古代称河，都是指黄河。传说在上古伏羲氏时代，黄河中有龙马背负八卦图而出。它的出现也象征着"圣王"将要出世。

【译文】

孔子说："凤鸟不来了，黄河中也不出现八卦图了。我这一生也就完了吧！"

【评析】

孔子为了恢复周礼而辛苦奔波了一生。到了晚年，他看到恢复周礼已经成为泡影，于是发出了以上的哀叹。

9.17　子在川①上曰："逝者如斯夫！不舍昼夜。"

【注释】

① 川：指黄河。

【译文】

孔子在黄河边说："消逝的时光就像这黄河水一样啊，不分昼夜地向前流去。"

【评析】

年轻人看到一条浩浩荡荡、奔流不息的大河时，通常只会感到壮观，而不会想到时间的流逝，因为他还有大好的青春。而一个老人看到同样的景象，尤其是壮志未酬的老人，很自然会联想到时间流逝，一去不返。孔子感叹时光流逝，已经没有时间再实现自己政治主张，有一种深深的危机感。

17.19 子曰：“予欲无言。”子贡曰：“子如不言，则小子何述焉？”子曰：“天何言哉？四时行焉，百物生焉。天何言哉？”

【译文】

孔子说：“我想不说话了。”子贡说：“您如果不说话，那我们这些学生还转述什么呢？”孔子说：“天何尝说话呢？四季照常运行，百物照样生长。天何尝说话呢？”

【评析】

在理想破灭之后，孔子也有些心灰意冷，没了教诲弟子的动力。孔子说“天何言哉？四时行焉，百物生焉”，表明他还是相信天命，相信自然规律是不可违背的，失望中仍抱有希望。

14.35 子曰：“莫我知也夫！”子贡曰：“何为其莫知子也？”子曰：“不怨天，不尤①人，下学而上达②。知我者其天乎！”

【注释】

① 尤：责怪、怨恨。

② 下学而上达：下学指学习人间的文化礼乐，上达指上达天命，知晓自己的天命。

【译文】

孔子说：“没有人了解我啊！”子贡说：“怎么说没有人了解您呢？”孔子说：“我不埋怨天，也不责备人，下学礼乐而知晓天命，了解我的只有天吧！”

【评析】

孔子周游列国推行自己的主张，然而始终得不到响应。他不怨天是不埋怨老天让自己落到这种境地，不尤人是不怪别人不理解自己，不任用自己。他努力学习，认为自己的天命就是传播周朝的文化礼乐，因此说只有天才了解自己。

在孔子最失意的时候，一直都是子贡陪在他身边。

9.14 子欲居九夷①。或曰："陋②，如之何？"子曰："君子居之，何陋之有？"

【注释】

① 九夷：根据《韩非子》《战国策》《淮南子》等书的记载，九夷应在鲁国南部、吴国北部，淮河、泗水之间，大概是徐州一带。当时这里远离各国首都，文化、经济落后。

② 陋：闭塞落后，不开化。

【译文】

孔子想搬到九夷居住。有人说："那里非常闭塞落后，怎么能住呢？"孔子说："有君子去住，就不闭塞落后了。"

【评析】

孔子说过贤者避世，其次避地，其次避色，其次避言。孔子一向不赞成当隐者，但在现实不断的打击之下，极度失望，也有隐居的想法了。但他依然抱有理想，相信自己能改变环境。唐代刘禹锡的《陋室铭》就是据此章而写的。

七、孔门弟子

弟子篇第二十

孔子27岁开始私人办学，一直到73岁去世前还在教授弟子。《史记·孔子世家》记载孔子弟子三千，其中贤者七十二人。《史记·仲尼弟子列传》记载：受业身通者七十有七人，皆异能之士也。

孔门十哲

11.3 德行：颜渊、闵子骞、冉伯牛、仲弓。言语：宰我、子贡。政事：冉有、季路。文学①：子游、子夏。

【注释】

① 文学：指通晓《诗经》《尚书》《易经》等古代文献的弟子。

【译文】

德行突出的有：颜渊、闵子骞、冉伯牛、仲弓。口才好，善于辞令的有：宰我、子贡。擅长处理政事的有：冉有、季路。通晓古籍文献的有：子游、子夏。

颜回（颜渊）

《论语》提及颜回22次。

6.11 子曰："贤哉，回也！一箪（dān）①食，一瓢饮，在陋巷，人不堪其忧，回也不改其乐。贤哉，回也！"

箪

【注释】

① 箪：音丹，盛饭用的竹器，就是竹簸箩。

【译文】

孔子说："贤啊！颜回。吃饭是一箪饭就着一瓢凉水，家境贫寒，住在陋巷，别人都受不了这种穷苦，颜回却不改乐观态度。贤啊！颜回。"

【评析】

颜回"一箪食，一瓢饮，在陋巷，不改其乐"，与孔子"饭疏食饮水，曲肱而枕之，乐亦在其中"一样，都是安贫乐道的精神。两人精神相通，这是孔子最喜爱颜回的原因之一。孔子说"君子固穷"，可以看出颜回是真正的君子。

6.7 子曰："回也，其心三月[①]不违仁，其余则日月[②]至焉而已矣。"

【注释】

① 三月：指很长的时间。

② 日月：指比较短的时间。

【译文】

孔子说："颜回呀，他的心可以长久不离开仁德，其他人只是偶尔想一下而已。"

9.20 子曰："语之而不惰者，其回也与！"

【译文】

孔子说："听我教诲毫不懈怠的，只有颜回一个人吧！"

11.4 子曰："回也非助我者也，于吾言无所不说（yuè）。"

【译文】

孔子说："颜回不是帮助我的人呀，他对我说的话没有不心悦诚服的。"

【评析】

乍一听，很难判断孔子这么说颜回是正话还是反话。学生对老师教授的内容全盘接受，深信不疑，是好事儿还是坏事儿？不同的老师态度也不同。

我认为孔子不赞成弟子这样。孔子采用启发式教学，"不愤不启，不悱不发"。他认为"学而不思则罔"，鼓励弟子边学边思考。孔子希望能够与颜回教学相长，因此这句话是在批评颜回。

2.9 子曰："吾与回言终日，不违①，如愚。退而省（xǐng）其私②，亦足以发③，回也不愚。"

【注释】

① 不违：没有相反的意见和问题。

② 退而省其私：等颜回下课后，了解他与其他人讨论学问的情况。

③ 发：对孔子教学内容有所发挥，即举一反三。

【译文】

孔子说："我整天给颜回讲学，他从来没有反对意见和问题，像个笨人。等他退下之后，我考察他私下的言论，发现他对我所讲授的内容有足够的发挥，可见颜回其实并不笨。"

【评析】

此章与上一章（11.4 章）结合起来看，可以知道孔子确实是希望弟子能够举一反三，教学相长。

8.5 曾子曰："以能问于不能，以多问于寡；有若无，实若虚，犯而不校。昔者吾友尝从事于斯矣。"

【注释】及【译文】

见《为学篇第四》。

【评析】

这是曾子对颜回的评价，颜回不耻下问，虚怀若谷。

11.19 子曰："回也其庶①乎？屡空②。赐不受命③，而货殖④焉，亿⑤则屡中。"

【注释】

① 庶：庶几，接近、差不多。指颜渊的学问道德接近于完善。

② 空：一无所有。

③ 不受命：子贡不受什么命？从汉至今，学者没有统一意见。"货殖"即经商，肯定不是读书人干的事，"不受命"可以译成不安分守己。

④ 货殖：经商、做买卖。子贡经商非常成功，是孔门弟子中的首富。"端木遗风"指子贡留下来的诚信经商的风气，子贡后来成为民间信奉的财神。

⑤ 亿：同“臆”，猜测行情。

【译文】

孔子说：“颜回的学问道德接近完善了吧，可他常常一无所有。端木赐不安分守己去经商，猜测行情却经常猜中。”

【评析】

孔子比较两个弟子的境遇，颜回的学问道德接近完美却很贫困，子贡不安分却非常富有，孔子为颜回的境遇鸣不平。

5.9　子谓子贡曰：“女与回也孰愈①？”对曰：“赐也何敢望回？回也闻一以知十，赐也闻一以知二。”子曰：“弗如也；吾与②女弗如也。”

【注释】

① 愈：强过、胜过。

② 与：赞同、同意。

【译文】

孔子对子贡说：“你和颜回比，谁更强一些呢？”子贡回答说：“我怎么敢和颜回相比呢？颜回知道一件事就可以推知十件事；我呢，知道一件事，只能推知两件事。”孔子说：“不如他呀，我同意你说的不如他。”

【评析】

颜回的学问道德接近完美却很贫困，子贡不安分却非常富有，孔子心里很不平衡，因此孔子故意这么问子贡，要为颜回找回来一些面子。子贡非常理解老师，顺着老师的心意抬高颜回，贬低自己。

7.11　子谓颜渊曰：“用之则行，舍之则藏，惟我与尔有是夫！”子路曰：“子行三军，则谁与？”子曰：“暴虎冯河，死而无悔者，吾不与也。必也临事而惧，好谋而成者也。”

【注释】及【译文】

见《自评篇第二》。

【评析】

孔子说过：“三年学，不至于谷，不易得也。”弟子们跟孔子学习几年，年纪轻轻就出去做官的人不少，但颜回跟随孔子十几年，一直没有出去做官。

颜回之所以贫困就是因为他没有出来做官。孔子说过：“邦有道，谷；邦无道，谷，耻也。”当时各诸侯国政局按孔子的标准来衡量都是无道，颜回不出仕也可以理解，但这样一来，颜回生计就成了问题。学生严格按照老师的教导去做，反而陷入生活困境。“用之则行，舍之则藏，惟我与尔有是夫！”孔子是怀着愧疚的心情在安慰颜回。

11.23 子畏于匡，颜渊后。子曰：“吾以女为死矣。”曰：“子在，回何敢死？”

【译文】

孔子在匡地受到当地人围困，颜渊最后才逃出来。孔子说：“我以为你已经死了呢。”颜渊说：“老师您还活着，我怎么敢死呢？”

【评析】

简短的对话里蕴含了师徒彼此间深厚的情感，让人泪目。

11.9 颜渊死。子曰：“噫！天丧予！天丧予！”

【译文】

颜渊死了，孔子说：“唉！老天要我的命呀！老天要我的命呀！”

11.10 颜渊死，子哭之恸（tòng）①。从者曰：“子恸矣！”曰：“有恸乎？非夫（fú）②人之为恸而谁为？”

【注释】

① 恸：音痛，哀伤过度，过于悲痛。

② 夫：音芙，指示代词，“这个”的意思，此处指颜渊。

【译文】

颜渊死了，孔子哭得极其悲痛。跟着孔子的人说：“您悲伤过度了！”孔子说：“有悲伤过度吗？我不为这个人悲伤过度，又为谁呢？”

【评析】

孔子的儿子孔鲤（伯鱼）一年前去世了，《论语》中没有记载孔子的反应，应该没有这么悲痛。颜回是孔子思想的继承者，他陪伴孔子周游列国十四年，孔子把他当成自己精神上的儿子看待，所以颜回的去世才令孔子如此悲伤。

11.11 颜渊死，门人欲厚葬①之。子曰："不可。"门人厚葬之。子曰："回也视予犹父也，予不得视犹子也②。非我也，夫（fú）二三子也。"

【注释】

① 厚葬：隆重地安葬。

② 予不得视犹子也：我不能把他当亲生儿子一样看待。

【译文】

颜渊死了，孔子的弟子们想要隆重地安葬他。孔子说："不可以。"学生们仍然隆重地安葬了他。孔子说："颜回把我当成父亲一样看待，我却不能把他当亲生儿子一样看待。这不是我的过错，是那些学生们干的呀。"

【评析】

孔子主张"死，葬之以礼"，一个人的葬礼与他的身份一致才符合礼。颜回生前极度贫困，死后却风光大葬，不符合礼。所以孔子说没能像对待亲生儿子那样，按照礼来对他进行安葬。

虽然没有记载，但我猜想为颜回葬礼买单的应该是子贡。

11.8 颜渊死，颜路请子之车以为之椁。子曰："才不才，亦各言其子也。鲤也死，有棺而无椁。吾不徒行以为之椁。以吾从大夫之后，不可徒行也。"

【注释】及【译文】

见《仕途篇第十八》。

【评析】

结合上一章（11.11 章）孔子对颜回葬礼的态度，孔子拒绝颜路的真正原因是为颜回置椁不合礼，而不是舍不得自己的车。

6.3 哀公问："弟子孰为好学？"孔子对曰："有颜回者好学，不迁怒①，不贰过②。不幸短命死矣③，今也则亡（wú），未闻好学者也。"

【注释】

① 不迁怒：不把怒气发泄到别人身上。

② 不贰过：“贰”是重复的意思。不犯同样的错误。

③ 短命死矣：颜回小孔子 40 岁，死时年仅 31 岁。

【译文】

鲁哀公问孔子：“你的学生中谁最好学呢？”孔子回答说：“有一个叫颜回的最好学，他从不把怒气发到别人身上，也从不犯同样的错误。不幸短命死了，现在没这样的人了，没有听说谁是好学的。”

11.7 季康子问：“弟子孰为好学？”孔子对曰：“有颜回者好学，不幸短命死矣，今也则亡。”

【译文】

季康子问孔子：“你的学生中谁最好学呢？”孔子回答说：“有一个叫颜回的最好学，不幸短命死了，现在没有这样的人了。”

9.21 子谓颜渊曰：“惜乎！吾见其进也，未见其止也。”

【译文】

孔子谈到颜渊时说：“可惜他死得早呀！我只见他不断前进，从来没见他停止过。”

【评析】

颜回是孔子最喜爱的得意弟子，是孔门十哲之首，孔门七十二贤之首，被后世追封为“复圣”。但是纵观《论语》全篇，除了 9.11 章，颜回高度赞扬孔子学问的博大精深，对自己悉心培养之外，对孔子思想、儒家学说没有贡献只言片语。颜回至仁至德的形象完全是经孔子和师兄弟的描述建立起来的，这就是口碑。孔子说“骥不称其力，称其德也”，用来形容颜回再合适不过。

闵损（闵子骞）

《论语》提及闵损 5 次。

11.5 子曰：“孝哉，闵子骞①！人不间②于其父母昆③弟之言。”

【注释】

① 闵子骞：闵损，字子骞，鲁国人，孔子的学生，孔门十哲之一，比孔子小 15 岁。

② 间：非难、批评、挑剔。

③ 昆：哥哥，兄长。

【译文】

孔子说："闵子骞真是孝顺呀！人们对于他父母兄弟称赞他的话无可挑剔。"

【评析】

闵损以孝闻名，为儒家二十四孝人物之一。孔子虽然夸奖闵损守孝悌，但没有说具体事例。西汉刘向编写的《孝子传》有闵损的故事，元代郭守正编写《二十四孝》收录了进去，并加以完善，故事内容如下：

闵损小时候生母去世，父亲娶了后妻，又生了两个儿子。继母虐待他，冬天，两个弟弟穿着用棉花做的冬衣，却给他用芦花做冬衣。一天，父亲出门，闵损驾车时因寒冷打战，缰绳掉落在地上，遭到父亲的斥责和鞭打，芦花从打破的衣缝中飞了出来，父亲方知闵损受到虐待。父亲返回家，要休逐后妻。闵损跪求父亲饶恕继母，说："留下母亲只是我一个人受冷，休了母亲三个孩子都要挨冻。"父亲十分感动，就依了他。继母听说，悔恨知错，从此待他如亲子。

故事很感人，但是否就是孔子夸奖闵损的原因，不得而知，另外，故事细节上稍有瑕疵。棉花原产阿拉伯地区，汉代才传入西域，到宋代才在内地推广种植。中国古代只有"绵"字，"棉"字是从《宋书》起才开始出现的，因此元代人写的《二十四孝》中闵损的弟弟会穿棉衣。

如果故事是真实的，那么闵损的弟弟穿的是什么材质的冬衣呢？在孔子评价子路的话里可以找到答案。孔子说子路"衣敝缊袍，与衣狐貉者立，而不耻者，其由也与"。"缊袍"就是春秋时的冬衣，"缊"从"纟"，是用丝麻做的衣服，缊袍里面填充的是木棉或者丝棉。木棉是一种树，与棉花完全不同，木棉果实中的纤维短而细软，中空率高，很适合制作御寒物品，但木棉纤维产量低，这种棉衣没有普及。丝棉是蚕丝制成的棉絮，是用茧表面的乱丝加工而成，非常轻薄，但山东并不是中国主养蚕区，丝棉填充的缊袍价格也不便宜，这应该就是闵子骞后妈不给他做的原因。

6.9 季氏使闵子骞为费宰。闵子骞曰："善为我辞焉！如有复我①者，则吾必在汶（wèn）上②矣。"

木棉

蚕茧

【注释】

① 复我：再来召我。

② 汶上："汶"音问，山东大汶河。汶上指齐国，齐国在大汶河的北边，北为上。

【译文】

季氏派人请闵子骞做费邑的长官，闵子骞对来人说："请好好地替我推辞吧！如果再来召我，那我一定逃到汶水北边去了。"

【评析】

季氏把持了鲁国国政，鲁国君不君，臣不臣，国家无道。闵子骞不应召是"邦无道，则卷而怀之"的君子之举。

11.14 鲁人为长府[①]。闵子骞曰："仍旧贯[②]，如之何？何必改作？"子曰："夫人不言，言必有中。"

【注释】

① 长府：藏财货、兵器等的仓库叫"府"，长府是鲁国的国库。

② 仍旧贯：贯，事例。按照老样子。

【译文】

鲁国翻修国库。闵子骞说："就照老样子修，怎么样？何必要改建呢？"孔子说："这人平日不开口，一开口就说到点子上。"

【评析】

复古是孔子的一贯主张，闵子骞主张依旧贯，孔子因此很高兴。

《论语》仅五章提及闵子骞，但从几章中，可以看到闵子骞守孝悌，对出仕的态度有君子之风，复古的思想与老师一致，这是他被列为孔门十哲的原因。

冉耕（冉伯牛）

《论语》提及冉伯牛 2 次。

6.10 伯牛①有疾，子问之，自牖（yǒu）②执其手，曰："亡之③，命矣夫！斯人也而有斯疾也！斯人也而有斯疾也！"

【注释】

① 伯牛：冉耕，字伯牛，鲁国人，孔子的学生，孔门十哲之一。

② 牖：音友，窗户。

③ 亡之：要死了。"之"不是指伯牛，只是跟在"亡"后面凑成一个音节，古汉语的用法。

【译文】

伯牛病重垂危，孔子去探望他，从窗户外面握着他的手说："要死了，这是命啊！这样的人竟会有这样的病啊，这样的人竟会有这样的病啊！"

【评析】

《论语》没有收录冉伯牛一句话，仅记载他临死前孔子去探望他，然后就被列十哲德行科第三。据此推断，冉伯牛应该是孔子较早的弟子，又去世得早，所以没有留下片言只语。

冉雍（仲弓）

《论语》提及冉雍 8 次。

6.1 子曰："雍①也可使南面②。"

【注释】

① 雍：冉雍，字仲弓，鲁国人，孔子弟子，小孔子 29 岁，孔门十哲之一。

② 南面：指做官。古代以北为尊位，天子、诸侯和卿大夫都是坐北面南。

【译文】

孔子说："冉雍这个人，可以让他去做官。"

6.6 子谓仲弓曰："犁牛①之子骍（xīn）且角②，虽欲勿用③，山川其舍诸？"

【注释】

① 犁牛：耕牛。古代祭祀牺牲不用耕牛，有单独饲养的祭牛。

② 骍且角："骍"音辛，红色。祭祀用的牛，皮毛为红色，角要长得周正。

③ 用：用于祭祀。

【译文】

孔子对仲弓说："耕牛的牛犊长着红色的毛，整齐的角，虽然不想用它做牺牲来祭祀，但山川之神难道会舍弃它吗？"

【评析】

《史记·仲尼弟子列传》说仲弓的父亲是贱人，仲弓有很大的心理负担。贱人可能指奴隶。孔子鼓励他，人的出身不能决定一切，只要有品德和才干，就会有出头的机会。孔子说"雍也可使南面"，就是对他的肯定。后来仲弓做了季氏的家宰。

孔子这种不论出身，任人唯贤的思想在当时非常先进。

5.5 或曰："雍也仁而不佞。"子曰："焉用佞？御人以口给（jǐ）[①]，屡憎于人。不知其仁，焉用佞？"

【注释】

① 仁而不佞：有两种解读，一是"仁，而且不佞"，"而"是连词，类似用法如"述而不作，信而好古"；二是"仁，但是不佞"，"而"表示转折，类似用法如"乐而不淫，哀而不伤"。从孔子的回答来看，是第二种用法。

② 御人以口给：御，抵挡。靠伶牙俐齿与人辩论。

【译文】

有人说："仲弓这个人有仁德但不会说话。"孔子说："何必要能言善辩呢？靠伶牙俐齿和人辩论，常常招致别人憎恶。不知道他是不是仁，但何必要能言善辩呢？"

【评析】

子曰："巧言令色，鲜矣仁！"《论语》中这句话被丝毫不差地收录了两次。孔子思想里，"仁"和"佞"是完全对立的，这个人肯定没听过孔子这句话，还把这两种德行并列起来，正好撞到枪口上了。

宰予（宰我）

《论语》提及宰我 5 次。

3.21 哀公问社①于宰我。宰我对曰："夏后氏以松，殷人以柏，周人以栗，曰，使民战栗。"子闻之，曰："成事不说，遂事不谏，既往不咎。"

【注释】

① 社：土地神，古时立国都要建祭祀土地神的庙，选用适当的树木制作土地神的牌位，这个牌位叫神主。

【译文】

鲁哀公问宰我，制作土地神的神主应该用什么树木。宰我回答："夏朝用松树，商朝用柏树，周朝用栗树，意思是使老百姓战栗。"孔子听到后说："做过的事不要再讨论了，完成的事不要再劝阻了，过去的事不要再责怪了。"

【评析】

钱穆的《论语新解》说：夏居河东，其野宜松；殷居亳，其野宜柏；周居丰镐，其野宜栗。夏、商、周选择社木树种是因地制宜、就地取材。周朝用栗树做神木并没有"使民战栗"的意思，只是因为周人居住的地方栗树多，适宜作社木。

丰京和镐京并称"丰镐"，是西周国都。丰镐遗址，位于陕西省西安市长安区。板栗是长安区的特产，2017 年还申请了农产品地理标志。长安区位于秦岭北麓，而位于秦岭南麓的陕西省镇安县是中国板栗之乡，可见栗树广泛分布于秦岭南北。

宰我口才极好，用双关语讥讽周朝。孔子一心恢复周礼，当然不高兴，但宰我话已出口，不可变更，只能随他去了。这时候孔子对宰我还是非常宽容的。

6.26 宰我问曰："仁者，虽告之曰：'井有仁①焉。'其从之也？"子曰："何为其然也？君子可逝②也，不可陷③也；可欺也，不可罔④也。"

【注释】

① 仁：仁人。

② 君子可逝：可以让君子去牺牲生命。

③ 陷：陷害。

④ 罔：这里是愚弄的意思。

【译文】

宰我问道："一个仁者，告诉他：'井里有一位仁人啊'，他会跟着下去吗？"孔子说："为什么要这样做呢？君子可以让他牺牲生命，却不可以陷害他；君子可以欺骗他，但不能愚弄他。"

【评析】

孔子说："里仁为美。择不处仁，焉得智？"宰我就是针对这句话提了一个两难的问题。孔子很生气，直接指出这个问题不合适，是在愚弄人。

宰我一向爱耍小聪明，这次过了头，惹得孔子不高兴。

17.21 宰我问："三年之丧，期已久矣。君子三年不为礼，礼必坏；三年不为乐，乐必崩。旧谷既没，新谷既升，钻燧改火，期可已矣。"子曰："食夫稻，衣夫锦，于女安乎？"曰："安。""女安，则为之。夫君子之居丧，食旨不甘，闻乐不乐，居处不安，故不为也。今女安，则为之！"宰我出。子曰："予之不仁也！子生三年，然后免于父母之怀。夫三年之丧，天下之通丧也。予也有三年之爱于其父母乎？"

【注释】及【译文】

见《孝悌篇第五》。

【评析】

宰我公然挑战孔子三年之丧的主张，在孔子的劝说下也毫无悔意。孔子已经拿他无可奈何了。

5.10 宰予昼寝。子曰："朽木不可雕也，粪土之墙不可圬也；于予与何诛？"子曰："始吾于人也，听其言而信其行；今吾于人也，听其言而观其行。于予与改是。"

【注释】及【译文】

见《识交篇第十五》。

【评析】

孔子痛斥宰予昼寝，其实是借题发挥。宰予一再耍小聪明惹老师不高兴，孔子都没有计较，但是宰予挑战孔子三年之丧的主张，就触犯了孔子的底线。宰予能言善辩，孔子说不过他，只好借他昼寝的机会把他痛斥一顿。

宰予之死

宰予能言善辩，可以说是标准的佞人，还处处惹孔子不高兴。这样的人最终会是什么样的结局呢？据《史记·仲尼弟子列传》记载，宰予后来在齐国当临淄大夫，与田常一起作乱，结果被灭族，孔子以此为耻（宰我为临菑大夫，与田常作乱，以夷其族，孔子耻之）。这可能是大家都能想见的结局，但是考证下来，《史记》关于宰予之死的记载是一个以讹传讹的谣言。

田常就是陈成子，田常作乱就是发生在鲁哀公十四年（公元前481年）的陈成子弑简公：齐简公宠幸阚止，而阚止和陈成子有矛盾，大夫诸御鞅劝齐简公这两人只能留一个，齐简公不听。后来陈成子被人挑拨，决定先下手为强，闯进宫中劫持了齐简公，阚止前去救援，兵败被杀，陈成子接着一不做二不休，把齐简公也杀了。

阚止的字是“子我”，《左传》记载陈成子作乱及阚止被杀这段历史时，提及阚止都是用“子我”。由于宰予的字也是“子我”，后世读史不精的人就把两人混淆了。在《吕氏春秋》中就已经把阚止当成宰予引用这一段史料了，“陈成常果攻宰予于庭，即简公于庙。”可以看出来，《吕氏春秋》中虽然把阚止和宰予搞混了，但是没有搞错和田常的敌对关系，而《史记》中不仅把两人搞混，还把宰予说成是田常的跟班，显然错得离谱。

端木赐（子贡）

《论语》提及子贡38次。

5.4 子贡问曰：“赐也何如？”子曰：“女，器也。”曰：“何器也？”曰：“瑚琏（hú liǎn）①也。”

【注释】

① 瑚琏：音胡敛，古代祭祀时盛粮食用的器具。这种器具，夏朝时叫作“瑚”，商朝时叫作“琏”，周朝时叫作“簠簋（fǔ guǐ）”或者“胡簋”。《左传·哀公十一年》记载，孙文子要攻打太叔疾，征求孔子意见，孔子说“胡簋之事，则尝学之矣。甲兵之事，未之闻也”。与《论语》里回答卫灵公的话如出一辙。

簋

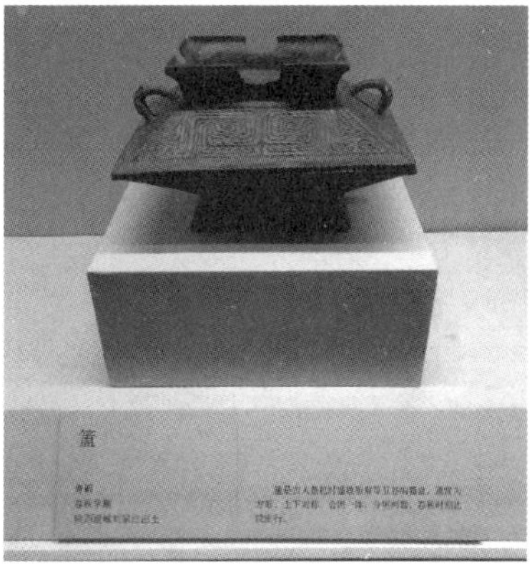

簠

冷晋 2019 年 12 月 14 日摄于中国国家博物馆“周风遗韵——陕西刘家洼考古成果展”

【译文】

子贡问孔子：“我这个人怎么样？”孔子说：“你呀，好比一个器物。”子贡又问：“是什么器物呢？”孔子说：“是瑚琏。”

【评析】

瑚琏贵重而华美，在祭器中仅次于鼎，孔子把子贡比作瑚琏，是充分肯定子贡的才干。但孔子还说过“君子不器”，他把子贡比作器，是批评子贡在品德上还不够完美，还有上升空间。

14.29 子贡方人①。子曰：“赐也，贤乎哉？夫我则不暇（xiá）②。”

【注释】

① 方人：方同“谤”。议论、批评别人的过失。

② 暇：空闲。

【译文】

子贡议论别人的过失。孔子说：“赐啊，你就那么贤良吗？我可没有闲工夫去议论别人。”

5.12 子贡曰：“我不欲人之加诸我也，吾亦欲无加诸人。”子曰：“赐也，非尔所及也。”

【译文】

子贡说："我不愿接受别人强加于我的事，我也不愿强加在别人身上。"孔子说："赐呀，这就不是你所能做到的了。"

【评析】

"我不欲人之加诸我也，吾亦欲无加诸人"就是"己所不欲，勿施于人"，这是仁道，孔子认为以子贡的德行修为，还做不到这一点。

子贡的为人，孔子概括为"赐也达"（本篇6.8章）。孔子说"达"是具有正直的本质，爱好道义，察言观色，虑以下人（12.20章）。可以看出一个达人最适合的职业是外交，而子贡就是当时最出色的外交家。子贡口才非常好，但孔子最讨厌的就是伶牙俐齿的佞人，因此虽然子贡最理解老师，跟孔子关系最近，孔子也吝于表达对他的赞美。我认为孔子对子贡不够公平。孔子也是人，有自己的偏爱。

冉求（冉有）

《论语》提及冉求16次。

在《冉氏族谱》中称冉离娶颜氏，生长子耕（伯牛），次子雍（仲弓）。颜氏死，又娶公西氏，生求。按《冉氏族谱》说法，冉耕、冉雍、冉求为三兄弟。

《冉氏族谱》的说法极为牵强：一是《论语》中三人没有任何互动；二是《史记·仲尼弟子列传》记载"仲弓父，贱人"，如果三人是亲兄弟，为什么只提仲弓的父亲是贱人？三是《史记·仲尼弟子列传》没有记载三人有任何血缘关系；四是仲弓是否姓冉存疑，《论语》中，孔子称仲弓为"雍"一次，仲弓自称"雍"一次，从来没有出现过"雍"和"仲弓"的姓，只在《史记·仲尼弟子列传》中记载"冉雍，字仲弓"。司马迁怎么知道仲弓姓冉，不得而知。

总之，没有任何历史文献记载，或者证明他们三人是兄弟，这是冉氏后人为了攀附儒家先贤而编造出来的关系。

11.17 季氏富于周公[①]，而求也为之聚敛而附益之[②]。子曰："非吾徒也。小子鸣鼓而攻之可也。"

【注释】

① 周公：指鲁哀公。有人说是周公旦，有人认为是周王室的公卿，但周公旦所处时代离春秋太久，而周王室的公卿离鲁国太远，都无法比较财富。

② 求也为之聚敛而附益之：这句话的背景是鲁国实行田赋制度。《左传·哀公十二年》（前 483 年）记载，这年春天冉求按照季康子的命令在鲁国实行田赋制度。田赋是按田亩数来征收军赋，征赋的基数变小，百姓负担更重了。

【译文】

季氏比鲁国国君还要富有，而冉求还帮他聚敛田赋增加他的财富。孔子说："他不是我的学生了，弟子们大张旗鼓地去讨伐他吧！"

【评析】

《左传·哀公十一年》记载，季康子实行田赋制度前，让冉求来征求孔子意见。田赋制度不仅违背古制，而且增加百姓负担，孔子持反对意见。但季康子不听，第二年初就施行了，孔子拿季康子没有办法，只好把气撒在冉求身上。

6.12 冉求曰："非不说（yuè）子之道，力不足也。"子曰："力不足者，中道而废。今女画①。"

【注释】

① 画：画条线，停止前进。

【译文】

冉求说："我不是不喜欢您的学说，是我的力量不足呀。"孔子说："力量不足是走到半道走不动了，现在你是画条线不想前进。"

【评析】

冉求性格谦和退让，身为季康子的家臣，很多事情上身不由己，无法按老师的主张行事，如阻止季康子旅于泰山、讨伐颛臾、实行田赋等，只能以力量不足进行辩解。然而孔子指出是他自己不肯进步。

孔子以"闻斯行之"回答冉求"闻斯行诸？"的问题，就是因为冉求性格谦和退让，所以孔子鼓励他勇敢前进（求也退，故进之）。

仲由（子路、季路）

《论语》提及子路 41 次。

11.22 子路问："闻斯行诸[1]？"子曰："有父兄在，如之何其闻斯行之？"

冉有问："闻斯行诸？"子曰："闻斯行之。"

公西华曰："由也问'闻斯行诸'，子曰：'有父兄在'；求也问'闻斯行诸'，子曰：'闻斯行之。'赤也惑，敢问。"子曰："求也退，故进之；由也兼人[2]，故退之。"

【注释】

① 诸："之乎"二字的合音。

② 兼人：直意是一个人顶两人用，这里指子路过于莽撞。

【译文】

子路问孔子："听到道理就行动起来吗？"孔子说："有父兄在，怎么能听到道理就行动起来呢？"

冉有问孔子："听到道理就行动起来吗？"孔子说："听到道理就要行动起来。"

公西华说："仲由问'听到道理就行动起来吗？'您回答说'有父兄在'，冉求问'听到道理就行动起来吗？'您回答'听到道理就要行动起来'。我糊涂了，斗胆问个明白。"孔子说："冉求性格畏缩，所以我鼓励他；仲由过于莽撞，所以我压制他。"

【评析】

这是孔子因材施教的典型案例。对同一个问题，孔子针对子路与冉求的不同性格特点给予不同的回答。

孔子的回答贯彻的是中庸思想，冉求的退是"狷"，所以孔子进之；仲由的兼人是"狂"，所以孔子退之，最终要让两人都达到中行的状态（参见《道德篇第六》13.21 章）。

5.7 子曰："道不行，乘桴（fú）[1]浮于海。从我者，其由与？"子路闻之喜。子曰："由也好勇过我，无所取材。"

【注释】

① 桴：音浮，木筏。

【译文】

孔子说：“我的主张行不通，我就乘木筏到海外去。能跟从我的大概只有仲由吧！”子路听到这话很高兴。孔子说：“仲由啊，比我勇敢，其他就没什么可取之处了。”

9.27　子曰：“衣敝缊（yùn）袍[①]，与衣狐貉（hé）[②]者立，而不耻者，其由也与？‘不忮（zhì）不求，何用不臧（zāng）[③]？’”子路终身诵之。子曰：“是道也，何足以臧？”

【注释】

① 衣敝缊袍：衣，这里是穿衣，动词用法；敝，破旧的；缊，音运，旧丝棉絮。穿着破旧的丝棉袍。

② 狐貉：“貉”音河，一种矮小肥壮的犬科动物，是重要毛皮兽。用狐皮和貉皮做的裘皮衣服。

③ 不忮不求，何用不臧：这两句见《诗经·邶风·雄雉》篇。“忮”音致，嫉妒；“臧”音脏，好。不嫉妒，不贪求，什么行为能不好呢。

【译文】

孔子说：“能穿着破旧的棉袍，与穿着狐貉皮袍的人站在一起，而不感到没面子的人，只有仲由了吧。《诗经》上说：‘不嫉妒，不贪求，什么行为能不好呢？’”子路听后，反复背诵这句诗。孔子又说：“只做到这样，怎么能说就够好了呢？”

12.12　子曰：“片言[①]可以折狱[②]者，其由也与？”

子路无宿诺[③]。

【注释】

① 片言：诉讼双方中一方的言辞，即片面之词。

② 折狱：审判、断案。

③ 宿诺：宿，过夜。宿诺指拖期没有兑现的诺言。无宿诺是形容子路诚信，答应的事情连一晚上都不会耽搁。

【译文】

孔子说：“只听单方面的供词就可以判案的，大概只有仲由吧。”

子路说话没有不算数的时候。

【评析】

诉讼需要听原告和被告两方面的陈词，孔子说子路“片言可以折狱”，是夸张的说法。我认为是因为子路年龄比较大，经历、阅历丰富，政事能力强，能分析出证词中的漏洞，因此凭单方面的陈述就可以大致判断出案情。

关于子路的诚信，即无宿诺，有一个故事。《左传·哀公十四年》春，小邾国一位叫射的大夫献给鲁国一块叫句绎的土地，以此来投奔鲁国。双方需要举行盟誓。子路当时做季康子的家宰，射说只要子路和我盟誓就可以了，不用和鲁国盟誓，可见子路的个人信用在当时比鲁国的国家信用还要强。不过子路拒绝了和射结盟。季康子派冉有劝子路说，人家信任您超过鲁国，对您有什么辱没吗？子路说，要是派我去攻打小邾国，我可以不问理由直到战死，现在让我和他盟誓，就是认可他叛国的不义之举，我办不到。

子路不轻易许诺才是世人看重子路诺言的真正原因。

本章两句话其实没有关联，古代编者把它们放在一起，是想说子路能够片言折狱，是因为他无宿诺，我认为有些牵强。

11.15 子曰：“由之瑟（sè）[①]奚为于丘之门？”门人不敬子路。子曰：“由也升堂矣，未入于室也[②]。”

【注释】

① 瑟：音色，一种古乐器，与古琴相似。弦更多，比古琴宽，但稍短一些。

② 升堂入室：堂是正厅，室是内室。回家先入门，次升堂，最后入室，孔子用以形容学问程度的深浅。

【译文】

孔子说：“仲由弹瑟，为什么在我这里弹呢？”孔子的学生们因此都不尊敬子路。孔子便说：“仲由呀，他的学问已经到堂上了，只是还没有入室罢了。”

11.25 子路使子羔[①]为费宰。子曰：“贼[②]夫人之子[③]。”子路曰：“有民人焉，有社稷焉，何必读书，然后为学？”子曰：“是故恶夫佞者。”

【注释】

① 子羔：高柴，字子羔，齐国人，孔子弟子，小孔子 30 岁，孔门七十二贤人之一。

高柴是孔门弟子中从政次数最多、最久的人。

② 贼：害。

③ 夫人之子：指子羔。孔子认为他没有经过很好的学习就去从政，会害了他。

【译文】

子路让子羔去做费地的长官。孔子说："这是误人子弟。"子路说："那个地方有百姓可以治理，有社稷宗庙可以祭祀，难道一定要读书才算学习吗？"孔子说："所以我讨厌能说会道的人。"

【评析】

子路让当时学识、经验不足的子羔从政，这是对子羔、百姓、政事都不负责任的行为。孔子批评他，他还振振有词。孔子说过："过而不改，是谓过矣。"人犯了错误还强词夺理，只会坚定自己所犯的错误，所以孔子讨厌能说会道的人。孔子弟子对子羔的评价是"柴也愚"，可能高柴确实是大器晚成。

7.11 子谓颜渊曰："用之则行，舍之则藏，惟我与尔有是夫！"子路曰："子行三军，则谁与？"子曰："暴虎冯河，死而无悔者，吾不与也。必也临事而惧，好谋而成者也。"

【注释】及【译文】

见《自评篇第二》。

【评析】

子路看到老师表扬颜回，心里不服气，拿自己的强项，打仗作战来问老师。孔子说子路是"暴虎冯河，死而无悔"的人，不会与他同行，而是要和"临事而惧，好谋而成"的人同行，这样的人智勇双全，打仗才有胜算。

5.14 子路有闻，未之能行，唯恐有①闻。

【注释】

① 有：同"又"。

【译文】

子路听到什么学问道理，还没来得及去践行，唯恐又听到新的学问道理。

【评析】

可以看出来子路在学习上讲求循序渐进，不贪多求快，还是很扎实的。

11.13 闵子侍侧，誾誾如也；子路，行行（hàng）[①]如也；冉有、子贡，侃侃如也。子乐。

“若由也，不得其死然[②]。”

【注释】

① 行行：音“沆”，刚强的样子。誾誾、侃侃注释见《言行篇第十七》10.2 章。

② 不得其死然：“得其死”是善终。“不得其死然”就是不得好死。

【译文】

闵子骞侍立在孔子身旁，和颜悦色的样子；子路，刚强的样子；冉有、子贡，从容不迫的样子，孔子高兴起来。

孔子说：“像仲由这样，只怕不得好死吧！”

【评析】

子路刚强好勇，孔子担心他将来出事儿很正常，但孔子绝不会当着子路的面说他不得好死。“若由也，不得其死然”应该是在其他场合说的。子路后来因卷入卫国内乱惨遭杀害，不幸应验了孔子的话。

《论语》编纂者经常故意把两件事情写到一章里，让它们产生逻辑关系，但有时候反而弄巧成拙。如 5.2 和 11.6 章，因为不同的原因，孔子把一个侄女嫁给南容两次。

言偃（子游）

《论语》提及子游 8 次。

17.4 子之武城[①]，闻弦歌[②]之声。夫子莞尔而笑，曰：“割鸡焉用牛刀？”

子游对曰：“昔者偃[③]也闻诸夫子曰：‘君子学道则爱人，小人学道则易使也。’”

子曰：“二三子！偃之言是也。前言戏之耳。”

【注释】

① 武城：鲁国的城邑，在今山东费县西南。当时子游是武城宰。

② 弦歌：弦，指琴瑟；歌是诗经中的歌曲。以琴瑟伴奏，吟唱诗经中的歌曲。

③ 偃：言偃，即子游，这是他自称其名。

【译文】

孔子到武城，听到当地人以琴瑟伴奏，吟唱诗经中的歌曲。孔子微笑着说："杀鸡何必用宰牛的刀呢？"

子游回答说："以前我听先生您说过，'君子学习了礼乐就能爱人，百姓学习了礼乐就容易听从指使了。'"

孔子说："学生们，言偃说得对。我刚才说的话，只是开个玩笑而已。"

6.14 子游为武城宰。子曰："女得人焉尔乎①？"曰："有澹台灭明②者，行不由径③，非公事，未尝至于偃之室也。"

【注释】

① 焉尔乎：这三个字都是疑问语气助词。

② 澹台灭明：字子羽，鲁国武城人，后来也成为孔子弟子。

③ 径：小道，小路。

【译文】

子游做了武城的长官。孔子问他："你在那里得到了人才没有？"子游回答说："有一个叫澹台灭明的人，走路不走小道，没有公事，从不到我屋子里来。"

【评析】

孔子说"才难，不其然乎？"感叹人才难得。孔子的学生做官也肩负着发现人才的重任。

"行不由径"现在已成为成语，形容为人做事光明磊落。

卜商（子夏）

《论语》提及子夏 20 次。

6.13 子谓子夏曰："女为君子儒！无为小人儒！"

【译文】

见《君子篇第九》。

【评析】

子夏是孔子弟子中最有思想的一个，才思敏捷，以文学著称。《论语》中收录了子夏的语录多达 12 条，很多大家耳熟能详的经典语录都是出自子夏，如：“仕而优则学，学而优则仕”“百工居肆以成其事，君子学以致其道”“日知其所亡，月无忘其所能”“死生有命，富贵在天”“四海之内皆兄弟”“小人之过也必文”等。

孔子对子夏说：“女为君子儒！无为小人儒！”有些学者认为是子夏品德不佳，孔子在告诫子夏。我深不以为然，一是我在《君子篇第九》中分析过儒的起源，君子儒和小人儒主要是身份地位和职业上的差别；二是《论语》中没有任何一章表现子夏有品德方面的问题，相反，子夏在孝悌、仁、礼、德、君子、学习方面都有被奉为儒家思想的见解；三是《论语》就是以子夏和他的弟子为主编著的，怎么可能故意抹黑自己。

孔子对子夏说这番话是充分肯定子夏的学习成果，鼓励他更上一层楼。孔子希望子夏能够学而优则仕，成为士大夫，参与到国家政治当中，发挥更大的作用，而不是只在民间传授文化礼仪知识。

颛孙师（子张）

《论语》提及颛孙师 20 次。

11.16 子贡问：“师与商①也孰贤？”子曰：“师也过，商也不及。”曰：“然则师愈②与？”子曰：“过犹不及。”

【注释】

① 师与商：师，颛孙师，即子张。商，卜商，即子夏。

② 愈：胜过，强些。

【译文】

子贡问孔子：“颛孙师和卜商两人谁贤德？”孔子说：“颛孙师做得过头，卜商做得不够。”子贡说：“那么是颛孙师好些吗？”孔子说：“做得过头和不够是一样的。”

【评析】

“过犹不及”就是孔子的中庸思想。

19.3 章记载了颛孙师和卜商对交友的不同主张。卜商的态度是“可者与之，其不可者拒之”，谨慎保守，而颛孙师的态度是“我之大贤与，于人何所不容？我之不贤与，人将拒我，如之何其拒人也？”十分开放主动。可见孔子看人非常准确。

11.18 柴也愚，参也鲁[①]，师也辟[②]，由也喭（yàn）[③]。

【注释】

① 鲁：迟钝。

② 辟：偏激。

③ 喭：音燕，鲁莽。

【译文】

高柴愚笨，曾参迟钝，颛孙师偏激，仲由鲁莽。

【评析】

人无完人，即便是孔子的高足，每个人也都有弱点。

15.6 子张问行[①]。子曰：“言忠信，行笃敬，虽蛮貊（mò）[②]之邦，行矣。言不忠信，行不笃敬，虽州里[③]，行乎哉？立则见其参于前也，在舆则见其倚于衡[④]也，夫然后行。”子张书诸绅。

【注释】

① 行：这里是行得通的意思。

② 蛮貊：古代指落后的民族和部落。蛮是中原以南，貊是中原以北。

③ 州里：指近处。二千五百家为一州。

④ 衡：车辕前面的横木。

【译文】

子张问怎么样才能让自己到处都行得通。孔子说：“说话诚信，办事认真，即使到了野蛮部落，也行得通。说话不诚信，办事不认真，就是在本乡本土，能行得通吗？站着就仿佛看到这几个字立在面前，坐车就好像看到这几个字刻在横木上，这样才能让自己到处行得通。”子张把孔子的话记在腰间大带上。

【评析】

很多年轻人初入社会，不知道该如何与人相处，记住“言忠信，行笃敬”到哪里都行得通。

11.20　子张问善人之道。子曰："不践迹[①]，亦不入于室[②]。"

【注释】

① 践迹：迹，脚印。踩着前人的脚印走。

② 不入于室：比喻学问和修养还没有达到精深地步。11.15 章，孔子也用"未入于室"比喻子路弹瑟的技艺未到精深的地步。

【译文】

子张问善人的处世之道。孔子说："如果不沿着前人的脚印走，其学问和修养就不到家。"

【评析】

善人是本质善良但没有经过学习的人，而不学习就无法达到仁的境界。《论语》里，除了子张外，没有其他弟子问过善人。子张问善人之道并不是想当善人，只是想知道善人的处世之道。子张才高质美，但偏激高傲，孔子回答他"不践迹，亦不入于室"，是希望他脚踏实地学习前人，循规而不逾矩，这样学问和修养才能精深。

19.15　子游曰："吾友张也为难能也，然而未仁。"

【译文】

子游说："我的朋友子张可以说是难能可贵了，然而还没有做到仁。"

19.16　曾子曰："堂堂乎张也，难与并为仁矣。"

【译文】

曾子说："子张外表堂堂，别人难以和他一起达到仁。"

【评析】

《论语》里子张是向孔子求教最多的弟子，共问了 13 次之多：子张学干禄（2.18 章）；子张问："十世可知也？"（2.23 章）；子张问曰："令尹子文……"（5.19 章）；子张问善人之道（11.20 章）；子张问明（12.6 章）；子张问崇德辨惑（12.10 章）；子张问政（12.14 章）；子张问："士何如斯可谓之达矣？"（12.20 章）；子张曰："《书》云：'高宗谅阴，三年不言。'何谓也？"（14.40 章）；子张问行（15.6 章）；子张问曰："与师言之道与？"（15.42 章）；子张问仁于孔子（17.6

章）；子张问于孔子曰：“何如斯可以从政矣？”（20.2 章）。

子张的师兄弟对他的评价都很高，但一致认为他没有达到仁的境界。孔子对他的评价是“师也过”，同学们的评价是“师也辟”。子张求知欲很强，学习积极主动，但是积极过头以至偏激，反而偏离了仁。生活中我们也能遇到这样的人，对什么都感兴趣以至于无法专注。孔子说“过犹不及”“欲速则不达”，子张就是一个例证。

樊须（樊迟）

《论语》提及樊须 6 次。

13.4 樊迟请学稼。子曰：“吾不如老农。”请学为圃（pǔ）[①]。曰：“吾不如老圃。”樊迟出。子曰：“小人哉，樊须也！上好礼，则民莫敢不敬；上好义，则民莫敢不服；上好信，则民莫敢不用情[②]。夫如是，则四方之民襁（qiǎng）[③]负其子而至矣，焉用稼？”

【注释】

① 圃：音普，菜地，引申为种菜。

② 用情：用真心实意来回馈。

③ 襁：音抢，背婴孩的背篓。

【译文】

樊迟向孔子请教如何种庄稼。孔子说：“我不如老农。”樊迟又请教如何种菜。孔子说：“我不如老菜农。”

樊迟退出以后。孔子说：“樊须真是孩子呀！统治者只要重视礼，老百姓就不敢不敬畏；统治者只要重视道义，老百姓就不敢不服从；统治者只要重视诚信，老百姓就不敢不真心实意来对待你。要是做到这样，四面八方的老百姓就会背着自己的小孩来投奔，哪里用得着自己去种庄稼呢？”

【评析】

从樊迟的问题来看，这应该是他第一次上孔门求教，从中可以看出来两点：一、樊迟的身份是务农的平民百姓；二、孔子以前干过农活，所以他回答樊迟的是“吾不如”，而不是“吾不知”。孔子办的虽然是面向大众的平民教育，但不是基础教育，也不是农业教育，而是要从平民中培养能够从政的社会精英。樊迟第一次求教，请教的问题比较离谱，惹得孔子不快。不过以后樊迟的问题就很对路了，他三次问仁，问智，问崇德、修慝、辨惑，这都是君子需要具备的品德和素质。

司马耕（司马牛）

《论语》提及司马牛 3 次。

12.4 司马牛问君子。子曰："君子不忧不惧。"

曰："不忧不惧，斯谓之君子已乎？"子曰："内省不疚，夫何忧何惧？"

【译文】

司马牛请教孔子怎样做一个君子。孔子说："君子不忧愁，不恐惧。"司马牛说："不忧愁，不恐惧，这样就可以叫作君子了吗？"孔子说："自己问心无愧，那还有什么忧愁和恐惧的呢？"

【评析】

司马牛是宋国大夫桓魋的弟弟。《左传·哀公十四年》记载，桓魋在宋国作乱失败，整个家族被迫出逃，司马牛辗转逃到鲁国，拜孔子为师。司马牛因为桓魋曾经谋害过孔子，心理负担很重。孔子在这里安慰司马牛，只要自己问心无愧就不用忧惧。

12.5 司马牛忧曰："人皆有兄弟，我独亡①。"子夏曰："商闻之矣：死生有命，富贵在天。君子敬而无失，与人恭而有礼，四海之内皆兄弟也。君子何患乎无兄弟也？"

【注释】

① 亡：同"无"。

【译文】

司马牛忧愁地说："别人都有兄弟，唯独我没有。"子夏说："我听说过：'死生有命，富贵在天。'君子只要认真做事不出差错，对人恭敬有礼，那么天下人就都是兄弟。君子何愁没有兄弟呢？"

【评析】

司马牛家一共兄弟五人，向巢、桓魋、子牛（司马牛）、子颀、子车。司马牛痛恨桓魋给家族带来灾难，加上桓魋曾经谋害孔子，所以不承认他是自己的兄长，并不是真的没有兄弟了。

子夏劝慰司马牛，只要做好自己，就不愁没有兄弟。

漆雕开（子开）

《论语》提及漆雕开 1 次。

5.6 子使漆雕开[①]仕。对曰：“吾斯之未能信。”子说。

【注释】

① 漆雕开：字子开，又字子若，孔子弟子，蔡国人，小孔子 11 岁，孔门七十二贤之一。漆雕开以德行著称，是漆雕氏之儒的创始人，著有《漆雕子》十三篇。

【译文】

孔子让漆雕开去做官。漆雕开回答说：“我对做官这件事还没有信心。”孔子听了很高兴。

【评析】

漆雕开虽然学业有成，但不急于做官，孔子很欣赏这种稳重负责的态度。

申枨（子周）

《论语》提及申枨 1 次。

5.11 子曰：“吾未见刚者。”或对曰：“申枨（chéng）。”子曰：“枨也欲，焉得刚？”

【注释】

① 申枨：“枨”音程。字周，孔子弟子，鲁国人，孔门七十二贤之一。

【译文】

孔子说：“我没有见过刚强的人。”有人回答说：“申枨就刚强。”孔子说：“申枨呀！欲望太多，怎么能算刚强呢？”

【评析】

成语“无欲则刚”就是由此章而来。欲不仅指对财富、权势的欲望，也包括对于名誉、胜负心的执念。人对于某种东西的过分追求就是欲。

孔子的伟大就在于他洞悉人性，人如果欲望太多，就难以坚持自己的信念，也就谈不上刚强了。

原宪（子思）

《论语》提及原思 2 次。

6.5　原思①为之宰②，与之粟九百③，辞。子曰："毋！以与尔邻里乡党④乎！"

【注释】

① 原思：原宪，字子思，鲁国人，孔子的学生，孔门七十二贤之一，比孔子小 36 岁。孔子任鲁国大司寇的时候，原思曾做他家的总管。

② 宰：家宰，管家。

③ 粟九百：九百斗小米。虽然没写容量单位，但从数量上看只能是斗。春秋的五斗合现代一斗，因此粟九百为现代容量 180 斗，即 1800 升小米。

④ 邻里乡党：古代以 5 家为邻，25 家为里，500 家为党，12500 家为乡。指原思家周围的百姓。

【译文】

原思给孔子家当总管，孔子给他小米九百斗，原思推辞。孔子说："别推辞，分给你的乡亲们吧。"

【评析】

在《论语》上一章（6.4 章），孔子说"君子周贫不济富"，不同意给富裕的公西华过多的安家粮，下一章就是教导原思要周济贫困者。

公冶长（子长）

《论语》提及公冶长 1 次。

5.1　子谓公冶长①："可妻也。虽在缧绁（léi xiè）②之中，非其罪也。"以其子③妻之。

【注释】

① 公冶长：字子长，齐国人，孔子的弟子和女婿，孔门七十二贤之一，小孔子 32 岁。

“这个人真是个君子呀！这个人真崇尚道德。”

【评析】

孔子主张“为政以德”，南宫适能够举一反三，孔子十分赞赏。我认为这才是孔子把侄女嫁给他的真正原因。

司马迁在《史记》中提出“恃德者昌，恃力者亡”，就是对南宫适所举例证的总结。

宓（fú）不齐（子贱）

《论语》提及宓不齐1次。

5.3 子谓子贱[①]：“君子哉若人！鲁无君子者，斯焉取斯[②]？”

【注释】

① 子贱：宓不齐，字子贱，孔子弟子，孔门七十二贤之一，比孔子小30岁。

② 斯焉取斯：第一个“斯”指子贱，第二个“斯”字指子贱的品德。

【译文】

孔子评论子贱说：“这人真是个君子呀。如果鲁国没有君子，他是从哪里学到这种品德的呢？”

【评析】

《论语》关于宓子贱的记载只有这一条，没有其他事迹为佐，孔子对他的赞许显得有些莫名其妙。

据《吕氏春秋·察贤》记载：宓子贱治单父，弹鸣琴，身不下堂，而单父治。巫马期以星出，以星入，日夜不居，以身亲之，而单父亦治。巫马期问其故于宓子，宓子曰：“我之谓任人，子之谓任力；任力者故劳，任人者故逸。”宓子贱做单父宰，整天弹琴不出门，单父就被治理好了。后来巫马期当单父宰，披星戴月，早出晚归，亲力亲为，单父也治理得很好。巫马期问宓子贱怎么轻轻松松地就把单父治理好的。宓子贱说，我是依靠人，你是依靠力，所以你很辛苦，我很轻松。

在《孔子家语》中，也记载了关于宓子贱的事情。孔子的侄子孔蔑与与宓子贱一起做官。孔子问孔篾：“你当官后有何得失？”孔篾说：“没有得，失倒有三件事：公事繁杂，学的知识没时间练习，知识学得不明白；俸禄少，只够喝粥，帮不到亲戚，关系也疏远了；公事多，没时间参加丧礼和看望生病的朋友，无法尽朋友之道。”孔子很不高兴，用同样的话问子贱，子贱说："自从当官后没有失，得倒有三件事：以前学的，现在用上了，学得更明白了；有了俸禄可以照顾亲戚，关系更亲密了；虽有公事，抽空参加丧礼和看望生病的朋友，与朋友更近了。"孔子长叹，评论子贱："君子哉若人！鲁无君子者，斯焉取斯？"

孔子说过君子不器，整天忙忙碌碌，亲力亲为的是士，而不是君子。以上两则记载对比，《吕氏春秋》中的宓子贱修己以安人，举直错诸枉，实现无为而治，这是孔子理想中的君子之风。《孔子家语》中记载的宓子贱虽然也很出色，但孔子因此就夸他是君子过于牵强。后世一直有学者质疑《孔子家语》是三国时期魏国王肃的伪作，从这个故事来看，合成的可能性较大。

公伯寮（子周）

《论语》提及公伯寮 1 次。

14.36 公伯寮①愬（sù）②子路于季孙。子服景伯以告，曰："夫子③固有惑志于公伯寮，吾力犹能肆诸市朝④。"

子曰："道之将行也与，命也；道之将废也与，命也。公伯寮其如命何！"

【注释】

① 公伯寮：字子周，孔子的学生，鲁国人，曾与子路同做季氏的家臣。

② 愬：同"诉"，告发、诽谤。

③ 夫子：指季氏当时的家主季桓子，只有家主才被称为季孙。

④ 肆诸市朝：肆，罪犯处死后陈尸于众。古时处死罪人后陈尸示众，大夫于朝廷，士于市集，以儆效尤。

【译文】

公伯寮向季桓子诽谤子路。子服景伯把这件事告诉孔子，并且说："季孙大人虽然被公伯寮骗了，但以我之力还是能把公伯寮杀了陈尸于众。"

孔子说："道义能够推行，在于天命；道义不能推行，也在天命。公伯寮能把天命怎么样呢？"

【评析】

子路给季孙氏做过两次家臣，第一次是孔子当大司寇的时候，公伯寮和子路一起给季康子当家臣，子路是家宰，公伯寮是他的下级。当时子路配合孙子进行堕（huī）三都行动，公伯寮为了向上爬而向季桓子告子路黑状，这就是孔子所厌恶的“居下流而讪上”的行为。

虽然《史记·仲尼弟子列传》把公伯寮列为孔子弟子，但在《孔子家语·七十二弟子解》中已经没有了，应该是他愬子路，品行太差，被剔除出弟子队伍。

小子

5.22 子在陈，曰：“归与！归与！吾党之小子[①]狂简[②]，斐（fěi）[③]然成章，不知所以裁之。”

【注释】

① 吾党之小子：指孔子在鲁国的学生。

② 狂简：志向远大，不拘小节。简，就是省去了不必要的繁文缛节。

③ 斐然：“斐”音匪，有文采的样子。

【译文】

孔子在陈国说：“回去吧！回去吧！在老家的弟子们志向远大，不拘小节，文采斐然，我都不知道该怎样教诲他们了。”

【评析】

据《史记》记载，鲁哀公三年，即公元前492年，孔子在陈国时季桓子去世，儿子季康子继承上卿之位，召冉求回国协助。孔子送冉求回国的时候说了这段话。子贡从中听出孔子回国的愿望，跟冉求说，有机会一定要让季康子把老师请回鲁国。

11.2 子曰：“从我于陈、蔡[①]者，皆不及门[②]也。”

【注释】

① 陈、蔡：指孔子在陈国、蔡国之间遇险。

② 不及门：门，指孔子教书的场所。不及门，是说弟子不在跟前受教。

【译文】

孔子说：“曾跟随我在陈国、蔡国之间遇险的弟子，现在都不在身边了。”

【评析】

公元前489年，孔子和弟子从陈国经蔡国去楚国，陈、蔡两国的大夫怕孔子跟楚国说他们的坏话，就把孔子他们包围在两国之间，绝粮7天，许多弟子饿得起不来。当时跟随他的弟子有子路、子贡、颜回等。15.2章也记载了此事。

公元前484年，孔子回到鲁国。几年后，颜回、子路先后去世了，子贡也经常出使国外，不在孔子身边。孔子于是发出这样的感叹。

猎头

6.8 季康子问："仲由可使从政也与？"子曰："由也果，于从政乎何有？"曰："赐也可使从政也与？"曰："赐也达，于从政乎何有？"
曰："求也可使从政也与？"曰："求也艺，于从政乎何有？"

【译文】

季康子问孔子："仲由，可以让他从政吗？"孔子说："仲由做事果断，对于从政有什么难的呢？"

季康子问："端木赐这个人，可以让他从政吗？"孔子说："端木赐通达事理，对于从政有什么难的呢？"

季康子问："冉求这个人，可以让他从政吗？"孔子说："冉求有才艺，对于从政有什么难的吗？"

【评析】

孔子周游列国期间，曾经短暂回到鲁国一段时间，这段对话应该就是发生在这期间。因为鲁哀公十一年（公元前484年），季康子在冉求的劝说下迎接孔子回鲁国时，冉求已经是季康子的家臣，季康子不会再问冉求是否有从政能力了。

季康子是鲁国实际统治者，面临着严重的人才匮乏问题。他向孔子打听学生从政能力，希望孔子的弟子能够为己所用。之前向孔子打听弟子孰为好学，也是出于相同的目的。这次谈话后，子路、冉求出任季康子家臣，子贡受季康子命出使诸侯国，化解了吴国伐鲁等一系列危机。

11.24 季子然①问："仲由、冉求可谓大臣与？"子曰："吾以子为异之问，曾（zēng）[2]由与求之问。所谓大臣者，以道事君，不可则止。今由与求也，可谓具臣[3]矣。”曰：“然则从之[4]者与？”子曰：“弑父与君，亦不从也。”

【注释】

① 季子然：季康子的同族人。

② 曾：读 zēng 时，意思为“竟然”，多用于文言文。

③ 具臣：充数的臣子。

④ 之：代名词，这里指季康子。当时冉求和子路都是季氏的家臣。

【译文】

季子然问：“仲由和冉求可以算是大臣吗？”孔子说：“我以为你是问别人，竟然是问仲由和冉求呀。所谓大臣，是能够用周公之道来事奉君主，如果不行，宁可辞职。现在仲由和冉求，只能算是充数的臣子罢了。”季子然说：“那么他们会一切服从季孙吗？”孔子说：“杀父亲、杀君主的事，他们也不会跟从的。”

【评析】

季子然是季康子的族人，当时仲由和冉有都是季康子的家臣，他的问话是试探子路和冉有对季康子的忠心。孔子告诉他，如果季康子犯上作乱，我的弟子是不会支持他的。

5.8 孟武伯问：“子路仁乎？”子曰：“不知也。”又问。子曰：“由也，千乘（shèng）[1]之国，可使治其赋[2]也，不知其仁也。”

“求也何如？”子曰：“求也，千室之邑[3]，百乘之家[4]，可使为之宰[5]也，不知其仁也。”

“赤[6]也何如？”子曰：“赤也，束带立于朝[7]，可使与宾客[8]言也，不知其仁也。”

【注释】

① 千乘之国：乘，车的量词，这里表示战车。拥有一千辆战车的诸侯国。春秋时代，战争频发，国家的强弱都用战车数量表示。当时，千乘之国已经不是大国了。

② 赋：兵赋，这里指诸侯国的军政工作。

③ 千室之邑：邑，城镇。有一千户人家的城邑。古代男子成年结婚后不分家单过，一户人家经常三代、四代同堂。因此千室之邑能有上万人，算是大邑了。邑分归属国君

的公邑和由卿大夫管理的采邑。

④ 百乘之家："家"，指卿大夫的采邑。诸侯国君封给卿大夫一块地，这块地的租税都归卿大夫所有，这块地就是卿大夫的采地，也称采邑、食邑。采邑有车百乘，是比较大的。

⑤ 宰：直属君主的公邑的长官、卿大夫家的总管、卿大夫采邑的长官都称为宰。

⑥ 赤：公西赤，字子华，孔子弟子，鲁国人，孔门七十二贤之一，小孔子 42 岁。

⑦ 束带立于朝：指穿着礼服立于朝廷。

⑧ 宾客："宾"指贵宾，尊贵的客人；"客"指一般的客人。

【译文】

孟武伯问孔子："子路仁吗？"孔子说："不知道。"孟武伯又问。孔子说："仲由呀，在有一千辆兵车的国家，可以让他管理军政事务，不知道他有没有仁德。"

孟武伯问："冉求怎么样？"孔子说："冉求呀，在有千户人家的公邑，大夫有百辆兵车的采邑，可以让他当总管，不知道他有没有仁德。"

孟武伯问："公西赤怎么样？"孔子说："公西赤呀，可以让他穿着礼服在朝堂上接待宾客，不知道他有没有仁德。"

【评析】

孟武伯也对孔子的弟子感兴趣，希望能够从中发现人才为己所用，因此向孔子侧面打听。孔子看出来孟武伯的用意，向他介绍弟子们的才干。